Lehrbücher Interaktive Medien

Herausgegeben von
Prof. Dr. Michael Herczeg

Multimediale und interaktive Lernräume

von
Huberta Kritzenberger

Oldenbourg Verlag München Wien

Prof. Dr. Huberta Kritzenberger, Hochschule der Medien, Stuttgart

Bibliografische Information Der Deutschen Bibliothek

Die Deutsche Bibliothek verzeichnet diese Publikation in der Deutschen Nationalbibliografie; detaillierte bibliografische Daten sind im Internet über <http://dnb.ddb.de> abrufbar.

© 2005 Oldenbourg Wissenschaftsverlag GmbH
Rosenheimer Straße 145, D-81671 München
Telefon: (089) 45051-0
www.oldenbourg-verlag.de

Das Werk einschließlich aller Abbildungen ist urheberrechtlich geschützt. Jede Verwertung außerhalb der Grenzen des Urheberrechtsgesetzes ist ohne Zustimmung des Verlages unzulässig und strafbar. Das gilt insbesondere für Vervielfältigungen, Übersetzungen, Mikroverfilmungen und die Einspeicherung und Bearbeitung in elektronischen Systemen.

Lektorat: Margit Roth
Herstellung: Rainer Hartl
Umschlagkonzeption: idee², Pfaffenhofen
Gedruckt auf säure- und chlorfreiem Papier
Druck: R. Oldenbourg Graphische Betriebe Druckerei GmbH

ISBN 3-486-27402-3

Vorwort

Mittlerweile gibt es viele Kompendien zum Thema E-Learning. Der Begriff E-Learning selbst ist eigentlich ein Modebegriff. Er hat sich im internationalen Diskurs etwa seit Ende 2000 etabliert. Sprachlich ist er ähnlich zu verstehen wie beispielsweise Begriffe wie „E-Business", „E-Commerce", „E-Mail", deren Bedeutung jeweils ist, dass bestimmte Prozesse (Geschäftsprozesse, Post) elektronisch modelliert werden. Viel mehr sagen diese Ausdrücke eigentlich nicht. Deshalb wird hier der Begriff Lernraum verwendet.

Die Entwicklung von Lernräumen ist ein weites Feld, das nicht nur die klassischen Disziplinen wie Didaktik, Lernpsychologie oder pädagogische Psychologie einschließt, sondern auch Gebiete wie Informatik, Soziologie, Ergonomie oder Grafikdesign.

Die Entwicklung von Lernräumen wird hier als systematischer Prozess verstanden, der eine Menge an Grundlagenwissen aus den verschiedenen angrenzenden Gebieten verlangt, um Lernprozesse effizient und lernförderlich gestalten zu können. Einiges davon wird im Rahmen dieses Buches dargestellt, selbstverständlich ohne dabei einen Anspruch auf Vollständigkeit erheben zu können.

Das Buch möchte vielmehr einen vertiefenden Überblick über die verschiedenen Gebiete im Arbeitsfeld der Entwicklung multimedialer und interaktiver Lernräume geben.

Der Aufbau dieses Buches ist wie folgt:

Kapitel 1: beschreibt den Begriff Lernraum als System, in dem innere und äußere Lernbedingungen zusammenspielen. Es wird versucht zu zeigen, wie sich diese Lernbedingungen aus der Sicht unterschiedlicher lernpsychologischer Richtungen jeweils anders und ergänzend darstellen.

Kapitel 2: beschäftigt sich mit den kognitiven Grundlagen des Lernens mit Multimedia. Dieses Kapitel stellt dar, welche Gegebenheiten der menschlichen Informationsverarbeitung für die Gestaltung multimedialer und interaktiver Lernräume beachtet werden müssen.

Kapitel 3: stellt die Vor- und Nachteile sowie das Individualisierungspotenzial (Adaptivität) für hypermedial vernetzte Lernräume dar. Dabei wird auch auf die Themen Interoperabilität und Wiederverwendbarkeit von Lernobjekten eingegangen.

Kapitel 4: beschäftigt sich mit der Frage, wie multimediale Lernräume nach einer kognitiv begründeten Theorie des multimedialen Lernens (Multimediaprinzipien) gestaltet werden sollen, um aufgrund der Gegebenheiten der menschlichen Informationsverarbeitung lernförderlich wirken zu können.

Kapitel 5: befasst sich mit virtuellen Realitäten als spezieller Klasse von Benutzungsschnittstellen. Es werden sowohl die didaktischen Möglichkeiten als auch die Probleme aufgezeigt, die sich mit virtuellen Realitäten als Lernräumen verbinden.

Kapitel 6: geht auf spezielle Gestaltungsparadigmen für die Benutzungsschnittstelle ein, die dem Benutzer entweder die Interaktion mit dem Lernraum transparenter machen (Metaphern) oder emotionale und motivationale Qualitäten hinzufügen sollen (animierte pädagogische Agenten, Storytelling).

Kapitel 7: beleuchtet Szenarien der Online-Unterstützung für verteiltes Lehren und Lernen (Teleteaching, virtuelles Seminar, Tele-Tutoring).

Kapitel 8: widmet sich dem computerunterstützten kooperativen Lernen. Dabei werden Besonderheiten, didaktische Formen und Probleme der gemeinsamen Wissenskonstruktion und Wissensabstimmung unter den Bedingungen computervermittelter und netzbasierter Kommunikation aufgezeigt.

Das Literaturverzeichnis liefert historische und aktuelle Publikationen, vor allem auch Primärliteratur und Hinweise auf empirische Studien, ohne hier einen Anspruch auf Vollständigkeit erheben zu können.

Ich danke allen, die während der Entstehung dieses Buch viel Geduld und Verständnis mit mir hatten. Namentlich möchte ich Natascha Matthes danken, die alle Abbildungen in diesem Band erstellt hat.

Mein ganz besonderer Dank gilt Prof. Dr. Michael Herczeg, der mir als Herausgeber die Möglichkeit gegeben hat, dieses Buch zu publizieren. Ohne seine Anregungen aus der Zeit unserer gemeinsamen Arbeit an der Universität zu Lübeck wäre dieser Band wahrscheinlich nicht entstanden.

Stuttgart   Huberta Kritzenberger

Inhalt

Vorwort		**V**
Inhalt		**VII**
1	**Lernräume**	**1**
1.1	Lernbedingungen	1
1.2	Entwicklung von Lernräumen	5
1.3	Lehr-Lern-Paradigmen	6
1.3.1	Lernen als Verhaltensänderung	7
1.3.2	Lernen als Informationsverarbeitung	12
1.3.3	Lernen als Wissenskonstruktionsprozess	13
1.4	Referenzmodelle für konstruktivistische Lernräume	16
1.4.1	Cognitive Apprenticeship (CA)	16
1.4.2	Anchored Instruction	18
1.4.3	Goal-Based Scenario	19
1.4.4	Fallbasiertes Lernen	21
1.5	Zusammenfassung	22
2	**Kognitive Grundlagen des Lernens mit Multimedia**	**25**
2.1	Strukturorientierte Gedächtnismodelle	25
2.1.1	Gedächtnissysteme	26
2.1.2	Doppelkodierungstheorie	29
2.1.3	Wissensstrukturen im Langzeitgedächtnis	31
2.2	Cognitive Load Theory	34
2.3	Elaboration and Deep Processing	36
2.4	Zusammenfassung	37
3	**Hypermediale Lernräume**	**39**
3.1	Hypertext und Hypermedia	39
3.1.1	Vernetzter Informationsraum	40
3.1.2	Vor- und Nachteile von Hypermedia-Lernräumen	41

3.2	Individualisierung und Anpassung von Lernräumen	44
3.2.1	Adaptive intelligente tutorielle Systeme	45
3.2.2	Adaptionsverfahren	49
3.3	Digital Libraries und Metadaten	52
3.3.1	Interoperabilität und Wiederverwendbarkeit von Lernobjekten	52
3.3.2	Modularisierung und Metadaten für das Wissensmanagement	53
3.4	Zusammenfassung	59
4	**Multimediale Lernräume**	**61**
4.1	Multimedia	61
4.2	Multimediaprinzipien	63
4.3	Wissenserwerb mit Texten	65
4.3.1	Kognitive Prozesse der Textverarbeitung	65
4.3.2	Modalitätsunterschiede	66
4.4	Wissenserwerb mit Text-Bild-Kombinationen	68
4.4.1	Bildüberlegenheitseffekt	68
4.4.2	Gestaltung von Text-Bild-Kombinationen	70
4.4.3	Funktion von Bildern	72
4.5	Wissenserwerb mit Bildern	75
4.5.1	Prozesse der kognitiven Bildverarbeitung	75
4.5.2	Bildbearbeitungs- und Lernstrategien	79
4.5.3	Wissensvoraussetzungen	80
4.5.4	Einfluss von Darstellungs- und Gestaltungsaspekten auf die Lernleistung	83
4.6	Faktoren der Bildgestaltung	84
4.7	Gestaltung dynamischer Visualisierungen	86
4.7.1	Lernwirksamkeit von Animationen	88
4.7.2	Video und Film	91
4.8	Musik- und Soundelemente	94
4.9	Zusammenfassung	94
5	**Virtuelle Realität als Lernraum**	**97**
5.1	Virtuelle Realität	97
5.2	User Interfaces zu VR-Räumen	99
5.3	Wissenserwerb in VR-Lernräumen	100
5.3.1	Realitätsnähe und Abbildungstreue	100
5.3.2	Vereinfachung und Abstraktion	104
5.3.3	Konkretisierung	104
5.3.4	Metaphorisierung	105

5.4	Lerntheoretische Grundlagen im Zusammenhang mit VR	106
5.4.1	Unterstützung des situierten Lernens	107
5.4.2	Unterstützung des transferorientierten Lernens: Cognitive Flexibility	108
5.5	Zusammenfassung	109

6 Gestaltung des User Interfaces — 111

6.1	User Interface-Metaphern	112
6.2	Affektive und anthropomorphe Benutzungsschnittstellen	114
6.2.1	Animierte pädagogische Agenten	115
6.2.2	Persona Effekt	119
6.3	Narrative User Interfaces	122
6.3.1	Storytelling	122
6.4	Nicht-kognitive Aspekte des Lernens: Emotion und Motivation	124
6.5	Zusammenfassung	126

7 Verteiltes Lehren und Lernen — 129

7.1	Lernplattformen	130
7.2	Didaktische Szenarien	133
7.2.1	Teleteaching	133
7.2.2	Virtuelle Seminare	138
7.2.3	Betreuungsangebote durch Tele-Tutoren	139
7.3	Zusammenfassung	141

8 Computerunterstütztes kooperatives Lernen (CSCL) — 143

8.1	Methode	144
8.2	Kooperatives Lernen	146
8.2.1	Einflussfaktoren und Bedingungen für kooperatives Lernen	147
8.2.2	Lerntheoretische Grundlagen des kooperativen Lernens	151
8.2.3	Methoden zur Organisation kooperativen Lernens	154
8.2.4	Schwierigkeiten beim kooperativen Lernen	161
8.3	Wissenskonstruktion und Wissensrepräsentation	163
8.3.1	Einfluss der Medieneigenschaften auf den Wissenskonstruktionsprozess	163
8.3.2	Wissensmodellierung	164
8.4	Wissensabstimmung in computervermittelter Kommunikation	167
8.4.1	Wirkung des Kommunikationskanals bei computervermittelter Kommunikation	168
8.4.2	Kommunikationstheorien	170
8.4.3	Präsenz und Telepräsenz	173
8.4.4	Awareness	176
8.5	Zusammenfassung	178

Abbildungsverzeichnis 181

Literaturverzeichnis 183

Index 203

1 Lernräume

Als Lernraum soll hier eine Umgebung verstanden werden, innerhalb derer Handlungsmöglichkeiten für den Lerner bestehen. Die Schaffung dieser Handlungsmöglichkeiten ist als planvolle Gestaltungstätigkeit für den Didaktiker und Entwickler des Lernraumes aufzufassen (siehe Abschnitt Referenzmodelle für konstruktivistische Lernräume).

Mit der Gestaltung eines Lernraumes sollen geeignete Lernbedingungen (siehe Abschnitt 1.1) geschaffen werden. Dies geschieht im Spannungsfeld von Inhalt, Methode (Didaktik und situative Einbettung), Eigenschaften verfügbarer Medien und Technologien sowie unter den Voraussetzungen, die der Lerner selbst mitbringt.

Die Perspektive, die dabei auf den Lernraum eingenommen wird, und wie diese interpretiert wird, hängt von dem jeweiligen lerntheoretischen Hintergrund ab (siehe Abschnitt 1.2), der je nach lernpsychologischer Richtung (Behaviorismus, Kognitivismus, Konstruktivismus) zu einem anderen Modell über den Lernprozess und die dabei wichtigen Modelleigenschaften führt. Allerdings sollten diese Modelle nicht unbedingt als Konkurrenz aufgefasst werden. Vielmehr kann man davon ausgehen, dass diese unterschiedlichen Modellvorstellungen einander ergänzen.

Vor diesem Hintergrund werden in diesem Kapitel schließlich eine Reihe von Referenzmodellen für die Gestaltung von Lernräumen (siehe Abschnitt 1.3) vorgestellt, aus denen sich wichtige Hinweise und Anregungen für eine lernförderliche Gestaltung von Lernräumen ableiten lassen.

1.1 Lernbedingungen

Es gibt im Wesentlichen vier Faktoren, mit Hilfe derer ein Lernraum zu beschreiben ist. Dazu gehören:

- der Inhalt (Regeln, Begriffe etc.) des Lernangebots und die zugehörige Methodik der Darbietung (Methoden).
- die technische Basis auf der Grundlage der aktuellen Technologien und Medien, die in dem speziellen Lehr-Lern-Szenarium benutzt werden (Technologien).

- die konkrete Gestaltung des Lernangebotes (Anwendungen), das immer in einen sozio-kulturellen Kontext eingebettet ist, der durch die soziale, räumliche und zeitliche Situation bestimmt ist.

- der Lernende mit seinen Fähigkeiten und Fertigkeiten, die er als Voraussetzungen in den Lernprozess einbringt. Zu den wichtigsten Lernervoraussetzungen gehören Vorwissen, Lernmotivation, Lerngewohnheiten, kognitive Informationsverarbeitung und Medienkompetenz (Grundlagen). Mit diesen Eigenschaften des Lerners als Nutzer des Lernraumes beschäftigt sich beispielsweise die pädagogische Psychologie, die kognitive Psychologie oder die Software-Ergonomie.

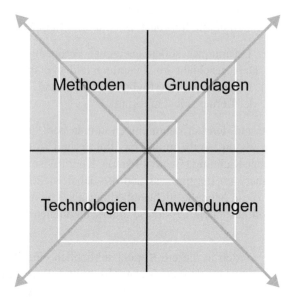

Abbildung 1: Faktoren für die Beschreibung eines Lernraumes (nach Herczeg, 2002)

Diese Faktoren werden als „innere" Lernbedingungen (Voraussetzungen, die der Lernende mitbringt) und „äußere" Lernbedingungen (Mandl & Reinmann-Rothmeier, 1995) verstanden, die einen Lernprozess beeinflussen. Die genannten Faktoren müssen als ein System gesehen werden, innerhalb dessen die Faktoren einander beeinflussen und aufeinander abgestimmt werden müssen. Damit Lernprozesse initiiert und unterstützt werden, sollten deshalb die Lernbedingungen als wesentliche Faktoren einer Lernumgebung planmäßig gestaltet und aufeinander abgestimmt werden.

Es ist insbesondere wichtig zu beachten, dass die „inneren" und die „äußeren" Lernbedingungen in einem Verhältnis wechselseitiger Abhängigkeit stehen. Verändern sich Lehrziele oder die Gestaltung des Lernangebotes (Anwendungen), dann hat dies Konsequenzen für die Wahl einer didaktischen Methode. Stehen bestimmte Medien (Technologien) zur Verfügung, spricht dies möglicherweise für die Bevorzugung einer bestimmten didaktischen Methode.

Auch erfordern bestimmte Merkmale von Lernenden (Grundlagen) den Einsatz bestimmter Vorgehensweisen.

Weiter setzt sich mehr und mehr die Tendenz durch, dass Lernumgebungen nicht als Einzelanwendungen auftreten. Vielmehr sollen sie als Bausteine aufgefasst werden, die erst in ihrer Kombination umfassende und effektive Lernräume bilden. Es entstehen computerbasierte, vernetzte Lernwelten, beispielsweise so genannte „virtuelle Universitäten". Sie stellen den Lernern typischerweise eine umfangreiche Palette spezialisierter und aufeinander abgestimmte Softwarekomponenten zur Verfügung. In solchen Lernräumen kann den Lernern beispielsweise der Zugriff auf Online-Vorlesungen, die Recherche in Literaturdatenbanken und die Teilnahme an Diskussionsforen und virtuellen Seminaren ermöglicht werden. Mit steigender Komplexität solcher netzbasierter Lernplattformen stellen sich allerdings bei den Lernern Probleme der Orientierung und Navigation (siehe Kapitel 3) oder der kognitiven Überlastung beim Lernen mit Multimedia (siehe Kapitel 4).

Insofern könnte man Didaktiker als Architekten von Lernräumen bezeichnen, die im dynamischen Raum von Gestaltungsfaktoren beeinflussen, wie Studierende und Lehrende und Studierende untereinander kommunizieren und in welcher Form der Informationstransfer und die Präsentation des Lernmaterials vonstatten gehen.

Hier handelt es sich im Grunde um Bezugspunkte für den Lerner, die ein Mindestmaß an Orientierung schaffen und die Möglichkeit zur Wahrnehmung der eigenen Position, Orientierung und Geschwindigkeit innerhalb eines Raumes geben, wie dies für die eigene Wahrnehmung und die Entwicklung eigener Orientierungsstrategien innerhalb eines Raumes wichtig ist (de Kerckhove, 2001).

Ein Beispiel dazu gibt Abbildung 2. Sie zeigt, wie sich innerhalb dieses Systems von Faktoren, die einen Lernraum bestimmen, je nach Technologien neue Typen von Lernräumen herausbilden. Die Abbildung verdeutlicht, dass sich mit der Entwicklung neuer Medientechnologien (lineare und verzweigte Computerprogramme, Hypertext und Multimedia, Verteilnetze, WorldWideWeb) auch die Methoden, Anwendungen und Grundlagen verändern und sich damit jeweils andere typische Lernräume entwickeln.

So haben im Zuge der Möglichkeit, lineare Programme zu schreiben, Anwendungen mit behavioristischer Prägung unter dem Einfluss von Ideen zum programmierten Unterricht so genannte Teaching Machines gebildet. Verzweigte Programme führten zu Tutorien, die stärker auf die individuellen Lernleistungen des Einzellerners reagierten (kognitive Lerntheorien) und jeden Lerner mit einer dezentralen Computer-Based Training-Anwendungen (CBT) versorgten (siehe Abschnitt 1.3.1).

Weiter haben Multimedia-Technologien zur Verbindung von Medien im gleichen Lernraum geführt. Allerdings muss bei der Entwicklung dieser Lernräume stark auf die Eigenschaften und Beschränkungen der menschlichen Informationsverarbeitung geachtet werden, was sich in einer Theorie des multimedialen Lernens niederschlägt, die versucht, die wesentlichen Medieneigenschaften und ihren Einsatz damit in Einklang zu bringen (siehe Kapitel 2).

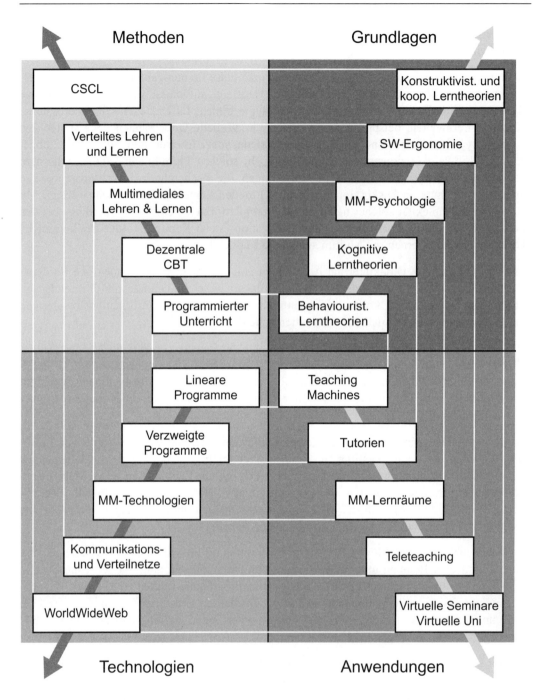

Abbildung 2: Lernräume aus historischer Perspektive (nach Herczeg, 2002)

Netzwerktechnologien führten schließlich dazu, die Übertragungstechniken verstärkt zu nutzen und die Lernräume örtlich und teilweise auch zeitlich verteilt zu organisieren. Damit werden Veränderungen im Kommunikations- und Kooperationsraum (Teleteaching und Telelearning) der Lerner geschaffen, die zuerst in ihrer Eigenart verstanden und dann geeignet gestaltet werden müssen. Durch die Organisation von Lerngruppen mit Methoden des kooperativen Lernens entstehen beispielsweise virtuelle Seminare.

Diese Systembeschreibung, die hier sehr kurz gehalten wurde, wird in den folgenden Kapiteln noch genauer dargelegt werden.

1.2 Entwicklung von Lernräumen

Wie im vorausgehenden Abschnitt beschrieben, handelt es sich bei einem Lernraum um ein System von Faktoren, die einander beeinflussen. Die Aufgabe der Lernraumgestaltung ist es, diese Bedingungen systematisch zu arrangieren und aufeinander abzustimmen. Für diese Art der Gestaltung wird häufig auch der Begriff „Design" verwendet. Design wird damit als eine Entwurfswissenschaft verstanden.

Wenn man Design als die systematische Gestaltung von etwas versteht, gibt es normalerweise einen Designprozess. Ein klassischer Designprozess besteht aus einer Reihe von Entwicklungsphasen: Analyse (Zielsetzung, Kontext), Konzept (Lehrmodell), Design (der Gestaltung der Einheit), Realisierung (Herstellung der Einheit), Evaluation (Prüfung, ob die Anforderungen erfüllt sind) und Wartung (Anpassung und eventuell einer Verbesserung, sofern bei der Evaluation Probleme aufgetreten sind (Hartwig, Herczeg & Kritzenberger, 2002)). Zwischen diesen Phasen sind Iterationen möglich (Für Entwicklungsprozesse und insbesondere die Evaluation in der Software-Entwicklung siehe Herczeg, 2004).

Ähnliche Prozessabläufe, wie sie in der Software-Entwicklung gebräuchlich sind, schlagen auch Instructional-System-Design-Modelle vor, z.B. das ADDIE-Modell (Analyse, Design, Development, Implementation, Evaluation) (Gustafson & Branch, 2002).

Im Entwicklungsprozess ist der Kern die systematische Koordination der Entwicklungsphasen. Beispielsweise können die Vorgabe eines Styleguides (als verbindliche Gestaltungshilfe für alle Entwickler) und ein Review zu jeder Phase (didaktisches Konzept, Entwurf, Prototyp des Lernraumes) eine pragmatische Hilfe sein. Dieses Vorgehen hat sich bislang in großen Projekten als gangbarer und kostensparender Weg erwiesen (Hartwig, Herczeg & Kritzenberger, 2002).

Eine Evaluation kann formativ (zu jedem Entwicklungsschritt) oder summativ (am Ende) geschehen. Lediglich eine Evaluation am Ende zu haben birgt allerdings die Gefahr, Fehler zu übersehen und damit hohe Kosten zu verursachen.

Auch ist es wichtig zu beachten, dass Lernräume unter der Kategorie interaktive Systeme subsumiert werden können. Es liegt deshalb auch nahe, ihre Entwicklung unter ein übergeordnetes Modell zu fassen und die Idee der nutzerzentrierten Entwicklung stärker einzubeziehen.

1.3 Lehr-Lern-Paradigmen

Unter Lernen wird im Allgemeinen der Aufbau von Wissen verstanden. Allerdings gehört die Frage, was Wissen ist und wie es entsteht, zu den grundlegenden Fragestellungen der Philosophie und Psychologie und wird aus unterschiedlichen Perspektiven unterschiedlich beantwortet. So haben die behavioristische Sicht, die kognitive Sicht und die konstruktivistische (situative) Sicht unterschiedliche Wissensdefinitionen entwickelt. Dabei geht es nicht darum, dass eine dieser Wissensdefinitionen per se richtig oder falsch ist, sondern um verschiedene Sichtweisen auf den Gegenstand, die einander in verschiedenen Bereichen durchaus ergänzen.

Lerntheorien sind Auffassungen darüber, wie Lernprozesse ablaufen und wie sie begünstigt werden können. Entsprechend ihrer psychologischen Richtung unterscheiden sich auch die verschiedenen lerntheoretischen Ansätze insbesondere durch ihre Betrachtungsweise und ihr Verständnis dessen, was Wissen ist und wie der Aufbau von Wissen unterstützt und gefördert werden kann (Issing, 1995). Im Hinblick auf die Gestaltung von Unterricht oder von Lernprogrammen bilden Lerntheorien den allgemeinen Rahmen und fungieren als Paradigmen. Ein Paradigma ist ein (Erklärungs-)Modell, das die wesentlichen Merkmale eines Gegenstandes oder Vorganges beschreibt, den man erklären will.

Aus behavioristischer Sicht (siehe Abschnitt 1.3.1) wird Wissen als das Vorhandensein von Reiz-Reaktions-Verbindungen und zugehöriger Aktivitätsmuster verstanden. Entsprechend gilt Lernen innerhalb des behavioristischen Paradigmas als rezeptiver Prozess. Das sichtbare Ergebnis eines Lernprozesses ist eine Verhaltensänderung im Sinne des gelernten Reiz-Reaktions-Musters.

Aus kognitiver Sicht (siehe Abschnitt 1.3.2) wird Wissen mit dem Vorhandensein von Konzepten und Symbolstrukturen gleichgesetzt. Sie dienen als Grundlage menschlicher kognitiver Fähigkeit zur Wiedererkennung und Konstruktion von Symbolmustern, Problemlösen und Denken. Unter kognitiver Perspektive kann Lernen als rezeptiver und angeleitet-erkundender Prozess verstanden werden, bei dem der Aspekt der Informationsvermittlung und der Instruktionsgestaltung im Vordergrund steht.

Aus einer neueren „situativen" Sicht (siehe Abschnitt 1.3.3) wird Wissen als in der Welt verteilt interpretiert. Anders als bei der behavioristischen und der kognitiven Sichtweise liegt der Fokus der situativen Sichtweise weniger auf der Frage nach der Beschaffenheit des Wissens als vielmehr auf der Suche nach der Art, wie Wissen unter Individuen, Gemeinschaften und anderen Artefakten verteilt ist. Lernen wird aus der situativen Perspektive als selbständig-entdeckender Prozess angesehen, bei dem mehr der Aspekt der selbständigen Erschließung von Information und der Konstruktion individuellen Wissens durch den Lernenden im Vordergrund steht.

Die unterschiedlichen Lerntheorien erklären also unterschiedliche Aspekte der menschlichen Kognition und sind im Sinne der Modellbildung zu verstehen. Da Lerntheorien also Auffassungen zusammenfassen wie Lernprozesse ablaufen, geben sie auch Hinweise darauf, wie

Lernprozesse gestaltet werden sollen. D.h. sie können helfen, Entscheidungen zu treffen über Methoden, Szenarien, Sozialformen des Lernens und Medieneinsatz.

1.3.1 Lernen als Verhaltensänderung

Das behavioristische Paradigma ist stark von Skinner beeinflusst worden. Er hatte auf der Grundlage von Tierversuchen beobachtet, dass solche Verhaltensweisen, die von der Darbietung eines verstärkenden Reizes (Stimulus), wie beispielsweise einer Futtergabe, gefolgt wurden, häufiger gezeigt wurden. Daraus leitete er ab, dass bestimmtes Verhalten durch seine Folgen gelernt wird.

Skinner generalisierte die aus den Tierversuchen stammenden Beobachtungen und Überlegungen und hat sie auf die menschliche Lernsituation übertragen. Aufgrund dieser Erfahrungen nahm er an, dass sich auch bei Lernern erwünschtes Verhalten durch konsequente Verstärkung bestimmter Verhaltensmuster erreichen lässt.

Maßgeblich von Skinner beeinflusst wird Lernen nach behavioristischer Auffassung als Prozess aufgefasst, der zu relativ stabilen Verhaltensänderungen aufgrund von Erfahrungen führt. Diese Verhaltensänderungen können durch eine Verstärkung von Verhaltensmustern mittels unmittelbarer positiver Reaktion auf ein gewünschtes Verhalten des Lernenden erreicht werden. Wenn der Lernende dann das gewünschte Verhalten zeigt, kann die Verstärkung im Laufe des Lernprozesses schließlich in größeren Abständen erfolgen.

Allerdings sind die Behavioristen der Auffassung, dass man nur aufgrund des Lernergebnisses, d.h. aufgrund des beobachtbaren Verhaltens, auf den erfolgten Lernprozess zurückschließen kann (Zimbardo, 1995: 263ff). Der Lerner kann als eine Art Black Box verstanden werden, dessen interne Mechanismen und Verfahrensweise nicht beobachtet und daher auch nicht weiter analysiert und beschrieben werden können. Wichtig ist nur, dass der Lerner die gewünschte Reaktion (Verhaltensänderung) zeigt.

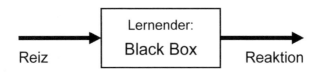

Abbildung 3: Black-Box-Modell des Behaviorismus

In diesem behavioristischen Modell ist das Interesse ausschließlich auf das sichtbare äußere Verhalten und dessen Verbindung zu Umweltreizen gerichtet. Innere Vorgänge, wie kognitive Prozesse, biochemische Prozesse, hypothetische innere Motivationen, sind dabei nicht Gegenstand der Betrachtung, weil sie im Gegensatz zu Verhaltensweisen nicht direkt beobachtet werden können. Das vorrangige Ziel behavioristischer Analyse besteht darin, die Bedingtheit von bestimmten Reaktionen durch bestimmte Reize zu verstehen.

Die Behavioristen erklären den Lernprozess nach dem Paradigma der Konditionierung. Dabei ist zwischen klassischer Konditionierung und operanter Konditionierung zu unterscheiden, wobei insbesondere das Paradigma der operanten Konditionierung nach Skinner für das Verständnis der behavioristischen Lerntheorien und der dazugehörigen Lehr-Lern-Umgebungen nach dem Modell des programmierten Unterrichtes wichtig ist.

Klassische Konditionierung
Beim klassischen Konditionieren löst ein neutraler Reiz, wenn er im Verlauf des Lernprozesses ausreichend häufig mit einem biologisch signifikanten Reiz gepaart wurde, eine Verhaltensreaktion auch in Abwesenheit des biologisch relevanten Reizes aus. Im Ausgangszustand vor dem stattgefundenen Lernprozess hingegen bestand lediglich eine natürliche Beziehung zwischen dem biologisch relevanten Reiz und dem Reflex, den dieser hervorruft. Da Lernen für diese Beziehung noch keine Voraussetzung ist, spricht man von einem unkonditionierten Stimulus und einem unkonditionierten Reflex. Während des Konditionierens werden der neutrale Reiz und der unkonditionierte Reiz mehrmals zusammen dargeboten. Lernen hat dann stattgefunden, wenn der ursprünglich neutrale Reiz dann die Verhaltensreaktion auch in Abwesenheit des biologischen Reizes auslöst (Zimbardo, 1995: 266ff).

Die Konditionierung erfolg durch Übung (Thorndikes Gesetz des Effektes). Das Gesetz des Effektes besagt, dass die Reiz-Reaktions-Verknüpfung umso stärker wird, je öfter sie wiederholt wird. Thorndike glaubte, dass Reaktionen, auf die eine Belohnung und damit eine befriedigende Konsequenz unmittelbar folgte, eingeprägt würden (Zimbardo, 1995: 275ff).

Operante Konditionierung
Skinner teilte Thorndikes Ansicht, dass Rückkopplungen aus der Umwelt die vorausgehenden Verhaltensweisen des Organismus beeinflussen. Mit dieser voraussetzenden Grundannahme wollte Skinner weiter zeigen, dass die komplexen Verhaltensweisen, die Organismen lernen, als das Produkt bestimmter Muster von Kontingenzen (d.h. konsistente Beziehungen zwischen einer Reaktion (Verhaltensweise) und einer folgenden Reizbedingung, also Beziehungen nach dem Muster „wenn A dann B") verstanden werden können. Damit beispielsweise eine Taube, die gegen einen Hebel pickt und dann Futter erhält, diese Pick-Reaktion steigert, muss das Futter regelmäßig und ausschließlich zu dieser Reaktion dargeboten werden und darf nicht in Begleitung zu einer anderen Reaktion der Taube gegeben werden. Solche bedeutsamen Ereignisse (wie die Futtergabe in dem Tauben-Beispiel), die die Reaktion eines Organismus festigen können, wenn sie in kontingenter Beziehung auftreten, werden Verstärker genannt (Zimbardo, 1995: 277ff).

Dabei ist zwischen positiven und negativen Verstärkern zu unterscheiden (Zimbardo, 1995: 279ff). Ein positiver Verstärker ist ein als angenehm empfundener Reiz, der die Auftretenswahrscheinlichkeit einer Reaktion erhöht, wenn er hinzutritt. Folgt der Reaktion keine Verstärkung mehr, so wird sie gelöscht, d.h. sie wird von dem Organismus nicht mehr gezeigt. Positive Verstärkung wird im Allgemeinen eingesetzt, um eine gewünschte neue Reaktion zu erzeugen oder zu stabilisieren.

Ein negativer Verstärker ist ein Reiz, der die Auftretenswahrscheinlichkeit einer Reaktion erhöht, wenn er in der betreffenden Situation nicht mehr auftritt. Negative Verstärkung kann also dazu eingesetzt werden, um unerwünschte Reaktionen zum Verschwinden zu bringen. Beispielsweise liegt ein negativer Verstärker vor, wenn starker Lärm, der in einer Situation vorhanden ist, nicht mehr auftritt, wenn eine erwünschte Reaktion erfolgt. Von negativen Verstärkern ist Bestrafung als die Verabreichung eines aversiven Reizes zu unterscheiden, welche die Auftretenswahrscheinlichkeit einer bestimmten gezeigten Reaktion senken soll.

Programmierter Unterricht
Der behavioristische Ansatz Skinners, durch geeignete Verstärkungsmaßnahmen bestimmte erwünschte Verhaltensweisen zu erreichen, fand eine konsequente Umsetzung im Prinzip des „programmierten Unterricht" (auch „programmierte Unterweisung") (Skinner, 1961).

Programmierter Unterricht geht von einer Reihe von Grundprinzipien aus, die sich aus dem Paradigma des operanten Konditionierens ableiten lassen. Dazu gehören eine Analyse des Lernstoffes mit genau definierten Lernzielen und einer Aufteilung in kleine Lernschritte. Die Lernschritte werden dem Lernenden als Wissensmodule (auch Frames genannt) präsentiert, auf die jeweils Testfragen folgen. Mit seinen Antworten soll der Lernende zeigen, ob er den Stoff verstanden und das jeweilige Lernziel erreicht hat. Wissensmodul und Testfragen muss der Lernende aktiv bearbeiten. Nur nachdem der Lernende eine richtige Antwort gegeben hat, folgt eine positive Rückmeldung (Verstärkung) und der nächste Lernschritt durch die Präsentation des nächsten Wissensmoduls. Diese Rückmeldung des Lernprogramms muss unmittelbar auf die Antwort des Lernenden erfolgen. Dabei ist es im Sinne der Konditionierung wichtig, dass das Lernmaterial in möglichst kleinen Schritten dargeboten wird. Das Vorgehen in kleinen Schritten ermöglicht, dass erwünschtes Verhalten häufiger verstärkt wird.

Weiter gehört zu den Prinzipien des programmierten Unterrichts, dass der Lernende den Lernstoff nur in einer festgelegten Lernschrittfolge und in der vorgegebenen Reihenfolge durchlaufen kann. Dabei kommt vor allem dem Lehrer eine zentrale Rolle zu. Der Lehrer weiß, was der Lerner in Zukunft wissen muss. Er steuert den Lernprozess, indem er die optimale Reihenfolge der portionsweisen Informationsdarstellung festlegt. Dem Lerner bleibt nur das persönliche Lerntempo überlassen, in dem er das Lernprogramm durcharbeiten möchte (Bower & Hilgard, 1983: 278ff).

Durch die technologische Entwicklung und die neue Möglichkeit, lineare Programme zu schreiben, ließ sich der programmierte Unterricht auch als Computerprogramm realisieren. Die folgende Abbildung zeigt den Ablauf: Der Lehr-Lern-Stoff ist in kleinere Einheiten unterteilt, die Frames genannt werden. Ein solcher Frame besteht aus einem Wissensmodul mit dem Lernstoff, dem eine Testaufgabe folgt, die vom Lerner zu lösen ist. Der Ablauf ist folgendermaßen: Nach der Darbietung eines Wissensmoduls (Wm) folgt eine Testaufgabe (T). Wenn die richtige Antwort (A) gegeben wird, folgt ein positiver Verstärker und der Lerner gelangt im linearen Programmablauf zum nächsten Wissensmodul, das in gleicher Weise aufgebaut und vom Lerner zu bearbeiten ist. Wenn die Antwort auf die Testfrage allerdings falsch ist, dann muss der Lernstoff-Testfrage-Antwort-Frame erneut durchlaufen werden.

Die ersten Programme, die nach der behavioristischen Lernpsychologie funktionierten, waren sog. Lehrmaschinen (teaching machines). Die einfache Lehrmaschine besteht aus einem kleinen Kasten, auf dessen Oberseite ein Fenster angebracht ist. In diesem Fenster ist ein Papierstreifen sichtbar, der z.B. eine Gliederung mit einer fehlenden Ziffer enthält. Dort, wo die Ziffer fehlt, ist ein Loch in den Streifen gestanzt. Durch Bewegen eines Schiebers kann der Lerner die richtige Ziffer für die richtige Antwort auswählen und in dem Loch platzieren. Anschließend wird zur Bestätigung der Auswahl ein Hebel gedrückt. Ist die Antwort richtig, lässt sich der Hebel drehen, es ertönt ein Glockenton (konditionierte Verstärkung) und die nächste Frage wird dargeboten. Ist die Antwort falsch, lässt sich der Hebel nicht bewegen und es muss erneut versucht werden, die richtige Antwort zu geben (Skinner, 1961).

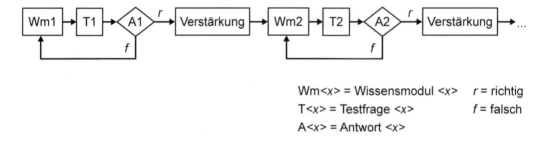

Abbildung 4: Lineare Programmstruktur des programmierten Unterrichts

Die Idee des programmierten Unterrichts war mit der Hoffnung verbunden, die Lehrenden zumindest für bestimmte Routinetätigkeiten überflüssig zu machen. Im Computer glaubte Skinner einen gerechteren und geduldigeren Informationsvermittler zu haben. Anders als der Lehrer sollte der Computer Zeit haben, um auf die Probleme der Lernenden einzugehen, Lernschritte in angemessenen Abschnitten abzuprüfen und Lernfortschritte zu verstärken.

Programmierter Unterricht erwies sich allerdings als problematisch. Es wurde vor allem der starre und kleinschrittige Aufbau bemängelt. Die Folge war, dass Lernende den Inhalt nicht vollständig erfassten, obwohl sie den Kurs vollständig durchgearbeitet hatten. Auch reichte die fortwährende Verstärkung kleinster Lernschritte als Lernmotivation auf Dauer nicht aus. Durch die Atomisierung der Inhalte wurde vor allem träges Wissen produziert, das sich auch nicht auf andere Situationen übertragen ließ und das der Lernende auch schnell wieder vergessen hatte. So verlor der programmierte Unterricht schließlich nach dem Boom der 60er Jahre an Einfluss.

Verzweigte Programme und tutorielle Systeme
Der Amerikaner Norman Crowder verwendete in den 60er Jahren statt der linearen Programme des programmierten Unterrichts verzweigte Programme. Diese Lernprogramme waren so aufgebaut, dass der Lerner zunächst ein Wissensmodul durchlief und danach Testfragen in Form von Multiple-Choice-Aufgaben folgten.

1.3 Lehr-Lern-Paradigmen

Anders als bei linearen Programmen bestand bei verzweigten Programmen die Möglichkeit, dass sie in Abhängigkeit von der Antwort des Lerners verzweigten. Je nach Antwort des Lerners auf die Testfragen stellte das Lernprogramm in Abhängigkeit vom jeweiligen Fehler bzw. der Fehlerart ein für die Lernleistung passendes Wissensmodul zur Verfügung. Beispielsweise konnte das Programm auf falsche oder unzureichende Antworten reagieren und dem Lerner Wissensmodule zur Verfügung stellen, die ihm helfen sollen, die bestehenden Wissenslücken zu schließen. Während unzureichende Antworten zum weiteren Durcharbeiten von Lernstoff führten, konnten richtige Antworten den Weg durch das Lernprogramm verkürzen.

Mit der technologischen Möglichkeit, verzweigte Programme zu schreiben, konnte der Umfang und die Sequenzierung der Lehreinheiten in Abhängigkeit von den Antworten variabler gestaltet werden und es konnten sowohl komplexere Fragen gestellt als auch komplexere Rückmeldungen gegeben werden.

So ist ein wesentlicher Unterschied verzweigter Programme zum programmierten Unterricht Skinners, dass bei verzweigten Lernprogrammen die Wichtigkeit von Fehlern für Lernprozesse berücksichtigt wird. Je nachdem, welche Fehler gemacht werden, geben sie Aufschluss über die Wissenslücken des Lerners und damit eine Gelegenheit für das Lernprogramm, in geeigneter Weise darauf zu reagieren.

Allerdings konnten diese verzweigen Lernprogramme eine hohe Komplexität annehmen. Die möglichen Lernereingaben müssen vorweggenommen werden, so dass geeignete Reaktionsmöglichkeiten des Programms berücksichtigt werden können. Mit dem Bestreben, auf Lernereingaben und Fehler reagieren zu können, wuchs auch der Verzweigungsgrad erheblich und ein kostenintensiver Aufwand bei der Erstellung solcher Programme entstand.

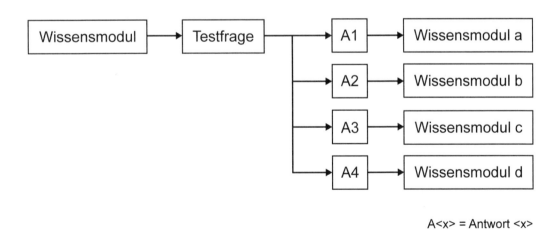

Abbildung 5: Verzweigte Programmstruktur als Modell des Tutors

Diese verzweigten Lernprogramme können auch als tutorielle Systeme begriffen werden, denn sie modellieren einen Tutor. Er stellt den Lernenden Fragen, macht den weiteren Verlauf von den Antworten des Lerners abhängig und gibt Feedback. Dabei können komplexere tutorielle Systeme bei der Planung des weiteren Lernwegs nicht nur die letzte Antwort des Lerners berücksichtigen, sondern alle bisherigen Antworten. Passend zu den Lernleistungen versuchen sie, den optimalen weiteren Lernweg zur Verfügung zu stellen.

1.3.2 Lernen als Informationsverarbeitung

Eine weitere Ausrichtung in der Lehr-Lern-Forschung geschah durch kognitive Lerntheorien. Sie interpretieren Lernen als einen Prozess der Informationsverarbeitung. Dabei liegt der Fokus vor allem auf dem Verstehen der kognitiven Prozesse, die beim Behaviorismus weitgehend ausgeklammert wurden. Nach der Auffassung der kognitiven Lerntheorien ist der erfolgreiche Verlauf eines Lernprozesses vor allem von der Informationsaufbereitung und -darbietung abhängig, die vor allem die kognitiven Aktivitäten des Lerners unterstützen sollen.

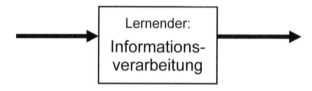

Abbildung 6: Informationsverarbeitungsparadigma des Kognitivismus

Zur Informationsaufbereitung gehören auch die Methoden und Medien, die zur Darbietung des Lernstoffes verwendet werden. Die Medienwahl kann von den Kriterien Effektivität und Ökonomie abhängig gemacht werden. Effektivität lässt sich dabei in materieller Hinsicht (Aufwand/Nutzen-Relation, Kosten, Zeit), als auch in psychologischer Hinsicht (mentaler Aufwand der Lernenden) interpretieren. Entscheidend ist, dass die Gestaltung der Lernumgebung die kognitive Informationsverarbeitung des Lerners unterstützt (siehe Kapitel 2).

Dabei wird nicht die einzig richtige Lehrmethode propagiert, wie dies beim programmierten Unterricht der Fall ist. Vielmehr geht es darum, für die jeweiligen Voraussetzungen und Lernereigenschaften die am besten geeignete Gestaltung der Lernumgebung zu finden (Gagné, Briggs & Wagner, 1987) und die Umgebungsbedingungen systematisch zu arrangieren (Instruktionsdesign) (Resnick, 1987).

Allerdings fokussieren viele dieser Modelle nur auf einen bestimmten Teilaspekt, wie beispielsweise Begriffslernen, Regellernen oder Sequenzierung von Inhalten. Auf diese Modelle wird hier allerdings nicht weiter eingegangen, da sie mehr historischen Charakter haben (für eine Übersicht siehe Reigeluth, 1983 und Reigeluth, 1987 für die Ausarbeitung von Lernumgebungen auf der Basis der Modelle).

1.3.3 Lernen als Wissenskonstruktionsprozess

Ein wichtiger Kritikpunkt situierter und konstruktiver Lerntheorien und Modelle war es, dass in der Praxis der Aus- und Weiterbildung häufig Lehrmethoden eingesetzt werden, die zu einem Transfer des Gelernten nur bedingt beitragen. So bleibt das erworbene Wissen oft in einem trägen Zustand, der eine Anwendung der Inhalte und Methoden erschwert oder gar verhindert. Deshalb ist es wichtig eine lern- und transferförderliche Lernumgebung zu schaffen. Ausgangspunkt für diese Überlegungen ist ein situierter Wissensbegriff und die daraus ableitbaren Anforderungen an Lernumgebungen.

Situiertheit von Wissen
Menschliche Tätigkeiten sind situativ gebunden und werden entsprechend den Merkmalen und Verhältnissen des Kontextes organisiert, in den sie eingebettet sind (Brown, Collins & Duguid, 1989; Lave & Wenger, 1991; Suchman, 1987). Diese Kontextgebundenheit der Kognition bedeutet, dass kognitive Aktivitäten keine isolierbaren, psychologischen Produkte sind, sondern einer anhaltenden Interaktion von Körper, Gehirn und Umgebung bedürfen. Aus diesem Grunde ist auch unser Wissen über diese Tätigkeiten kontextgebunden und kann nicht als isoliertes psychologisches Produkt verstanden werden.

Im Rahmen sozialwissenschaftlicher Forschung sind seit Ende der 80er Jahre eine Reihe von „Situiertheits-Theorien" entstanden (Suchman, 1987). Historisch können diese Theorien beispielsweise auf die Gedanken von Vygotskys Kulturansatz (Vygotsky, 1978) und Gibsons ökologischen Ansatz (Gibson, 1979) zurückgeführt werden.

Für den Lehr-Lern-Bereich werden verschiedene Aspekte situierter Kognition hervorgehoben. Besonders wichtig ist dabei der soziale Kontext (Lave & Wenger, 1991), innerhalb dessen das Lernen stattfindet. Da Lernprozesse durch die Teilnahme an einer Expertengemeinschaft („Community of Practice") ablaufen (siehe Abschnitt 8.2.3), ist es wichtiger, die Beziehung der Menschen untereinander zu erfassen als rein kognitive Strukturen zu analysieren. In diesem situierten Prozess erwirbt der Lernende durch die Unterstützung kompetenter Sozialpartner die notwendigen sozialen Zeichensysteme sowie kulturell und sozial angemessene Sichtweisen auf den Lerngegenstand. In diesem sozialen Prozess erwirbt der Lernende außerdem Handlungsbeschränkungen („Constraints") und Handlungsangebote als kontextgebundene Wahrnehmungs- und Handlungsschemata bzw. Situationscharakteristika („Affordances"), die kognitive Prozesse beeinflussen. Die Übertragung von Gelerntem auf neue Situationen kann gelingen, wenn entweder die erforderliche Aktivität eine Interaktion mit unveränderten situativen Handlungsangeboten beinhaltet oder wenn die Aktivität entsprechend transformiert werden kann.

Weiter fassen vor dem Hintergrund von „Situiertheits-Theorien" auch konstruktivistische Lerntheorien das Lernen als einen aktiven Prozess auf, bei dem Lernende ihr Wissen in Beziehung zu ihren subjektiven Erfahrungsstrukturen in realen (Lern-)Situationen aktiv konstruieren. Lernen bedeutet demnach immer eine persönliche Interpretation der Welt aufgrund subjektiver Erfahrung. Der Lernende bildet die Wirklichkeit nicht passiv ab, sondern konstruiert sie aktiv im Erkenntnisprozess. Dabei steht er zwar mit seiner Umwelt in einer energetischen Austauschbeziehung, allerdings werden die Informationen, die er im Prozess der eigenen Kognition verarbeitet, von ihm selbst erzeugt und in die eigene Wissensstruktur integriert. Damit wird vom Konstruktivismus vor allem die aktive Rolle und Erfahrung des Lernenden betont.

Dies steht erstens im Gegensatz zur Betonung der Lehrerrolle im Behaviorismus, der den „unfehlbaren Lehrenden" propagiert. Zweitens steht dies auch im Gegensatz zum Kognitivismus, der den Tutor in den Vordergrund stellt, der die Lerninhalte geeignet aufbereiten, den Lernenden unterstützen und zum selbständigen Lernen anleiten soll. Während sowohl Behaviorismus als auch Kognitivismus glauben, Lernprozesse mittels sorgfältig geplanter Instruktion bewirken zu können, existiert für den Konstruktivismus kein informationeller Input und Output (Weidenmann, 1994).

Anforderungen konstruktivistischer Lerntheorien an die Gestaltung von Lernräumen
Fasst man die Ansätze situierten Lernens zusammen, lassen sich folgende Merkmale festhalten (Gerstenmaier & Mandl, 2001), die im Hinblick auf die Definition von Wissen wichtig sind:

- Wissen wird durch das wahrnehmende Subjekt konstruiert.

- Wissen ist immer eng einem bestimmten situativen Kontext verbunden und kann nur in diesem situativen Kontext gelernt werden. Lernen und Anwenden des Gelernten erfolgt immer in einem bestimmten situativen Kontext.

- Wesentlich für situiertes Wissen ist der Anwendungsaspekt. Damit rückt der Gesichtspunkt der Authentizität eines Lernraumes in den Blickpunkt, in dem Wissen erworben werden soll.

- Der Kontext des Wissens ist sozial geteilt. Lernen ist somit zunehmend Teilhabe an einer Expertengemeinschaft.

Seit Ende der 80er Jahre werden auf der Basis konstruktivistischer Lerntheorien verschiedene Anforderungen und Merkmale definiert, die eine Lernumgebung haben soll, um Lernprozesse zu unterstützen und Wissenskonstruktion in einem geeigneten Rahmen zu ermöglichen. Diese im Folgenden aufgeführten Merkmale betreffen vorrangig die Situationsbezogenheit einer Lernumgebung (Jonassen, 1993):

- Komplexität: Konstruktivistische Lernumgebungen sollen komplexe Ausgangsprobleme bieten.

- Situiertheit: Situierte Lernumgebungen betten Probleme und Aufgaben in größere Kontexte ein und versetzen den Lernenden dadurch in bestimmte Anwendungssituationen. Geeignete Kontexte sollen den Lernenden das Identifizieren, Definieren und Lösen von Problemen erleichtern sowie alternative Möglichkeiten zur Problemlösung unterstützen.

- Authentizität: Situierte Lernumgebungen sollen Lernende mit authentischen Lernaufgaben konfrontieren, die Lerninhalte in erfahrbare Kontexte einbetten und komplexe Situationen realitätsnah präsentieren. Authentische Lernumgebungen spiegeln reale Situationen wieder und ermöglichen die Sammlung realitätsnaher Lernerfahrung, die wiederum den Transfer des Gelernten auf relevante Praxisprobleme ermöglicht.

- Aktives Lösen von komplexen Problemen: Die Lernenden sollen ihr Wissen durch eigene Aktivitäten aufbauen, indem sie beispielsweise Fakten und Zusammenhänge selbständig suchen und zur Erweiterung ihrer Kenntnisse einsetzen. Das aktive Lernen steht im Zusammenhang mit den Konzepten des entdeckenden, des problemlösenden sowie des handlungsorientierten Lernens. Als Vorteile dieser Lernformen gelten insbesondere eine verbesserte Transferfähigkeit, höhere Motivation sowie die Aneignung von Methodenkompetenz aufgrund von Eigenaktivität.

- Multiple Perspektiven: Die Lernumgebung soll so gestaltet sein, dass das zu erwerbende Wissen aus verschiedenen Perspektiven betrachtet und kennen gelernt werden kann. Multiple Perspektiven machen Wissen flexibel anwendbar. Indem sie verschiedene Perspektiven desselben Sachverhaltes anbieten, eröffnen sie so die Möglichkeit, die kognitive Flexibilität der Lernenden zu fördern.

- Artikulation und Reflexion: Die Lernenden sollen in die Lage versetzt werden, ihr Wissen artikulieren zu müssen und aus unterschiedlichen Perspektiven über ihren Standpunkt nachzudenken.

- Lernen im sozialen Austausch: Dadurch wird der Lernende in eine Expertenkultur eingebunden, in der über Kooperation Wissen vermittelt werden kann. Eine Lernumgebung soll deshalb die Kooperation zwischen den Lernenden aktivieren (Collins, Brown & Newman, 1989; Cognition and Technology Group at Vanderbilt, 1997; Spiro, Feltovich, Jacobsen & Coulson, 1993; Reinmann-Rothmeier & Mandl, 1997).

Da sich weiter Wissen nach konstruktivistischer Auffassung nicht vermitteln, sondern lediglich in konkreten Situationen aus der eigenen Erfahrung selbst aufbauen lässt, werden Medien vor allem danach beurteilt, inwieweit sie die Wissenskonstruktionsprozesse des Lernenden unterstützen. Eine Lernumgebung, die dies leistet, soll die Eigenaktivitäten des Lernenden anregen, die Konstruktion von Wissen bei der Bearbeitung komplexer Situationen und Probleme unterstützen und in diesem Sinne als kognitives Werkzeug zur Verfügung stehen.

Ein situiertes Verständnis der Lerntätigkeit erfordert aber gleichzeitig eine situierte Ausgestaltung der Lehrtätigkeit, die Lernen in dieser Form unterstützen soll. Eine Lernumgebung, die der Situiertheit des Lernens Rechnung trägt, entfernt sich so von der Vorstellung eines Wissensversorgers, der im Sinne des „Nürnberger Trichters" die Lernenden als authentische Gefäße nur ausreichend füllen muss.

1.4 Referenzmodelle für konstruktivistische Lernräume

Generell ist es ein wichtiger Anspruch für konstruktivistische Lerntheorien, Lernstoff in einer Art und Weise anzubieten, die es dem Lernenden ermöglicht, die gelernten Kenntnisse und Fertigkeiten auf neue, unbekannte Situationen anzuwenden.

Lernprogramme auf der Basis konstruktivistischer Prinzipien erfüllen mehr die Funktion von Lernangeboten zur Unterstützung von Problemlösungsprozessen statt instruktionale Elemente zu betonen. Die Realisierungen können unterschiedlich sein. Sie reichen von einer extremen Position einer völlig offenen Lernumgebung, die keinerlei instruktionale Elemente bietet, bis hin zu Lernräumen, die großen Raum für die Selbststeuerung des Lernenden mit dem Lernziel des explorativen Lernens bieten (Spiro, Feltovich, Jacobsen & Coulson, 1993; Salomon, 1998).

Im Folgenden werden einige Referenzmodelle vorgestellt, die dem Problem des trägen Wissens entgegenwirken und in das Feld der konstruktivistischen Orientierung einzuordnen sind. Es handelt sich hier vor allem um problembasierte Lernräume. Sie sind insbesondere dann vorteilhaft, wenn die Lernenden kein oder nur wenig (Erfahrungs-)Wissen mitbringen. Sie bieten bei geringem Vorwissen einen guten anwendungsbezogenen Einstieg, bei dem die Inhalte besser verarbeitet und Gelerntes leichter merkbar und flexibel einsetzbar ist.

Da problembasiertes Lernen eine ausreichend komplexe Lernumgebung braucht, um die Problemstellungen authentisch behandeln zu können, wird häufig projektbezogen (Projektmethode) gearbeitet. Als typische Anwendungen problemorientierter Lernumgebungen können auch Simulationen, Planspiele und Microwelten angesehen werden.

1.4.1 Cognitive Apprenticeship (CA)

Der Cognitive Apprenticeship-Ansatz (Brown, Collins & Duguid, 1989) bedient sich einer Vermittlungsweise, die aus der traditionellen Handwerkslehre bekannt ist. Der Ausgangspunkt ist eine authentische Lernumgebung, die situative Lernerfahrung ermöglicht. Bei der Anwendung des Wissens innerhalb dieser Umgebung wird der Lernende zunächst stärker und mit zunehmender Beherrschung der zu lernenden Fähigkeiten und Fertigkeiten weniger stark durch einen Lehrer oder Tutor geführt. Wenn der Lernende schließlich sein neues Wissen völlig selbständig anwenden kann, zieht sich der Lehrer zurück.

Im Sinne des Cognitive Apprenticeship-Ansatzes sind insbesondere auch Simulationen und Hypertexte mit dem Verständnis konstruktivistischer Lerntheorien und konstruktiver Lernumgebungen vereinbar (Salomon, 1998).

Im Einzelnen durchläuft der Cognitive Apprenticeship-Ansatz die folgenden Schritte:

- *Kognitives Modellieren:* Beim kognitiven Modellieren demonstriert der Experte den Lerninhalt (Vorgehensweise, Problemlösung etc.), um die zu lernenden Aktivitäten und Prozesse sichtbar und für den Lerner beobachtbar zu machen. Er demonstriert die zugehörigen Vorgänge und artikuliert seine Denk- und Problemlöseprozesse. Auf diese Weise hilft die Tätigkeit des Experten dem Lernenden, ein konzeptuelles Modell über die Vorgehensweise und Problemlösungsschritte zu bilden. Auf dieser Basis kann er dann später eigene Handlungsschritte ausführen, um die gestellte Aufgabe auszuführen.

Hier ist insbesondere auch eine Möglichkeit für den Computereinsatz gegeben, wenn unsichtbare Prozesse sichtbar gemacht werden.

- *Anleiten (Coaching, Scaffolding, Fading):* Nach dem Demonstrieren besteht die weitere Aufgabe des Lehrers oder Tutors darin, den Lernenden anzuleiten. Er tut dies, indem er den Lernenden bei der Ausführung der Aufgabe sehr genau beobachtet und ihm nur dann Unterstützung gibt, wenn dies durch akute Probleme nötig ist. Diese Hilfestellung durch den Lehrer besteht in Rückmeldungen, Erinnerungshilfen, Tipps oder indem er erneut Teile der Aufgabenausführung demonstriert. Dieses Vorgehen wird als Coaching bezeichnet. Weiter gehört zum Anleiten durch Scaffolding auch, dass der Lehrer die Fähigkeiten des Lerners sehr genau einschätzen kann und sich dann Schritt für Schritt zurückzieht (Fading).

Möglichkeiten durch Computereinsatz bieten sich insbesondere dadurch, dass Handlungen und Vorgehensweisen des Lerners gespeichert und seine Schwierigkeiten erkannt und behandelt werden können. Dann wäre ein Anleiten durch Hilfestellungen und ein aktives Eingreifen an relevanten Stellen möglich.

- *Artikulation:* Der Lernende soll Wissensinhalte sprachlich äußern und sein eigenes Vorgehen erklären. Auf diese Weise wird implizites Wissen expliziert und die Wissensinhalte werden strukturiert. Der Lehrende kann die Artikulation beispielsweise durch gezieltes Fragen oder durch die Aufforderung fördern, die Sache mit eigenen Worten wiederzugeben.

Möglichkeiten durch Computereinsatz bieten sich im Hinblick auf neue Hilfsmittel und Umgebungen (Settings), die dem Lernenden zur Verfügung gestellt werden, um eigene Theorien aufzustellen und mittels „kognitiver Werkzeuge" zu überprüfen.

- *Reflexion:* Weiter muss der Lernende über seine Vorgehensweise nachdenken und sie analysieren. Durch Vergleiche mit anderen kann er Ideen zur Verbesserung der eigenen Leistung entwickeln. Dieser Schritt dient der Strukturierung und Generalisierung des eigenen Wissens. Der Lehrende kann dies durch geeignete Feedbacktechniken unterstützen, z.B. durch Videoaufzeichnungen.

Möglichkeiten des Computereinsatzes könnten darin bestehen, den benutzten Lösungsweg noch mal darzustellen, um dem Lernenden auf diese Weise eine rückblickende Analyse oder einen Vergleich mit der Expertenlösung zu ermöglichen.

- *Exploration:* Sie dient der Abstraktion, Verallgemeinerung und Verarbeitung situativer und komplexer Lernerfahrung. Durch das Ausführen von verschiedenen Möglichkeiten und Strategien zur Problemlösung konnte der Lernende mit Unterstützung des Tutors situative Erfahrungen sammeln. Nachdem der Tutor sich in dieser

Phase zurückgezogen hat, sollte der Lernende in der Lage sein, selbständig Hypothesen zu bilden und zu überprüfen, die richtigen Antworten auf Fragestellungen zu geben und sich erreichbare Ziele zu setzen.

Eine Möglichkeit für den Computereinsatz ist beispielsweise die Schaffung eines realitätsnahen Raumes für explorative Aktivitäten.

1.4.2 Anchored Instruction

Auch der Ansatz des Anchored Instruction gehört zu den problembasierten Projektmethoden, die mit dem Ziel einer Vermeidung trägen Wissens entwickelt wurden. Diese Methode wurde ursprünglich von der Cognition and Technology Group at Vanderbilt (1997) für den Schulunterricht in Mathematik (6. Klasse) eingesetzt.

Zentral für das Anchored Instruction-Modell sind die Geschichten des Jasper Woodbury. Jede Geschichte der Jasper Woodbury-Serie führt eine Problemsituation ein, in der komplexe mathematische Probleme in einem sehr anschaulichen Kontext und im narrativen Format (als Videofilm) präsentiert werden. Die Videofilme verpacken die mathematischen Probleme in eine Geschichte, die der Lerner aus seiner Alltagserfahrung nachvollziehen kann. Dabei enthält jede Geschichte alle wesentlichen und relevanten Informationen, um das dargelegte Problem zu lösen.

In einer der Geschichten fährt beispielsweise der Protagonist Jasper Woodbury mit seinem Boot in einen weiter entfernt liegenden Hafen, um sich ein neues Boot anzuschauen, das er kaufen will. Das Problem besteht darin, ob er mit dem neuen Boot noch seinen Heimathafen erreichen kann. Dies muss vor Sonnenuntergang erfolgen, da die Positionsleuchten des Bootes defekt sind und er deshalb bei Dunkelheit nicht mehr fahren kann. Dieses Problem müssen die Schüler mithilfe der Informationen lösen, die in dem Video enthalten sind. Dabei gibt es mehrere Hauptfragen, die Jaspers Entscheidung beeinflussen: Hat er genügend Zeit, um vor Sonnenuntergang den Heimathafen zu erreichen? Ist genügend Benzin für die Rückfahrt im Tank? Wenn nicht, hat er genügend Geld, um unterwegs zu tanken?

Die Methode des Anchored Instruction geht vom zentralen Gestaltungsprinzip der narrativen Anker aus. Das videobasierte Format wirkt zum einen motivierend auf die Lerner, zum anderen hilft es aber auch, ein mentales Situationsmodell zu erzeugen. Durch die Narration (Erzählung einer Geschichte) wird das Vorwissen des Lerners aktiviert, der auch die Zweckmäßigkeit der erlernten Fähigkeiten erkennen kann, und ein bedeutungsvoller Kontext für die Einbettung des Lernstoffes geschaffen. Dabei sind die Geschichten so konstruiert, dass die Kompetenzen der Schüler zur Problemlösung gefördert werden. Dies geschieht vor allem dadurch, dass die Problemsituation sinnvoll komplex und ausreichend realitätsnah dargestellt wird. Dies wird weiter auch dadurch gefördert, dass die Jasper Woodbury Geschichten immer aus Paaren (d.h. aus zwei ähnlichen Geschichten) bestehen. Auf diese Weise werden verschiedene Perspektiven auf einen Sachverhalt angeboten und es wird die Möglichkeit gegeben, die erworbenen Kenntnisse flexibel anzuwenden und das Wissen zu abstrahieren. Außerdem sind die Geschichten so konstruiert, dass verschiedene Wissensgebiete angesprochen werden und dabei fächerübergreifendes Denken und die Verknüpfung der Wissensgebiete erforderlich ist.

Wissenschaftliche Begleitforschung zeigte mittlerweile die Lernwirksamkeit des Anchored Instruction-Modells (Cognition and Technology Group at Vanderbilt, 1997). Der Ausgangspunkt der Entwicklung der Jasper Woodbury-Serie war die Tatsache, dass die Schüler meist Probleme hatten, ihr schulisch erworbenes Wissen in konkreten Problemsituationen anzuwenden und damit auf eine andere als die im Unterricht behandelte Situation zu übertragen. Untersuchungen zeigten, dass der Medieneinsatz die Bearbeitung realitätsnaher Probleme und die selbstgesteuerte Exploration einer Lernumgebung unterstützen. Im Hinblick auf die didaktische Wirksamkeit der Jasper-Woodbury-Serie ergaben sich signifikant bessere Leistungen der Schüler bei Transferaufgaben.

Aktuelle Information und Beispiele zum Anchored Instruction-Modell sind zu finden unter http://peabody.vanderbilt.edu/ctrs/lsi/.

1.4.3 Goal-Based Scenario

Eine andere Methode des problembasierten Lernens, allerdings mit stärkerer Lernerführung als beim Anchored Instruction-Ansatz, ist die Methode des Goal-Based Scenarios (GBS) (Schank, Berman & Macpherson, 1999). Im GBS sollen anwendbare Fertigkeiten (Handlungswissen) und Faktenwissen im Kontext von Anwendungssituationen vermittelt werden.

Der Lernkontext im GBS geht von einer Rahmenhandlung mit verschiedenen Szenarios aus, die dem Lernenden ein Ziel bzw. Teilziele vorgeben, die er erreichen muss (Schank, Fano, Bell & Jona, 1994). Diese Ziele sind so gestaltet, dass sie dem Lernenden als bedeutungsvoll erscheinen. Der Wissenserwerb in diesem Szenario geschieht anhand von konkreten Aufgaben, die im Zusammenhang mit der Rahmengeschichte des Szenarios stehen.

Der Aufbau eines solchen GBS lässt sich folgendermaßen beschreiben:

Zentral für das GBS ist eine Aufgabe, die der Lerner übernimmt. Im Hinblick auf diese Aufgabenstellung müssen zunächst die Lernziele klar sein, d.h. es ist eine klare Vorstellung darüber notwendig, was gelernt werden soll, was der Lerner am Ende des Lernprozesses können soll und welches Wissen und welche Fertigkeiten dafür benötigt werden, damit das Szenario möglichst genau darauf ausgerichtet werden kann.

Der Lerner übernimmt im GBS einen Auftrag (Mission). Durch die Übernahme des Auftrages verfolgt der Lerner Ziele und muss Vorgehensweisen und Strategien zur Zielerreichung entwickeln. Beispiel für eine solche Mission: Der Lerner übernimmt den Auftrag eine Spedition zu leiten und diese zur Marktführerposition auszubauen. Er muss dazu Kontrolle übernehmen, Abläufe steuern, Zusammenhänge aufdecken und Handlungsstrategien entwickeln.

Ein anderes Beispiel aus der Praxis ist das GBS „Yello". Hier übernimmt der Lerner die Rolle eines Verkäufers, der Inserate für „Gelbe Seiten"-Telefonbücher verkaufen soll. Der Lerner bewegt sich dabei in einem virtuellen Büro, in welchem die Anzeigen gestaltet, deren Vermarktung geplant und erste Kundenkontakte getätigt werden. Auch der Besuch der Kunden zu Hause wird simuliert, bei dem der Lerner entsprechende Verkaufsstrategien praktizieren muss.

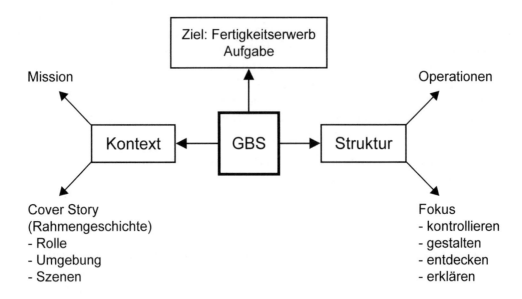

Abbildung 7: Struktur eines Goal-Based Scenarios (GBS)

Der Auftrag in einem GBS steht im Kontext einer Rahmenhandlung (cover story), innerhalb derer der Lerner eine Rolle übernimmt. Diese Cover Story gibt außerdem einen Kontext für die Handlungen des Lerners vor und muss deshalb sowohl ausreichend interessant sein als auch ausreichend Möglichkeiten bieten, um relevante Operationen auszuführen, Informationen für den Wissenserwerb zu beschaffen und die geforderten Fertigkeiten in fokussierter Weise (Fokus) zu üben. Entsprechend müssen auch die Rollen konzipiert sein, die der Lernende zu übernehmen hat und die Szenen, die bestimmte Handlungen vom Lerner fordern. D.h. aus Gründen der Rollenkohärenz sollte sich der Nutzer innerhalb einer plausiblen, spannenden und gleichzeitig realistischen Rahmenhandlung bewegen können. Dies unterstützt die Identifikation eines Lerners mit seiner Rolle im GBS.

Zusätzlich soll ein Szenario auch derart gestaltet sein, dass die zu vermittelnden Fähigkeiten auch häufig und in verschiedenen Kontexten innerhalb der Rahmenhandlung praktiziert werden müssen. Hierbei soll dem Lernenden umfangreiches, unterstützendes Material, welches zur Erreichung der Ziele benötigt wird, zur Verfügung stehen. Deshalb müssen geeignete Ressourcen mit allen benötigten und gut strukturierten Informationen vorhanden sein. Dieses Hintergrundwissen sollte ebenfalls am besten in Form von Geschichten angeboten werden.

Auch im GBS muss Feedback (Rückmeldungen) unmittelbar und situationsbezogen gegeben werden. Dies kann durch Konfrontation mit den Handlungsfolgen geschehen, die nicht zu dem erwarteten Ergebnis führten, oder durch Erläuterungen oder Berichte von Experten (über Videosequenz oder als animierte pädagogische Agenten) (siehe Abschnitt 6.2.1).

Die Anwendungsbereiche für GBS sind vor allem Hochschullehre und berufliche Weiterbildung. So hat Roger Schank und seine Mitarbeiter verschiedene Lernumgebungen nach diesem Modell für Unternehmen und Universitäten entwickelt (Schank, 2002) und mit guten Ergebnissen evaluiert.

1.4.4 Fallbasiertes Lernen

Ein weiteres Modell zur situativen Gestaltung für Lernumgebungen, das vor allem an den Erfordernissen der Praxis ausgerichtet und für die Aus- und Weiterbildung geeignet ist, ist die Fallstudie. Fallbasiertes Lernen bedeutet, dass der Lerner mit einem möglichst realitätsnahen Szenario (einem Lehrfall) konfrontiert wird, innerhalb dessen er eine bestimmte Rolle übernimmt und mit den dargebotenen Inhalten interagiert. Dazu gehört beispielsweise Fragen zu dem dargebotenen Fall zu beantworten und Entscheidungen über ein adäquates Vorgehen zu treffen. Im Rahmen von fallbasierten Lernszenarien tritt Faktenwissen in unterschiedlichen Zusammenhängen auf und kann so aus unterschiedlichen Blickwinkeln gesehen werden.

Im Rahmen von Fallstudien haben die Lernenden die Möglichkeit, ihr erlerntes Wissen in einem konkreten Szenario, an einem authentischen (Lehr-)Fall anzuwenden. Dies verhindert, dass das erworbene Wissen in einem trägen Zustand bleibt, der eine Anwendung der Methoden und Inhalte erschwert oder verhindert. Durch das Einfügen einer zeitlichen Dimension und das Interagieren mehrerer Rollenspieler im Lehrfall wird eine möglichst große Realitätsnähe geschaffen.

Grundsätzlich können Fallstudien überall dort eingesetzt werden, wo Probleme analysiert, Informationen gesammelt und ausgewertet, Lösungsvarianten entwickelt und Entscheidungen gefunden werden sollen (Kaiser, 1983).

Insbesondere in der Aus- und Weiterbildung von Juristen und Medizinern wird fallbasiertes Lernen seit einiger Zeit eingesetzt. Beispiele werden im Folgenden aufgeführt:

- D3-Trainer (http://d3web.informatik.uni-wuerzburg.de)
- CASUS (http://link.medinn.med.uni-muenchen.de/instruct/casus): eine fallbasierte multimediale Lernumgebung für Studierende und Ärzte. Sie soll Ärzten und Ärztinnen die Möglichkeit geben, das in ihrem Studium angesammelte träge Wissen anhand realer Fälle und Problemstellungen anzuwenden. Die Situation entspricht dem Lernen am Krankenbett bzw. in der ärztlichen Praxis. Allerdings besteht bei einer fallbasierten multimedialen Lernumgebung der Vorteil, dass ein Fall aus der medizinischen Praxis dem Lernenden zur eigenständigen Bearbeitung mittels Multimediaaufbereitung (Text, Ton, Bild, Animation, Film) realitätsnah präsentiert werden kann.

- ProMediWeb (http://www.uni-duesseldorf.de/WWW/ProMediWeb): eine webbasierte Erweiterung von CASUS.

- Docs'n Drugs – die virtuelle Poliklinik: ein web-basiertes, fallorientiertes intelligentes tutorielles System (ITS). Es wurde im Rahmen des Programms Virtuelle Hochschule Baden-Württemberg als fester Bestandteil des Curriculums seit 2000 in den medizinischen Lehrplan integriert (http://www.docs-n-drugs.de).

Die genannten fallbasierten Lernumgebungen (CASUS, ProMediWeb, D3-Trainer) fokussieren im Wesentlichen auf den Bereich des diagnostischen Problemlösens, der lediglich einen Teil der kognitiven Prozesse in der Medizin abdeckt (Patel, Kaufmann & Arocha, 1995). Prozesse hingegen, in denen allgemeines medizinisches Fachwissen zur Lösung eines Problems adäquat eingesetzt werden muss, fehlen in den genannten fallbasierten Lernumgebungen. Letzteres bedeutet in der Medizin beispielsweise auch die Auswahl einer korrekten Therapie, das korrekte und angemessene Vorgehen in einer Notfallsituation etc.

In der Umsetzung ist die Fallstudie gekennzeichnet durch den Abbau einer dominanten Lehrerzentrierung, die Einführung kooperativer Arbeits- und Lernformen sowie die Veränderung der Lehrerrolle hin zum Lernberater.

1.5 Zusammenfassung

Ein Lernraum ist eine komplexe Umgebung, die für den Lerner eine Reihe von Handlungsmöglichkeiten schafft, die seinen Lernprozess unterstützen. Dabei lässt sich ein Lernraum durch eine Reihe von Faktoren beschreiben. Dazu gehören natürlich der Lernstoff, die didaktische Methode einschließlich der situativen Einbettung, die Eigenschaften der verwendeten Technologien und Medien sowie die Voraussetzungen, die ein Lerner selbst mitbringt.

Da diese Faktoren die inneren und äußeren Lernbedingungen für den Lernraum festlegen, sind sie auch als ein System zu verstehen, bei dem die Elemente in wechselseitiger Abhängigkeit stehen. Diese Faktoren gilt es planmäßig zu gestalten. Dazu gehört natürlich entsprechendes Wissen über Methoden, Grundlagen, Medien-Technologien und Didaktik. Dazu gehört auch die Kenntnis und Einhaltung eines Entwicklungsprozesses, wenn man davon ausgeht, dass die Entwicklung eines Lernraumes ein aufwendiger und rollenspezifisch gestalteter Prozess ist.

Im Hinblick darauf, wie ein Lernraum zu gestalten ist, gibt es je nach lernpsychologischer Richtung (Behaviorismus, Kognitivismus, Konstruktivismus) verschiedene Modellvorstellungen, die aus der jeweiligen Perspektive beschreiben, was Lernen ist und wie Lernprozesse ablaufen. Diese Lerntheorien systematisieren das Wissen über den Ablauf von Lernprozessen und helfen, sie zu verstehen.

Allerdings sollten die unterschiedlichen Modelle nicht als einander ausschließend, sondern als einander ergänzend verstanden werden. Sie erklären unterschiedliche Aspekte von Lernprozessen: wie wird Verhalten gelernt, wie läuft die menschliche Informationsverarbeitung ab, wie kann sie unterstützt werden und wie kann träges Wissen vermieden werden.

Vor allem im Hinblick auf die Vermeidung des trägen Wissens haben sich verschiedene Modelle herauskristallisiert, die hier als Referenzmodelle bezeichnet werden (Cognitive Apprenticeship, Anchored Instruction, Goal-Based Scenario und fallbasiertes Lernen). Gemeinsam ist diesen Modellen vor allem, dass sie insbesondere den Situiertheitsanspruch erfüllen, indem sie Aufgaben und Probleme in größere Kontexte einbetten, die den Lerner in bestimmte Anwendungssituationen versetzen. Dadurch konfrontieren sie den Lerner mit authentischen Lernaufgaben, erfahrbaren Kontexten in komplexen und realitätsnahen Situationen.

2 Kognitive Grundlagen des Lernens mit Multimedia

In der Gestaltung von multimedialen Lernumgebungen ging man einige Zeit von der irrigen Annahme aus, dass es zu einem besseren Lernergebnis führen würde, je mehr Sinne durch Medienangebote angesprochen werden. Mittlerweile ist diese Annahme durch die Multimediaforschung weitgehend widerlegt (für einen Überblick zur aktuellen Forschung siehe Paas, Renkl & Sweller, 2003). Die Forschungsergebnisse belegen einige der Grundannahmen über die Struktur, Organisation und Funktionsweise des menschlichen Gedächtnisses, die im Hinblick auf die Lernwirksamkeit eine sorgfältige Gestaltung multimedialer Lernräume nahe legen.

Hinsichtlich der menschlichen Informationsverarbeitung geht man von einem dreistufigen Prozess aus, an dem drei Teilsysteme beteiligt sind (siehe Abschnitt 2.1.1). Diese dreistufige Verarbeitung und die interne Struktur der Verarbeitungssysteme implizieren einige Hinweise im Hinblick auf die lernwirksame Gestaltung multimedialer Lernumgebungen.

Zentral ist dabei die Annahme einer Beschränkung der Verarbeitungskapazität im Kurzzeitgedächtnis, die leicht zur Überbelastung durch verschiedene Belastungsquellen führen kann (siehe Abschnitt 2.2). Zentral ist weiter auch die Annahme einer dualen Verarbeitung und doppelten Kodierung verschiedener Informationstypen (siehe Abschnitt 2.1.2).

2.1 Strukturorientierte Gedächtnismodelle

In der kognitiven Gedächtnisforschung lassen sich hinsichtlich der Beschreibung von Gedächtnissystemen im Wesentlichen zwei Traditionen unterscheiden. Diese Unterscheidung kennt strukturorientierte und prozessorientierte Theorien. Strukturorientierte Theorien erklären die Gedächtnisfunktion über mehrere distinktive und invariante Speichermodelle. Demgegenüber verzichten die prozessorientierten Theorien weitestgehend auf strukturelle Annahmen und führen die unterschiedlichen Gedächtnisphänomene auf unterschiedliche kognitive Phänomene zurück. Im Laufe der Zeit haben sich insbesondere die wesentlichen Grundaussagen der strukturorientierten Modelle in der Gedächtnisforschung etabliert. Zu den wesentlichen Annahmen strukturorientierter Gedächtnismodelle gehört die Vorstellung, dass das Gedächtnis ein Verarbeitungssystem mit Speichern, einem Kurzzeitspeicher und einem Langzeitspeicher, ist.

Diese funktionale und strukturelle Trennung nach Kurzzeitgedächtnis als Arbeitsspeicher und Langzeitgedächtnis als Langzeitspeicher ist auch eine zentrale Annahme für alle auf kognitiven Grundlagen basierenden Modelle über Lernprozesse. Vor diesem Hintergrund lässt sich der Lernprozess anhand der Informationsverarbeitungsprozesse (Informationsverarbeitung, Informationsabruf) innerhalb der einzelnen Speicher und der Informationsflüsse zwischen Kurz- und Langzeitspeicher (Kontrollprozesse) beschreiben. Fragen des Lernens werden so zu Fragen hinsichtlich des Transfers der Inhalte des Kurz- in den Langzeitspeicher oder zu Fragen über den Abruf der Information aus den jeweiligen Speichern. Logischerweise bedeutet eine Optimierung im Sinne eines besseren Lernens eine bessere Nutzung der Kapazitäten des Kurzzeitspeichers, der sich seiner magischen Begrenzung von 7 +/– 2 Inhalten nicht entziehen kann (Miller, 1956).

Aufbauend auf der Vorstellung, das Gedächtnis als Verarbeitungssystem mit zwei separaten Speichern anzunehmen, hat sich eine kognitive Theorie des multimedialen Lernens (Mayer, 1997; Mayer & Moreno, 1998) etabliert. Sie beschreibt und erklärt, wie Lernprozesse mit multimedialem Material (Text, Bild, Ton, Bewegtbild) unterstützt werden können. Neben der Annahme einer beschränkten Verarbeitungskapazität für das Kurzzeitgedächtnis und für jeden Verarbeitungskanal (Baddeley, 1992; Chandler & Sweller, 1991) geht die kognitive Theorie des multimedialen Lernens auch von einem modalitätsspezifischen Modell des Kurzzeitgedächtnisses (Baddeley, 1992) und der Annahme einer doppelten Kodierung (Clark & Paivio, 1991) aus.

Es ist konsequenterweise vorauszusetzen, dass Lernprozesse am erfolgreichsten verlaufen, wenn sie in Übereinstimmung mit den Gegebenheiten unserer kognitiven Architektur stehen. Da wir zu diesen Zusammenhängen aber keinen direkten Zugang haben, müssen wir darauf zurückgreifen, was aus kognitionspsychologischen Experimenten abgeleitet werden kann.

2.1.1 Gedächtnissysteme

Innerhalb der Kognitionspsychologie wird Wissensverarbeitung als dreistufiger Prozess betrachtet, in welchem Informationen encodiert, gespeichert und wieder aufgerufen werden. An diesem Prozess sind drei Teilsysteme beteiligt: Das sensorische Gedächtnis, das Kurzzeitgedächtnis und das Langzeitgedächtnis (Lukesch, 2001: 47–162, siehe auch Herczeg, 2004).

Die folgende Abbildung zeigt die oben beschriebene Architektur der Gedächtnissysteme im Überblick im SOI-Modell (Selection – Organisation – Interpretation) (Mayer, 2001) (siehe auch Abschnitt 4.4.1).

Für eine kognitive Theorie des Lernens ist die Funktion des Kurzzeitgedächtnisses entscheidend, in welchem die Verarbeitung der Informationen stattfindet. Eine Überbeanspruchung des Kurzzeitgedächtnisses kann zu Beeinträchtigung des Lernens führen. Sie kann vor allem durch eine unvorteilhafte Informationspräsentation, z.B. durch räumlich und zeitlich getrennte Informationen aus verbalen und visuellen Quellen (Split-Attention-Effekt) oder durch eine schwierige Programmsteuerung auftreten.

2.1 Strukturorientierte Gedächtnismodelle

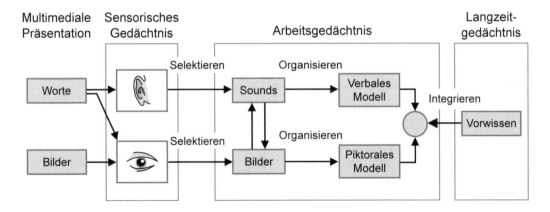

Abbildung 8: kognitive Architektur als Grundlage für die Organisation von Lernprozessen (SOI-Modell nach Mayer, 2001)

Sensorisches Gedächtnis (sensorisches Register)
Unsere Sinnesorgane stellen die Schnittstelle zur Außenwelt dar, um externe physikalische Reize aufzunehmen. Die Information in diesem Speicher wird kurzfristig und ohne Veränderung gespeichert und wird durch weitere Informationen aus dem gleichen Register überschrieben.

Die Information in diesem Speicher ist nicht bewusst, d.h. sie liegt vor der Aufmerksamkeit. Die Reizverteilungen am Rezeptor werden als Potentialveränderungen in die entsprechenden Hirnareale geleitet, wo sie erst zu bedeutungshaltigen Wahrnehmungen weiterverarbeitet werden.

Man geht davon aus, dass für jede Sinnesmodalität (also Augen, Ohren etc.) ein sensorisches Gedächtnis (Register) existiert. Untersuchungen sind für die Informationsverarbeitung aufgrund optischer Reize (ikonisches Gedächtnis), auditiver Reize (echoisches Gedächtnis) und haptischer Reize (taktiles Gedächtnis) vorhanden.

Zwischen diesen hereinkommenden Reizen und der weiteren Verarbeitung im Kurzzeitgedächtnis sind Aufmerksamkeitsprozesse notwendig. Um den Übergang vom sensorischen Register zum Kurzzeitgedächtnis zu erklären, wurden verschiedene Filtermodelle auf der Grundlage selektiver Aufmerksamkeit entwickelt.

Kurzzeitgedächtnis (KZG; auch Arbeitsgedächtnis)
Dieser Speicher kann als Durchgangsspeicher betrachtet werden, in dem die Information nur kurzzeitig aufbewahrt wird. Die Informationen, die im KZG bearbeitet werden, können sowohl aus dem sensorischen Gedächtnis als auch aus dem Langzeitgedächtnis stammen.

Die Speicherdauer ist wahrscheinlich abhängig davon, wie viel Information aufgenommen wird (siehe auch Herczeg, 2004). Nach vielen Schätzungen wird die Speicherdauer des KZG mit 20 Sekunden angenommen, aber es gibt auch Schätzungen, die eine Speicherdauer von

2–3 Minuten annehmen. In der Menge kann dieser Kurzzeitspeicher ungefähr 7 +/– 2 Informationseinheiten gleichzeitig verarbeiten (Miller, 1956). Allerdings kann durch eine geschickte Rekodierung (Neuverschlüsselung) von Informationseinheiten in Chunks die Kapazität gesteigert werden. Trotzdem bleibt das KZG nicht zuletzt wegen seiner Überlastungsanfälligkeit die kritische Stelle für erfolgreich verlaufende Lernprozesse.

Das KZG kann zwischen verschiedenen Kodierungsformen wechseln (z.B. bildhaft, auditiv bzw. phonologisch-semantisch). Deshalb ist anzunehmen, dass das KZG ein modular aufgebautes System mit getrennten, aber interagierenden modalitätsspezifischen Subsystemen (sprachspezifischer Speicher und visuell-räumlicher Speicher für unterschiedliche Kodierungsformen) ist. Anzunehmen ist weiter auch, dass es eine zentrale Kontrolleinheit gibt, die beispielsweise bei Planungs-, Entscheidungs- und zentralen Verarbeitungsprozessen aktiv ist.

Über die Kodierungsformen werden auch Schlüsselreize für die Aktivierung von Langzeitinhalten des Gedächtnisses vorgegeben. Dabei finden zwischen der internen Repräsentation des Langzeitgedächtnisses und der externen Information Prozesse statt. Dazu gehören eine elaborative Kodierung (einzelne Elemente werden mit Bedeutung angereichert) oder eine reduktive Kodierung (Informationseinheiten werden miteinander zu einem neu gebildeten Superzeichen verbunden) (für Strategien zur elaborativen und reduktiven Verarbeitung beim Lernen mit multimedialen Lernmaterialien siehe Ballstaedt, 1997: 36ff und 216ff).

Kodierungs- und Wiederholungsprozesse sind Übergangsmechanismen vom Kurzzeit- zum Langzeitgedächtnis. Was letztendlich im Langzeitgedächtnis gespeichert wird, hängt von den ablaufenden Kodierungsprozessen ab, die in Wechselwirkung mit den bestehenden Strukturen und Wissensbeständen des Langzeitgedächtnisses stehen.

Langzeitgedächtnis (LZG)
Das LZG ist für die langzeitige Bewahrung von Wissen zuständig. Es beinhaltet das gesamte Welt- und Erfahrungswissen (zu den Wissensstrukturen im Langzeitgedächtnis vergleiche auch Abschnitt 2.1.3) einer Person sowie das Wissen über das eigene Selbst. Es enthält auch das Wissen, das zur Steuerung von Aktivitäten der Person in ihrer Umwelt notwendig ist. Dieses im LZG gespeicherte Wissen ist das Ergebnis von Lern-, Denk- und Problemlösungsprozessen.

Das LZG wird heute weder als einheitliche Struktur noch als einheitliche Funktion angesehen. Es ist anzunehmen, dass es in seiner Grobstruktur deklaratives und nicht-deklaratives Gedächtnis unterscheidet. Die Inhalte des deklarativen Gedächtnisses (Weltwissen) sind aufeinander bezogene, strukturiert gespeicherte Wissenseinheiten, die es der Person ermöglichen, ihre Welt zu interpretieren. Die Struktur muss außerdem nach episodischem (zeitlich datierte, lokalisierte, persönlich erfahrene Ereignisse) und semantischem Gedächtnis unterschieden werden.

Die Speicherkapazität des LZG ist theoretisch unbegrenzt. Die Behaltensleistung des LZG ist umso besser, je besser sie intern organisiert ist (zur Organisationsstruktur, siehe Abschnitt 2.1.3)

2.1.2 Doppelkodierungstheorie

Die im vorausgehenden Abschnitt beschriebenen Annahmen über die Architektur unserer Gedächtnissysteme integriert die Doppelkodierungstheorie (Dual Code Theory) von Paivio (Paivio, 1986), die eine seit langem als Bildüberlegenheitseffekt bekannte höhere Gedächtniswirkung von Bildern zu erklären versucht. Auch die Theorie des multimedialen Lernens (SOI-Modell, Mayer, 2001, siehe Abschnitt 2.1.1) geht von dieser Annahme Paivios aus.

Paivio nimmt an, dass es zwei getrennte Kodierungssysteme gibt, ein verbales (begriffliches) System und ein non-verbales, bildhaftes (imaginales) System (Clark & Paivio, 1991). Das verbale System ist für die Verarbeitung verbaler Informationen (semantisch-thematisch-abstrakte Form, sprachliche Informationen) zuständig. Die Einheiten, in denen diese Information gespeichert ist, werden als Logogene bezeichnet. Das imaginale System ist für die Verarbeitung piktorialer Informationen (der Bildbegriff ist dabei sehr weit zu fassen, so dass in der Annahme von Paivio hierzu auch taktile, auditive oder beliebige andere Information zählt) in bildhafter Form (sensorisch-räumlich-analoge Kodierung) zuständig. Die Einheiten, in denen diese Information gespeichert ist, werden als Imagene bezeichnet. Die sensorische Modalität der Eingangsinformation erachtet Paivio im Hinblick auf die interne Kodierung allerdings als unwesentlich.

Zwar werden verbale Information und visuelle Information getrennt in diesen beiden funktionalen Systemen verarbeitet, dennoch ist anzunehmen, dass diese beiden Systeme miteinander in Wechselwirkung stehen und dass referentielle Verbindungen zwischen diesen beiden Gedächtnismodalitäten bestehen. Auf diese Weise lässt sich erklären, weshalb eine doppelte Kodierung von Informationen für eine bessere Verankerung im Gedächtnis sorgt. Auch wird dieser Erklärungsansatz mittlerweile von gehirnphysiologischer Seite durch die Theorie einer Spezialisierung der Großhirnhälften unterstützt (Krapp & Weidenmann, 2001). So wird für die Verarbeitung verbalen Materials die linke Hemisphäre und für die Verarbeitung von bildhaftem Material die rechte Gehirnhälfte angenommen. Allerdings ist diese Annahme nicht absolut zu sehen, da durch die Verbindung beider Gehirnhälften die Information der einen Seite auch der anderen Seite zur Verarbeitung zur Verfügung steht.

Die folgende Abbildung zeigt die Struktur eines verbalen und non-verbalen Systems, wie es die Doppelkodierungstheorie nach Paivio nahe legt. Die beiden Systeme arbeiten sowohl getrennt voneinander als auch durch referentielle Beziehungen (zwischen verbalem und bildhaftem System) aufeinander bezogen.

Im Hinblick auf eine Verbindung der beiden Systeme nimmt Paivio Stadien der Informationsverarbeitung an. Auf der Repräsentationsebene bewirkt eine nicht-verbale Information eine Repräsentation von Vorstellungsbildern und eine verbale Information bewirkt eine verbale Repräsentation. Auf der referentiellen Ebene wird ein System durch das jeweils andere aktiviert. So kann ein Wort verschiedene Vorstellungsbilder auslösen und ein Bild kann in Worte umgewandelt bzw. mit Worten beschrieben werden. Den Bildüberlegenheitseffekt erklärte Paivio so, dass Bilder spontan dual kodiert werden. Bei Wörtern hingegen kann willentlich eine duale Kodierung versucht werden, was bei Wörtern mit konkretem Inhalt besser gelingt als bei Wörtern mit abstraktem Inhalt.

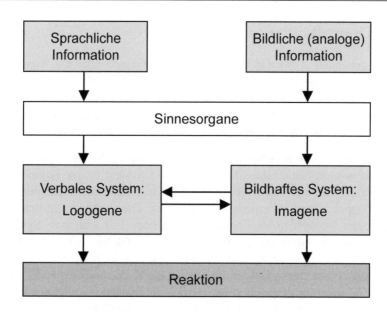

*Abbildung 9: Theorie der dualen Kodierung (nach Paivio, 1986) zur Erklärung des „Bildüberlegenheitseffektes"
und Begründung des „Modalitätsprinzips"*

Allerdings ist die Annahme von zwei getrennten Gedächtnissystemen und ihrer Erklärung einer Behaltensüberlegenheit von Bildern aufgrund ihrer doppelten Kodierung nicht unumstritten (Engelkamp, 1990). Experimentelle Studien beispielsweise zeigten, dass Bilder nur ausnahmsweise linguistisch transformiert und daher nicht automatisch in einem verbalen Gedächtnissystem abgespeichert werden. So sind zur Erklärung des Bildüberlegenheitseffektes noch einige weitere Modelle entwickelt worden, die im Folgenden kurz dargestellt werden.

In einem von Anderson (Anderson, 1996) vorgeschlagenen alternativen Modell wird davon ausgegangen, dass sämtliche Informationen in einem weiteren, übergeordneten Gedächtnissystem repräsentiert werden. In diesem einheitlichen abstrakten Repräsentationssystem ist lediglich die Bedeutung semantisch kodiert. Texte und Bilder wären dann nur verschiedene Zugangsweisen zu diesem einen Repräsentationssystem. Nach dieser extrem propositionalen Sichtweise werden sämtliche Informationen von ihrer modalen Grundlage gelöst und im propositionalen Format (siehe Abschnitt 2.1.3) repräsentiert, dessen genaue Ausprägung sich wiederum in Abhängigkeit von der Modalität unterscheidet. So wird die Qualität der Verknüpfungen zwischen den ursprünglich visuellen Informationen als vielfältiger angenommen. Aufgrund dieses Netzwerkes ließe sich dann ebenfalls erklären, warum Bilder eben besser behalten und erinnert werden als verbale Information.

Ein weiteres Modell geht von aufeinander folgenden internen Verarbeitungsprozessen aus. In einer ersten Stufe werden Text und Bild modalitätsspezifisch kodiert und verarbeitet. In einer zweiten Stufe wird dann eine modalitätsunabhängige semantische Repräsentation gebildet. Damit bleiben die Unterschiede zwischen Texten und Bildern in der internen Repräsentation grundsätzlich erhalten, während sich die Informationsverarbeitungsprozesse unterscheiden (Ballstaedt, 1987).

2.1.3 Wissensstrukturen im Langzeitgedächtnis

Wie bereits im Abschnitt 2.1.1 dargelegt, ist das Langzeitgedächtnis (LZG) bzw. die Gedächtnissysteme des LZG für die längerfristige Bewahrung von Wissen zuständig. Die vermutete Struktur besteht auf der oberen Ebene mit einem deklarativen Gedächtnis und einem non-deklarativen Gedächtnis (Lukesch, 2001: 109–113).

Das deklarative Gedächtnis wiederum ist zu unterteilen in ein episodisches Wissen für Ereignisse und ein semantisches Wissen (in Bezug auf Fakten). Diese Inhalte sind bewusstseinsfähig und ermöglichen der Person, ihre Welt zu interpretieren. Modellvorstellungen zur Organisationsstruktur dieses Wissens werden im folgenden Abschnitt (siehe Abschnitt 2.1.3) näher beschrieben und sind im Hinblick auf die Organisation von Lernprozessen von Bedeutung.

Das non-deklarative Gedächtnis beinhaltet prozedurales Wissen (Fertigkeiten, Gewohnheiten), Priming, Dispositionen (Konditionieren) und das non-assoziative Gedächtnis (Habituation, Sensitivierung). Diese Inhalte sind nicht bewusstseinsfähig. Das prozedurale Wissen umfasst alle Handlungsprogramme, die der Steuerung von motorischen Abläufen, der Wahrnehmung und Kognition dienen (z.B. Radfahren, Rechenoperationen etc.). Priming bezieht sich auf die erhöhte Wahrscheinlichkeit einen Reiz wiederzuerkennen, wenn davor eine assoziativ damit verbundene Gedächtniseinheit aktiviert worden ist. Effekte von Priming lassen sich beispielsweise auch nachweisen, wenn deklarativer Wissenserwerb (z.B. durch Elaborationen (siehe Abschnitt 2.3)) ausgeschaltet ist. Auch klassische und operante Konditionierung (siehe Abschnitt 1.3.1) laufen ohne Zutun des Bewusstseins ab. Habituation bedeutet, dass die Reaktionsbereitschaft einer Person gegenüber einem Reiz abnimmt, dem sie ständig ausgesetzt ist. Das Gegenteil davon ist Sensitivierung und meint die besondere Sensibilisierung für die Wahrnehmung eines besonderen Reizes. Die Inhalte des non-deklarativen Gedächtnisses sind im Hinblick auf die Gestaltung multimedialer und interaktiver Lernräume allerdings nicht sonderlich interessant.

Zurück zum episodischen Gedächtnis. Es bezieht sich auf zeitlich datierte, räumlich lokalisierte und persönlich erfahrene Ereignisse oder Episoden. Episoden sind autobiografischer Natur und wurden von der Person erlebt (z.B. was habe ich letztes Jahr an Weihnachten gemacht?).

Die Inhalte des semantischen Gedächtnisses beziehen sich eher auf Bedeutungsstrukturen. Über die Speicherung von Begriffen im semantischen Gedächtnis sind verschiedene Modellvorstellungen über seine Organisation und Verbindung zu Wissensstrukturen entwickelt worden (Lukesch, 2001: 124–142, siehe auch Herczeg, 2004). Dazu gehören semantische Netzwerkmodelle, propositonale Netzwerkmodelle, Schemata und Skripts sowie Merkmals- und Prototypen-Modelle.

Semantische Netzwerkmodelle

Semantische Netzwerkmodelle repräsentieren Begriffe und Aussagen mit ihren Attributen in einer hierarchischen Struktur oder einer Struktur semantischer Relationen. In diesen Strukturen werden die Begriffe direkt repräsentiert und können direkt abgerufen werden.

Die Information in den Knoten eines semantischen Netzwerkes wird durch Aktivierungsprozesse (Spreading Activation Theory) aufgefunden, die sich in Abhängigkeit von Verbindungsstärken entfalten. Sie unterscheiden sich hinsichtlich ihrer Assoziationsstärke und hinsichtlich ihres Aktivationsniveaus. Die Assoziationsstärke ist umso stärker, je häufiger das Wissenselement erfolgreich verwendet wird. Durch die Wahrnehmung äußerer Reize werden Knoten aktiviert. Die Erregung dieser Knoten setzt sich im Netzwerk entsprechend der Assoziationsstärke der Knoten fort, die aktiviert wurden. Dieser Vorgang wird als Erregungsausbreitung bezeichnet. Lernprozesse bestehen darin, dass in einem solchen Netz neue Knoten eingebunden werden.

Propositionale Netzwerkmodelle

Propositionale Netzwerkmodelle ermöglichen es, komplexe Wissensstrukturen (z.B. sprachliche Aussagen, Wahrnehmungen, Ereignisse und Handlungen) abzubilden. Das Netz besteht aus Knoten sowie bezeichneten und gerichteten Relationen. Im Mittelpunkt der Aussage steht eine Aktion (Prädikat – Verb) mit Valenzen (z.B. Agens, Objekt, Rezipient, Instrument, Lokalisierung, Ursache) als Komplex von Relationen.

Schemata und Skripts

Ein Schema ist eine erfahrungsbasierte Struktur der kognitiven Organisation. Es fasst thematisch zusammenhängende Informationen zu einem hierarchisch organisierten begrifflichen Teilsystem zusammen, das als Rahmen (Frame) die typischen Konstituenten eines Konzepts erfasst und Slots (Freistellen, Lücken) anbietet, die mit Detailinformation geschlossen werden können. Hinsichtlich dieser Slots existieren Erwartungen (z.B. zu einem Schwimmbad gehören Schwimmbecken, Umkleidekabinen, Duschen etc.; zu dem Frame Freibad gehört eine Wiese, ein Teich etc.). So können im Rahmen von Schlussfolgerungsprozessen über Sachverhalte zwingende und nicht zwingende Merkmale abgeleitet werden. Wenn man beispielsweise weiß, dass ein Gegenstand ein Fahrrad ist, dann sind damit eine Reihe anderer Gegebenheiten impliziert, z.B. es hat zwei Räder, eine Lenkstange, Pedale etc.

Neben Schemata werden auch Skripts als Einträge im semantischen Gedächtnis als erfahrungsbedingte Strukturen angenommen. Ein Skript ist im Sinne eines Drehbuches zu verstehen, das eine reguläre Ereignisfolge (Ereignisschema) in einer bestimmten Situation oder einem bestimmten Kontext (z.B. Restaurant, Arztbesuch etc.) mit zugehörigen Rollen (z.B. Arzt, Sprechstundenhilfe, Masseur) und eventuell spezielleren Unterskripts (z.B. Varianten (Tracks) wie Arzt im Krankenhaus, Facharzt etc.) umfasst.

Schemata und Skripts steuern die Informationsaufnahme und -verarbeitung. Das darin gespeicherte Wissen dient der Orientierung in häufig vorkommenden Situationen und hilft, einen Sachverhalt oder eine Situation schnell zu erfassen. Die Person ordnet dann die eingehenden Informationen einem vorhandenen Schema oder Skript zu, in dem sie Sinn machen

(Schemaverifikation, Skriptverifikation). Solche vorhandenen Strukturen können andererseits aber auch Erinnerungen verfälschen, da die gespeicherte Information an bereits vorhandene Schemata angeglichen wird und selektiv das vergessen oder nicht gemerkt wird, was mit einem Schema nicht kompatibel ist.

Lernprozesse bewirken eine Veränderung der Schemaorganisation im Langzeitgedächtnis. Dabei können Schemata durch die Modifikation vorhandener Schemata oder durch die Induktion neuer Schemata gebildet werden. Die Modifikation eines Schemas kann durch Analogie bzw. Generalisierung oder durch Spezifizierung geschehen. Durch Generalisierung entsteht ein neues, abstrakteres Schema, durch Spezifizierung hingegen wird ein allgemeineres Schema verfeinert, z.B. wenn aus einem Hund-Schema ein Dackel-Schema wird.

Ein neues Schema kann auch durch Abstraktion gebildet werden, wenn ein neues Konzept durch wiederholte Erfahrung mit verschiedenen Beispielfällen gebildet wird. Zum Beispiel kann ein Konzept Rechteck durch die Vorgabe unterschiedlicher Rechtecke gebildet werden. Allerdings ist dieser Prozess beim Erwerb komplexer Themengebiete eher selten, da die Schwierigkeit der Schemainduktion im Entdecken der Regelmäßigkeiten liegt. Deshalb werden die meisten Begriffe nicht durch Vergleich mehrerer Exemplare in Verbindung mit der Abstraktion ihrer gemeinsamen Merkmale gelernt, sondern auf der Basis der Verknüpfung von bereits bekannten Ausgangsbegriffen und Relationen, wobei der Begriffsinhalt durch Erklärung Schritt für Schritt aufgebaut und nicht aus Fällen abstrahiert wird.

In Lernprozessen kann Elaboration im Sinne von Konstruktion zunehmend komplexerer Aufgaben gleichen Typs bei der Schema-Assimilation helfen.

Merkmals- und Prototypenmodelle
In Merkmalsmodellen sind Begriffe durch eine Kombination von notwendigen Merkmalen repräsentiert. Diese Merkmale sind in ihrer Verknüpfung (Konjunktion, Disjunktion, Negation) hinreichend für die Bestimmung der Begriffszugehörigkeit. Beispielsweise wäre der Begriff „Mutter" definiert durch die konjunktiv verbundenen Eigenschaften „weiblich" und „hat Kinder". Jedes Mitglied einer Kategorie muss allen definierenden Merkmalen der Kategorie und deren logischen Verknüpfungen genügen. Das Problem solcher Merkmalsmodelle ist allerdings, dass Begriffe der Umgangssprache in der Regel nicht sehr scharf definiert sind, weshalb die Zuordnung eines Beispiels zu einer Kategorie kein Alles-oder-Nichts-Vorgang ist.

Diesem Umstand, dass manche Beispiele für eine Kategorie typischer sind als andere (z.B. Amsel ist ein typischer Vogel, Huhn oder Strauß hingegen nicht), trägt die Prototypentheorie Rechnung. Sie geht davon aus, dass die Exemplare eine Kategorie einander ähnlich sind wie die Mitglieder einer Familie. Nach der Prototypentheorie zeichnen sich die Objekte einer Kategorie dadurch aus, dass die Merkmale eine relativ hohe Auftretenswahrscheinlichkeit haben, jedoch nicht zwingend vorhanden sein müssen. Das typischste Mitglied einer Kategorie ist der Prototyp, der im Zentrum steht. Transformationsregeln führen zu anderen Familienmitgliedern.

2.2 Cognitive Load Theory

Wie bereits im Abschnitt 2.1 erläutert, besteht ein wichtiges Problem bei Lernprozessen darin, dass die Kapazität des Kurzzeitgedächtnisses im Hinblick auf die Verarbeitung von Wissenselementen beschränkt ist und somit leicht überlastet werden kann (Sweller, van Merrienboer & Paas, 1998; Brünken, Plass und Leutner, 2003). Deshalb ist es sehr wichtig, bei der Gestaltung von Lernangeboten dafür zu sorgen, dass das Kurzzeitgedächtnis nicht durch zusätzliche Anstrengungen überbelastet wird und der Lerner möglichst viel Kapazität im Arbeitsgedächtnis zur Bewältigung der eigentlichen Lernaufgabe zur Verfügung hat.

Die Cognitive Load Theory (Sweller, 1988) geht deshalb der Frage nach, wie die Belastung des Kurzzeitgedächtnisses reduziert werden kann. Im Hinblick auf die Ursachen für die Belastung des Kurzzeitgedächtnisses unterscheidet die Cognitive Load Theory zwischen intrinsischen (intrinsic), fremden oder extrinsischen (extraneous) Belastungsquellen (Sweller, 1994) und Belastungen, die durch die Komplexität der internen Informationsverarbeitung (germane cognitive load) (Sweller, van Merrienboer & Paas, 1998) entstehen.

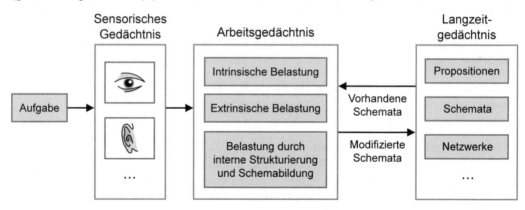

Abbildung 10: Belastung (Cognitive Load) des Kurzzeitgedächtnisses

Die einzelnen Belastungsarten für das Kurzzeitgedächtnis werden im Folgenden näher erläutert.

- *Intrinsische Belastung (intrinsic cognitive load):* Das Hauptziel von Lernprozessen ist die Bewältigung des Lernstoffes an sich. Die Lernaufgabe selbst stellt mentale Anforderungen an den Lerner, um die Inhalte zu verstehen. Je nach Schwierigkeitsgrad und Komplexität des Lerninhaltes bedeutet dies eine mehr oder weniger hohe intrinsische kognitive Belastung (intrinsic cognitive load) für den Lerner (Chandler & Sweller, 1996).

    Beispielsweise stellt ein Lernstoff eine höhere intrinsische kognitive Belastung für den Lerner dar, wenn er Zusammenhänge zwischen einzelnen Elementen bilden muss, um den Inhalt zu verstehen. So müssen beim Lernen der Grammatik einer Fremdsprache etwa Grammatikregeln und Wortbedeutungen simultan verarbeitet

2.2 Cognitive Load Theory

werden. Diese Lernaufgabe stellt daher eine höhere intrinsische Belastung für das Arbeitsgedächtnis des Lerners dar, als wenn einzelne Vokabeln gelernt werden, bei denen jede Einheit für sich behandelt und verarbeitet werden kann. Dabei ist die Größe der Elemente, die vom Kurzzeitgedächtnis gleichzeitig verarbeitet werden können, nicht zuletzt abhängig vom Vorwissen des Lerners, d.h. von den bislang im Langzeitgedächtnis existierenden Schemata.

Wie bereits im vorausgehenden Abschnitt (siehe Abschnitt 2.1.3) zu den Wissensstrukturen im Langzeitgedächtnis erläutert, ist ein wichtiges Ziel beim Erlernen von komplexen Fertigkeiten mit Schemabildung verbunden. Auch der Weg zur Schemaorganisation im Langzeitgedächtnis führt über die Wissensverarbeitung im Arbeitsgedächtnis, wo das für ein Schema relevante Wissen extrahiert und manipuliert werden muss. Schemata unterscheiden sich im Automatisierungsgrad. Mit zunehmendem Automatisierungsgrad werden Schemata von einem niedrigeren Level zu einem höheren Level reorganisiert und durch Übung allmählich automatisiert. Nach ausreichender Übung kann ein Schema mit einer minimalen bewussten Anstrengung, d.h. mit einer minimalen Belastung für das Arbeitsgedächtnis, aktiviert werden. Diese geringere Belastung des Arbeitsgedächtnisses resultiert daraus, dass automatisierte Schemata als eine Einheit („single entities") behandelt werden können (siehe germane cognitive load).

Die intrinsische Belastung durch den Lerninhalt kann normalerweise nicht beeinflusst werden. Deshalb ist es umso wichtiger, darauf zu achten, dass das Kurzzeitgedächtnis nicht zusätzlich durch andere Quellen belastet wird.

- *Extrinsische Belastung (extraneous cognitive load):* Extrinsische Belastung wird durch äußere Faktoren, also durch die Gestaltung des Lernraumes erzeugt. Zu diesen äußeren Faktoren gehören die Gestaltung des User Interfaces, die Art und Weise der Mediennutzung und Aspekte der Aufgabengestaltung. D.h. wenn der Lernende also beim Durcharbeiten des Lernstoffes viel Anstrengung investieren muss, um die relevante Information zu extrahieren, Darstellungen zu verstehen und sein Interaktionsproblem zu bewältigen, dann ist mit einer relativ hohen extrinsischen Belastung für den Lerner zu rechnen. Dies ist bei der Gestaltung multimedialer und interaktiver Lernräume zu bedenken.

Zunächst einmal ist wichtig zu beachten, dass die einzelnen Medien in spezifischer Weise zur Vermittlung bestimmter Sachverhalte und dagegen weniger für andere Sachverhalte geeignet sind (Schwan, 1997). Das Erlernen und Verstehen komplexer Themengebiete erfordert deshalb typischerweise eine Anzahl sich ergänzender Vermittlungsformen bzw. Mediendarstellungen (siehe Kapitel 4 und Kapitel 5).

Wichtige Hinweise, um die extrinsische Belastung für den Lerner möglichst gering zu halten, geben auch die Multimediaprinzipien (siehe Abschnitt 4.2). Auf der Basis empirischer Forschung formulieren sie Regeln, wie Darstellungscodes sinnvollerweise kombiniert werden sollten, um das Arbeitsgedächtnis so wenig wie möglich zu belasten und gegebenenfalls geteilte Aufmerksamkeit (Split-Attention-Effekt) zu vermeiden. Auf die Bedeutung von Navigationswerkzeugen in Hypermedia-

Lernumgebungen für die Orientierung des Lerners im Hypermediaraum (Stiller, 2001) wurde bereits hingewiesen (siehe Abschnitt 3.1.2).

Weiter kann die extrinsische Belastung des Lerners auch durch eine geeignete Präsentation der Aufgabe reduziert werden. So scheinen ausgearbeitete Beispiele (worked examples) (Paas & van Merrienboer, 1994) die extrinsische Belastung zu reduzieren, die Schemabildung zu verbessern und bessere Ergebnisse in Transferaufgaben zu erzielen. Im gegenteiligen Falle, wenn nämlich Lernende ein nicht komplett ausgearbeitetes Beispiel vervollständigen müssen (Vervollständigungsaufgabe), dann bedeutet dies, dass sie das Schema aus dem gegebenen Beispiel abstrahieren („mindfully abstract") müssen, um das Beispiel zu verstehen. D.h., dass sie das Beispiel bewusst verarbeiten müssen (consciously process). Dies wiederum erhöht den internen kognitiven Aufwand des Lerners für die Schemabildung (siehe „germane cognitive load"). Der Vorteil von Vervollständigungsproblemen liegt außerdem darin, dass der Lernende sich aktiv an der Vervollständigung der Aufgabe beteiligen muss.

- *Belastung durch die interne kognitive Verarbeitung (germane cognitive load):* Mit „germane cognitive load" ist die Elaboration und Konstruktion von Schemata gemeint. Dafür werden die noch freien kognitiven Ressourcen im Kurzzeitgedächtnis verwendet (Sweller, van Merrienboer & Paas, 1998). Diese Ressourcen stehen nur dann zur Verfügung, wenn die extrinsische Belastung durch Gestaltungselemente so gering wie möglich gehalten wird und die intrinsische Belastung durch den Lerninhalt nicht zu hoch ist.

Wie oben bereits erläutert, können freie Kapazitäten für die Schemabildung insbesondere durch die Gestaltung der Lernumgebung geschaffen werden.

2.3 Elaboration and Deep Processing

Elaborationen fördern das Verstehen und Behalten von Wissen über Sachverhalte im Sinne einer Tiefenverarbeitung (Deep Processing). Der Lerner enkodiert einen Sachverhalt, der später wieder erinnert werden soll, indem er in einem vorhandenen Netz weitere Propositionen hinzufügt. In einer elaborierten Netzwerkstruktur wird Wissen besser wieder gefunden, da bei der Reproduktion auf mehr Anhaltspunkte zurückgegriffen werden kann. Erhält die Person dann beim Prozess des Abrufes ein Stichwort, so versucht sie, von einem Konzeptknoten aus die richtigen Propositionen wieder zu finden. Wenn ausreichend viele Propositionen vorhanden sind, kann der Sachverhalt erinnert werden. Relevante Propositionen sind in hohem Maße redundant. Es genügt, nur ein paar dieser Propositionen wiederzufinden, um das gespeicherte Konzept zu rekonstruieren. Irrelevante Propositionen hingegen führen zu Interferenzen. Mit zunehmender Anzahl irrelevanter Propositionen wird die Reproduktionsleistung abnehmen.

Über fakultative Elaborationen wird der Lerner zu Gedanken und Assoziationen angeregt, die für das Verständnis der Lerninhalte nicht unbedingt erforderlich sind, die aber dennoch dazu dienen, das Gelesene in die eigene Wissensstruktur einzubringen. Die Information wird auf diese Weise mit der eigenen Wissensstruktur vielfältiger verknüpft.

Neben dem Vorhandensein relevanter Propositionen ist auch die Qualität der Elaborationen für den Vorgang des Erinnerns von Bedeutung. Aus der Lehr-Lernforschung ist beispielsweise bekannt, dass gute Schüler andere Elaborationen bilden als schwache Schüler. Sie schenkten den Details einer zu behaltenden Aussage mehr Beachtung und bildeten Elaborationen, die mit den spezifischen Teilen der Aussage zu tun hatten (z.B. Der große Mann gebrauchte den Malpinsel, „um die Decke zu streichen" – im Gegensatz zu „um den Stuhl zu streichen". Techniken für solche Elaborationen ist beispielsweise Fragen zu den Lerninhalten zu stellen, um die Selbsterklärung zu fördern (für einen Überblick zu Elaborationstechniken, siehe van Merrienboer, 1997).

Elaborative Prozesse:

- Bildhafte Vorstellungen.
- Elaboration zur Verbindung von neuen Informationen mit persönlichen Erfahrungen.
- Elaboration im Sinne metakognitiver Aussagen.
- Elaboration zur kritischen Auseinandersetzung mit dem Text: Alle Lerntexte enthalten Lücken, die der Lerner ausfüllen muss, um Informationen zu verstehen. D.h. der Lerner benötigt (Vor-)Wissen, das in diesem Satz nicht ausdrücklich enthalten ist. Die nicht explizit formulierte Information muss aktiviert werden. Diese Elaborationen sind notwendige Elaborationen. Sie sind immer dann notwendig, wenn man nicht über das Vorwissen verfügt. Daraus resultieren in der Regel Verständnisschwierigkeiten bei der Lektüre von Lerntexten.
- Elaboration zur Aktivierung von Sachwissen (um z.B. abstrakte Begriffe durch konkrete Beispiele zu veranschaulichen).
- Elaboration im Sinne der Paraphrasierung gegebener Textinhalte.
- Problembasiertes (siehe Abschnitt 1.4.1) und fallbasiertes Lernen (siehe Abschnitt 1.4.2) werden ebenfalls als effektiv für Elaboration und Tiefenverarbeitung von neuem Lernmaterial angesehen.

2.4 Zusammenfassung

Innerhalb der Kognitionspsychologie wird Wissensverarbeitung als dreistufiger Prozess betrachtet, in welchem Information encodiert, gespeichert und wieder abgerufen wird. An diesem Prozess sind drei Teilsysteme beteiligt: das sensorische Gedächtnis (als Schnittstelle zur Außenwelt, um physikalische Reize aufzunehmen), das Kurzzeitgedächtnis (als Arbeitsspeicher) und das Langzeitgedächtnis (als permanenter Speicher).

Im Hinblick auf das Langzeitgedächtnis (LZG) müssen wir von verschiedenen Arten von Wissensstrukturen ausgehen. Dazu gehört prozedurales Wissen (nicht bewusst), z.B. für die Steuerung von motorischen Abläufen und automatischen Vorgängen, die beispielsweise durch Konditionierung aufgebaut wurden. Zum LZG gehört weiter ein episodisches Gedächtnis für räumlich, zeitlich und persönlich erfahrene Ereignisse oder Episoden (autobiografischer Natur). Und drittens gehört zum LZG auch ein semantisches Gedächtnis für Begriffsstrukturen, Fakten etc., dessen Inhalte wir uns als Netzwerkmodelle, Schemata, Skripts und Prototypen vorstellen können. Dieser Teil des LZGs wird von den meisten Lerninhalten angesprochen.

Neben der Struktur des LZGs sind für eine Theorie des multimedialen Lernens (SOI-Modell) insbesondere zwei Annahmen wichtig: erstens die Annahme, dass die Kapazität des Arbeitsgedächtnisses (Kurzzeitgedächtnisses) beschränkt ist (ungefähr 7 Elemente), und zweitens, dass wir von einer modalitätsspezifischen Verarbeitung (auditiver und visueller Kanal) und Repräsentation (für verbal-auditive und bildliche Information) ausgehen müssen. Aufgrund dieser Annahmen sagt die Theorie des multimedialen Lernens voraus, dass sowohl eine modalitätsspezifische Überlastung als auch ein zu hoher Workload für das Arbeitsgedächtnis zu einer Beeinträchtigung des Lernprozesses führen können. Ziel ist es, die Belastung des Kurzzeitgedächtnisses nicht unnötig durch die Gestaltung des Lernraumes zu erhöhen.

Einige Hinweise, wie ein multimedialer Lernraum vorteilhaft im Hinblick auf die Unterstützung von Lernprozessen gestaltet werden kann, sind aus dem SOI-Modell (Mayer, 2001) ableitbar. Es basiert in wesentlichen Aussagen auf der Doppelkodierungstheorie von Paivio. Paivio nimmt ein verbales (begriffliches) System und ein non-verbales, bildhaftes (imaginales) System als zwei getrennte Kodierungssysteme an, die jeweils für die Verarbeitung der einen oder anderen Informationsart zuständig sind. Aufgrund dieser Annahme und der weiteren Annahme, dass diese beiden Systeme in Wechselwirkung stehen, ist zu erklären, weshalb eine doppelte Kodierung von Information von Vorteil für die Verankerung dieser Information im Gedächtnis sein kann.

Da die Kapazität des Arbeitsgedächtnisses im Hinblick auf die Verarbeitung von Wissenselementen beschränkt ist und damit überlastet werden kann, ist es wichtig, bei der Gestaltung von Lernumgebungen dafür zu sorgen, dass keine unnötige zusätzliche Belastung entsteht und möglichst viel Verarbeitungskapazität für die eigentliche Lernaufgabe zur Verfügung steht. Dazu gibt die Cognitive Load Theory (siehe Abschnitt 2.2) insofern Hinweise, als sie drei Belastungsquellen identifiziert. Die erste Quelle ist die intrinsische Belastung, die durch die Komplexität des Lernstoffes selbst entsteht. Hier kann durch Gestaltung wenig Einfluss genommen werden. Zweitens ist von einer extrinsischen Belastungsquelle durch die Gestaltung des Lernraumes auszugehen. Dazu gehört die Medienwahl (siehe Multimediaprinzipien) ebenso wie die Gestaltung des User Interfaces. Dazu kommt noch eine dritte Belastungsquelle für das Arbeitsgedächtnis, die daraus resultiert, dass Strukturen aus dem Langzeitgedächtnis (wie Schemata) bearbeitet, modifiziert und durch das neue Wissen elaboriert werden müssen.

3 Hypermediale Lernräume

Hypermedia bietet als vernetzter Informationsraum einen flexiblen Zugriff auf Information. Damit sind eine Reihe von Vorteilen verbunden, solange dieser Informationsraum angemessen gestaltet wird (siehe Abschnitt 3.1), so dass keine zusätzliche kognitive Belastung durch die Interaktion mit dem Hypermediaraum entsteht.

Auch individuelle Lernereigenschaften spielen eine Rolle im Hinblick auf die Nutzung des hypermedialen Lernraumes. Um seine Individualisierbarkeit zu unterstützen, bedarf es spezieller Adaptionsverfahren. Adaptive intelligente tutorielle Systeme verfügen über eine eigene Architektur (siehe Abschnitt 3.2.1), die es ermöglicht, dass das System während der Benutzung Informationen über den Lerner sammelt und diese im Hinblick auf eine Anpassung des Lernraumes durch Veränderung der Navigationsstruktur oder der Inhalte (siehe Abschnitt 3.2.2) auswertet.

Die Hypermediastruktur bietet außerdem eine Basis, um bei geeigneter Modularisierung und Auszeichnung durch Metadaten Lernobjekte und -module wiederzufinden und sie in anderen Zusammenhängen wiederzuverwenden. In diesem Bereich sind derzeit verschiedene Standardisierungsbewegungen im Gange, um eine Interoperabilität zu sichern (siehe Abschnitt 3.3).

3.1 Hypertext und Hypermedia

Hypermedia stellt mit dem Hypertextprinzip (vernetzter Informationsraum) und der Einbindung verschiedener Medientypen eine flexible Zugriffsmöglichkeit auf Informations- und Lernräume dar. Durch die nicht-lineare Verknüpfung von Informationseinheiten entsteht eine hohe Flexibilität für den Lerner zur individuellen Nutzung des Lernraumes.

Hypermediale Lernräume erheben aufgrund dieser flexiblen Zugriffs- und Nutzungsmöglichkeiten auch den Anspruch, Forderungen konstruktivistischer Lerntheorien nach selbstgesteuertem Lernen zu genügen. Allerdings muss bei der Gestaltung des Hypermediaraumes stark darauf geachtet werden, dass sich der Lernende bei der Nutzung des Lernraumes nicht zu stark auf die kognitive Kontroll- und Orientierungsaufgabe konzentrieren muss. Denn dadurch würden ihm kognitive Ressourcen für die eigentliche Lernaufgabe entzogen.

3.1.1 Vernetzter Informationsraum

Unter Hypertext (Abbildung 11) ist ein Verfahren zur computerbasierten Organisation von Informationen zu verstehen. Nach der Basisdefinition besteht ein Hypertext aus Inhaltsknoten und Relationen (Assoziationen), die diese Knoten verbinden. Dabei kann jede Seite (Knoten) im Prinzip auf jede andere Seite (Knoten) verweisen. Je nachdem, wie die Seiten verknüpft sind, entsteht eine mehr oder weniger strukturierte Hypertextbasis.

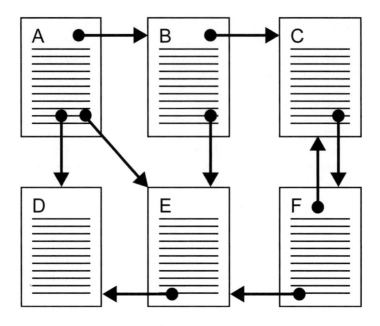

Abbildung 11: Grundprinzip eines Hypertextes aus Inhaltsknoten und Relationen

Man kann einen Hypertext auch als gerichteten Graphen betrachten. Dabei können diese Relationen semantisch klassifiziert sein, was die Nähe von Hypertext zu semantischen Netzen charakterisiert (Herczeg, 1994: 134). D.h. Hypertext organisiert eine bestimmte Struktur vernetzter Information, die anders als bei linearer Buchstruktur den flexiblen Zugriff auf Informationen in beliebiger Reihenfolge zulässt.

Hypermedia (Abbildung 12) basiert auf dem Hypertext-Prinzip als Grundprinzip der Informationsorganisation. Allerdings mit der Erweiterung, dass verschiedene Medientypen (z.B. Video, Text, Audio) eingebunden und synchronisiert werden können.

3.1 Hypertext und Hypermedia

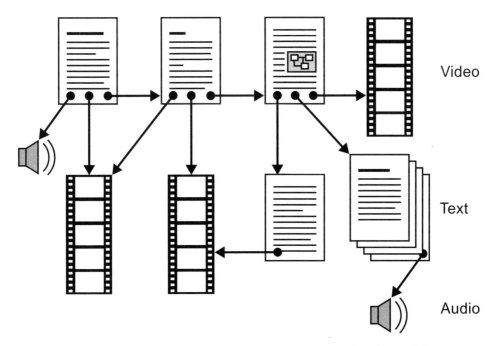

Abbildung 12: Hypermedia als Verknüpfung von Hypertext mit multimedialen Inhalten

3.1.2 Vor- und Nachteile von Hypermedia-Lernräumen

Aufgrund der Möglichkeit zur nicht-linearen Verknüpfung von Inhalten bietet Hypertext dem Nutzer grundsätzlich die Möglichkeit, die angebotenen Informationen nach seinen eigenen Bedürfnissen heranzuziehen und dort zu vertiefen, wo es seiner Interessenlage und seinem Wissensstand entspricht. Hypertext bietet die Möglichkeit zum Perspektivenwechsel und zur Anpassung der Netzstruktur an unterschiedliche Nutzerbedürfnisse (siehe Abschnitt 3.2 zu adaptiven Hypermediasystemen).

Aufgrund dieser Möglichkeit zur flexiblen Verknüpfung von Informationseinheiten kann ein Hypertext unterschiedlichen Interessen und unterschiedlichem Vorwissen der Rezipienten Rechnung tragen. Durch die Möglichkeit, den Assoziationen von einem Knoten zum anderen zu folgen, wird der Serendipity-Effekt gefördert. Damit ist die Hoffnung verbunden, dass die Möglichkeit zum explorativen Lernen unterstützt wird (Kuhlen, 1991).

Vor allem aufgrund dieser Möglichkeit zur flexiblen Verknüpfung von Informationseinheiten wird Hypertext gerne nachgesagt, dass er grundsätzlich das Potenzial hat, um konstruktivistischen Lernprinzipien zu genügen. Dies gilt insbesondere für die Forderungen nach selbstgesteuertem Lernen, wie sie von der Cognitive Flexibility Theory vertreten werden (Spiro & Jehng, 1990). Deshalb scheint Hypertext insbesondere dann von Vorteil zu sein, wenn es um die Darstellung und Erschließung komplexer Sachverhalte geht (Gerdes, 1997 und für einen Überblick zum Einsatz in der betrieblichen Weiterbildung siehe Severing, Keller, Reglin & Spies, 2001).

Ein nicht-linearer Informationsraum legt dem Rezipienten keinen eindeutigen Lesepfad nahe, sondern fordert zur aktiven Gestaltung der Informationsaufnahme auf. Dies kann unter Umständen im konstruktivistischen Sinne dem Lerner die Kontrolle über den Lernprozess geben und entdeckendes und selbstgesteuertes Lernen fördern (siehe Abschnitt 1.3.3). Diese Steuerung des Lernprozesses kann beispielsweise in einem entsprechend konstruierten Hypertext die Kontrolle über die Sequenzierung von Lernaktivitäten bedeuten wie Lesen, Informationssuche, Problemlösen, Ansehen interaktiver Demos, Bearbeiten von Verständnisfragen usw.

Allerdings zeigt die empirische Forschung zur Lernwirksamkeit von Hypertexten eine ausgesprochen heterogene Befundlage (für eine Übersicht Dillon & Gabbard, 1991; Tergan, 1997). In der Reihe der negativen Wirkungen steht der „Lost-in-Hypertext"-Effekt. Er besagt, dass dem Lerner die Orientierung in der Fülle der Informationen sehr leicht abhanden kommt oder gänzlich fehlt und er dadurch mit einer erhöhten extrinsisch bedingten kognitiven Belastung (Cognitive Overload) konfrontiert ist (siehe Abschnitt 2.2). Durch die Vielzahl von Handlungsalternativen (z.B. Angebot mehrerer Links anstelle von Blättern auf eine klar bestimmte Folgeseite), durch versteckte Interaktionsmöglichkeiten oder durch intransparente Oberflächen, denen der Lerner in der gegebenen Situation gegenübersteht, muss er einen Teil seiner Aufmerksamkeit allein für die Bewältigung der Interaktion aufwenden. Diese Aufmerksamkeit fehlt aber für die Beschäftigung mit den Inhalten und die eigentliche Lernaufgabe.

Eine weitere kognitive Belastung durch die Informationsorganisation im Hypertext kann durch zusätzliche kognitive Orientierungs- und Kontrollaufgaben entstehen, die der Lerner zu leisten hat. Orientierungsanforderungen ergeben sich daraus, dass der Lerner bei der Navigation in Hypermediaräumen einen Überblick über seinen Standort im Informationsnetzwerk und dessen strukturelle und semantische Verknüpfungsrelationen zu anderen Punkten im Netzwerk benötigt. Diese Kontrollaufgaben ergeben sich auch daraus, dass der Lerner entscheiden muss, welche Informationseinheiten er weiter bearbeiten und welche Zeit er dafür aufwenden soll.

Weiter entsteht eine zusätzliche Belastung im Umgang mit Hypertext dadurch, dass die Informationen in kleine, in sich geschlossene Einheiten aufgeteilt sind. Zwischen den Einheiten kann damit die semantische und argumentative Stimmigkeit von sprachlichen Einheiten (Kohärenz) verloren gehen (Kuhlen, 1991). Auch dadurch können durch das Lernen in Hypertextlernräumen höhere Ansprüche an den Lernenden im Vergleich zu linearen Texten entstehen.

Generell kann man also sagen, dass kognitive Belastung in diesem Zusammenhang durch jede Anstrengung bewirkt wird, die über die Beschäftigung mit den eigentlichen Lerninhalten hinausgeht. Im Hypermediaraum kann es hierfür – je nach der Gestaltung des Hyperraumes – viele Anlässe geben. Im Extremfall kann dies dazu führen, dass die Lernenden sich überwiegend mit der Handhabung der Benutzungsoberfläche statt mit den Inhalten beschäftigen (Jonassen & Grabinger, 1990; Wedekind, 1997).

Neuere Studien weisen darauf hin, dass neben vergleichsweise gut untersuchten Personenmerkmalen wie dem domänenspezifischen Vorwissen auch die Computererfahrung des Lerners einen bedeutsamen Einfluss auf Lernverhalten und Lernerfolg im Umgang mit Hypermediasystemen besitzt (Brinkerhoff, Klein & Koroghlanian, 2001). So beginnen wenig geüb-

3.1 Hypertext und Hypermedia

te Nutzer im Umgang mit Hypermediasystemen mit dem linearen Abarbeiten von Informationen. Oftmals wissen sie nicht, was mit der Menge der Informationen eines Hypertextes überhaupt anzufangen ist (Schnotz & Zink, 1997) und welche kognitiven Strategien sie für die Abarbeitung eines nicht-linearen Materials brauchen (Rouet & Levonen, 1996). Wenn eine gewisse Kompetenz in der Navigation in Hypermediasystemen erworben wurde, ändert sich mit der zunehmenden Erfahrung im Umgang mit dem Hyperraum auch die Navigationsstrategie zugunsten einer stärker explorierenden, nicht-linearen Vorgehensweise (Wedekind, 1997). So profitieren vorzugsweise Lerner mit sehr hoher Computererfahrung von dem nicht-linearen Medium, während Novizen eher aus „guided tours" und klarer Lernerführung einen Nutzen ziehen (Jacobson, Maouri, Mishra & Kolar, 1996). Letzteres bedeutet aber wiederum, dass ein Lernpfad und damit eine starke Linearisierung der hypertextuellen Informationseinheiten notwendig sind.

Andere Studien haben gezeigt, dass individuelle Unterschiede zwischen den Lernenden signifikante Unterschiede auf deren Lernerfolg mit dem hypermedial organisierten Wissen haben. Zu diesen lernerspezifischen Merkmalen gehören kognitive Stile (Rasmussen & Davidson-Shivers, 1998), Computererfahrung und bereichsspezifisches Vorwissen (Domänenwissen) (Unz & Hesse, 1999; Dillon & Gabbard, 1998).

Neuere Ergebnisse zeigen darüber hinaus, dass die Wirkung von Hypertext nicht unbedingt darin besteht, eine angemessenere Wissensstruktur als lineare Texte zu erzeugen (Gerdes, 1997; Jonassen, 1993). Um allerdings selbstgesteuertes Lernen zu unterstützen, ist es hilfreich, wenn den Lernern ein Freiraum für eigenes Denken und Handeln angeboten werden kann. Allerdings müssen die Lernenden auch motiviert werden, diesen angebotenen Freiraum zu nutzen. Jedoch sind Lernmotivation, Stimmung und andere positive Gefühlszustände im Hinblick auf die Nutzung von Hypertext noch wenig untersucht worden (Chan & Ahern, 1999; Konradt & Sulz, 2001). Neuere Ergebnisse zeigen aber, dass Lerner bei der Arbeit mit einem Hypertext-Lernraum positive Gefühlszustände zeigen, die wiederum kognitive Informationsverarbeitung positiv unterstützen (Konradt, Filip & Hoffmann, 2003). Bei positiven Gefühlszuständen wird neben anderen Effekten auch das aufgenommene Wissen besser im Gedächtnis verankert (Assoziationen, Ähnlichkeiten etc. werden gebildet) und damit flexibler nutzbar und besser erinnert (Isen, 1993). Weiter zeigen Lerner unter positiven Gefühlszuständen eine größere Offenheit für Stimuli und Situationen und eine höhere Kreativität (Isen, 1993).

Neben den individuellen Variablen wurde auch die Wirkung verschiedener Navigationswerkzeuge und Navigationsgestaltungen (Stiller, 2001) im Hinblick auf den Lernerfolg und das Navigationsverhalten der Lernenden untersucht. Die Ergebnisse zeigen, dass insbesondere Index, Sitemap und Suchmaschinen in eine Hypermedia-Umgebung integriert sein sollten. Denn verschiedene Navigationswerkzeuge und Zugangsmöglichkeiten geben den Lernern Orientierung und die Möglichkeit, den Hyperraum nach eigenen Bedürfnissen und Fragestellungen zu explorieren, und tragen daher zur höheren Akzeptanz durch die Lerner bei.

Die beschriebene heterogene Befundlage im Hinblick auf die Faktoren, die zu einer effizienteren Informationsvermittlung im Hypermedialernraum beitragen, legt die Schlussfolgerung nahe, dass der zu erwartende Lernerfolg sehr daraus zu resultieren scheint, wie die genannten Vorteile und Nachteile in der konkreten Lernsituation wirken. Außerdem ist es wichtig, wie und in welchem Umfang der Lerner bei der Bewältigung der genannten kognitiven Anforderungen durch geeignete instruktionale Maßnahmen unterstützt wird. Viel Forschungsbedarf besteht allerdings noch im Hinblick darauf, wie unterschiedliche Lerner unterschiedlich gestaltete Hypermediasysteme wahrnehmen, und auch im Hinblick auf das motivationale Potenzial von Hypermedialernräumen, um selbstgesteuertes Lernen zu unterstützen.

3.2 Individualisierung und Anpassung von Lernräumen

Wie im vorausgehenden Abschnitt beschrieben, spielen individuelle Eigenschaften der Lerner eine wichtige Rolle in Bezug auf die Nutzung von hypermedialen Lernräumen. Denn sie werden von Lernern mit unterschiedlichen Zielen, Interessen, Fähigkeiten, Erfahrungsgraden und Präferenzen verwendet. So ist zu erwarten, dass Lerner mit unterschiedlichen Zielen andere Links benutzen werden, um sich im Hyperraum zu bewegen. Lerner mit unterschiedlichen Wissensvoraussetzungen werden mehr oder weniger Zusatzinformationen benötigen, um den Lerngegenstand angemessen zu verstehen.

Um diesen unterschiedlichen Voraussetzungen, die Lerner für die Benutzung einer Lernumgebung mitbringen, gerecht zu werden, bedarf es einer Ausrichtung der Eigenschaften des Hyperraumes (z.B. hinsichtlich der Informationsdarstellung oder der Navigationsmöglichkeiten) auf die unterschiedlichen Lernerbedürfnisse.

Grundsätzlich ist zwischen Adaptierbarkeit und Adaptivität zu unterscheiden (Oppermann, 1994). Adaptierbare Systeme bieten Werkzeuge, mit Hilfe derer der Benutzer Systemmerkmale an seine Bedürfnisse, seine Vorlieben, an die Erfordernisse der Aufgabe oder an andere Kriterien anpassen kann. Dies kann aufgrund der Komplexität der Anpassungswerkzeuge unter Umständen eine zusätzliche Belastung für den Benutzer bedeuten. Für Lernumgebungen meint dies, dass kein Benutzermodell im Sinne der intelligenten tutoriellen Systeme (siehe Abschnitt 3.2.1) existiert. Stattdessen passt sich der Benutzer seinen Lernpfad, seine Lerngeschwindigkeit und seine bevorzugten Medien im Rahmen der angebotenen Freiheitsgrade selbst an, indem er beispielsweise frei durch den Hypertext navigiert oder die Parameter eines simulationsbasierten Systems variiert.

Adaptive Systeme hingegen sammeln im Verlauf der Nutzung verschiedene Informationen über den Lerner (z.B. Vorlieben, Interessen, Wissensstand, aktuelle Ziele), aufgrund derer sie verschiedene Eigenschaften der Lernumgebung automatisch anpassen. Die Anpassungsleistung des Systems kann sich auf verschiedene Eigenschaften der Lernumgebung beziehen (Leutner, 2002: 115ff):

- Schwierigkeit und Umfang des Lernstoffes und der Übungsaufgaben,
- Sequenzierung des Lernstoffes,
- Zeitaspekte hinsichtlich der Lernzeit, der Aufgabenpräsentation usw.

Individualisierbarkeit und Anpassungsfähigkeit von Lernumgebungen sind seit den 80er Jahren ein wichtiges Thema und Anwendungsgebiet für Wissensrepräsentations- und Planerkennungstechniken und werden derzeit wieder zunehmend diskutiert (Shute & Towle, 2003).

Der Erfolg und die Akzeptanz adaptiver Systeme sind davon abhängig, inwieweit das System tatsächlich in der Lage ist, relevante Informationen über den Benutzer zum passenden Zeitpunkt zur Verfügung zu haben.

3.2.1 Adaptive intelligente tutorielle Systeme

Computerbasierte Lernumgebungen, die als intelligente tutorielle Systeme (ITS) bezeichnet werden, arbeiten vor allem mit Methoden der Wissensrepräsentation. Dazu gehören die Repräsentation des Domänenwissens (Wissensstoff) in einer formalisierten Repräsentation und die Modellierung des Lerners (Benutzermodellierung), die als Grundlage für die Anpassung der Lernumgebung an die im Benutzermodell ermittelten Eigenschaften und den Wissensstand des Lerners dienen. Damit steht dem ITS eine Diagnosekomponente zur Verfügung, die einen Vergleich zwischen dem aktuellen Wissenstand des Lerners und dem Lernstoff ermöglicht (Lusti, 1992).

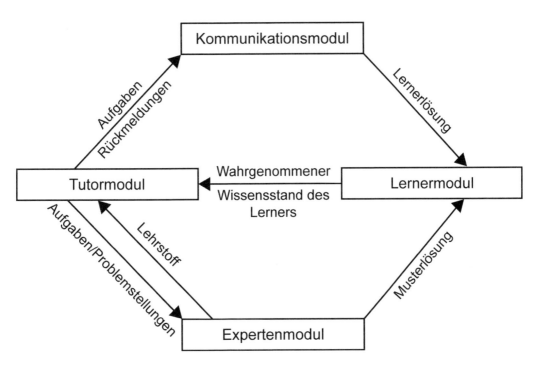

Abbildung 13: Architektur eines intelligenten tutoriellen Systems (nach Leutner, 1992: 61)

Intelligente tutorielle Systeme brauchen eine besondere Architektur. Wie aus der Abbildung 13 zu ersehen ist, besteht diese Architektur aus vier Komponenten: Expertenmodul, Didaktikmodul, Lernermodul, Kommunikationsmodul.

Expertenmodul
Das Expertenmodul ist eine Art Lehrstoffexperte (Expertensystem) für den zu vermittelnden Wissensbereich. Es enthält ein Domänenmodell (domänenspezifisches Fachwissen) mit einer Sammlung von Fakten, Regeln und Problemlösungskompetenzen des zugrunde liegenden Wissens- und Themenbereiches, die dem Lerner vermittelt werden sollen. Einzelne Unterthemen des Domänenmodells werden Konzepte genannt. Diese Konzepte sind wiederum untereinander in einer Art Netzwerk verbunden. Das Domänenmodell repräsentiert also ein bestimmtes Wissensgebiet durch ein Netzwerk aus Konzepten und deren Relationen zueinander. Zur Implementierung des Expertenmoduls werden dabei vorrangig regelbasierte Sprachen wie PROLOG oder LISP verwendet.

Wenn die Wissensmodule modular aufbereitet werden und die semantische Auszeichnung von Wissensinhalten zusammen mit einer Beschreibung von Metadaten vorgenommen werden (wie in Abbildung 14), entsteht eine hohe Flexibilität, um die Wissensmodule in unterschiedlichen Nutzungskontexten wieder verwenden zu können (Steinacker, Seeberg, Reichenberger, Fischer & Steinmetz, 1999). Dabei kann ein Wissensmodul selbst wieder aus zusammengesetzten Wissensmodulen bestehen. In diesem Falle wird zwischen atomaren Inhaltsmodulen und zusammengesetzten Strukturmodulen unterschieden, ähnlich wie bei „Composite-Patterns" im Software-Engineering. So ist etwa im Beispiel (Abbildung 14) das Modul Rudern zusammengesetzt aus den atomaren Inhaltsmodulen bzw. Medienbausteinen „Ausführliche Erklärung (Text)" und „Ablauf (Video)".

Zwischen Wissensmodulen können verschiedene Beziehungen bestehen, d.h. Wissensmodule können mit anderen Wissensmodulen unterschiedlich assoziiert sein (Assoziationstypen, z.B. definiert, illustriert, erweitert). Im obigen Beispiel besteht zwischen den Medienbausteinen „Ausführliche Erklärung (Text)" und „Ablauf (Video)" die Beziehung, dass die ausführliche Erklärung als Erweiterung zu dem Video zu verstehen ist, das den Ablauf zeigt.

Wenn diese Wissensmodule als eigenständige Objekte in der Datenbank verwaltet werden, entsteht eine hohe Flexibilität für die Ausgabe auf der Benutzerseite. Bei einer Modellierung in XML-Sprachen kann der Inhalt der Wissensmodule von ihrer Struktur und Präsentation (z.B. mittels XML-Style-Sheet zu beschreiben) unterschieden werden. Auf diese Weise können dieselben Assoziationen beliebige Darstellungsformen besitzen, weil getrennt vom Inhalt beispielsweise definiert werden kann, dass oben die Definitionen und unten die Bilder mit Erklärungen stehen. Auf diese Weise können die Wissensmodule in unterschiedlichen Nutzungskontexten und in unterschiedlichen Umgebungen oder Ausgabeformaten wieder verwendet werden. Auch ist die Anpassung der Inhalte, zu denen der Lerner Zugang hat, an die Lernervoraussetzungen ebenso möglich wie die Anpassung von Struktur und Navigation für unterschiedliche Nutzergruppen.

3.2 Individualisierung und Anpassung von Lernräumen

Im ITS ist das Expertenmodul eine zentrale Architekturkomponente, da es das Domänenwissen repräsentiert und sowohl vom Tutormodul als auch vom Lernermodul benutzt wird. Der Lehrexperte des Tutormoduls braucht das im Expertenmodul repräsentierte Wissen, um für konkrete Lehrsituationen Aufgaben für den Lerner zu erzeugen. Das Lernermodul braucht das im Expertenmodul repräsentierte Wissen, um den jeweils aktuellen Wissensstand des Lerners mit dem Domänenwissen zu vergleichen.

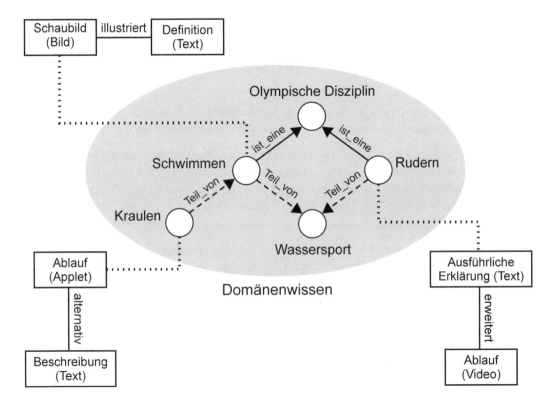

Abbildung 14: Möglichkeit zur Realisierung eines Wissensmoduls

Lernermodul

Ein Lernermodul enthält zwei Komponenten, nämlich ein Schülermodell und einen Diagnostikexperten. Das Schülermodell ist eine Repräsentation des Wissensstandes des Lerners. Diese Repräsentation wird vom Diagnostikexperten des Lernermoduls aufgrund der Interaktion des Lerners mit der Lernumgebung aufgebaut. Dabei werden wissensbasierte und planbasierte Methoden eingesetzt.

Der Aufbau dieses Schülermodells geschieht vor allem durch die Beobachtung der Vorgehensweisen des Lerners, durch Fehlerdiagnose und gegebenenfalls auch durch direktes Abfragen von Präferenzen. Da das Schülermodell aufzeichnet, was der Lerner innerhalb der Lernumgebung tut (Historie), stehen ihm Informationen über korrekt gelernte, fehlende oder unzutreffende Konzepte des Lerners zur Verfügung. Aufgrund der über den Lerner gesammelten Informationen kennt das Schülermodell die Lernleistungen, Lernfortschritte, Fehler und Präferenzen des Lerners. Die Kenntnis der bekannten bzw. nicht bekannten Konzepte des Schülers aus der Gesamtwissensmenge ist unabdingbare Voraussetzung für das System, um die Wissenspräsentation an den Wissensstand des Lerners anzupassen.

Es gibt verschiedene Verfahren, um ein Schülermodell aufzubauen, die im Folgenden beschrieben werden. Ein Standard-Modell, um den Wissensstand des Lerners zu diagnostizieren, ist das Overlaymodell. Ein Overlaymodell repräsentiert das Wissen des individuellen Lerners als Schnittmenge zwischen seinem Wissenstand und der Gesamtmenge der Konzepte des Domänenmodells. Somit gibt das Overlaymodell Auskunft darüber, welche und wie viele Konzepte dem Lerner aus der entsprechenden Domäne bereits bekannt und welche ihm noch unbekannt sind.

Eine Erweiterung des Overlaymodells ist es, wenn zusätzlich die Fehler des Lerners in Bezug auf die möglichen Wissenseinheiten im Overlaymodell repräsentiert werden.

Die Erstellung eines Overlaymodells kann sehr aufwendig und fehleranfällig sein. Es ist insbesondere dann schwer zu erstellen, wenn dem System noch nichts über den Lerner bekannt ist. Auch bei großen Wissensbereichen ist es sehr schwierig, ein Overlaymodell zu erstellen. Deshalb kommt hier häufig ein einfacheres Modell zur Einsatz, nämlich das Stereotypenmodell.

Der Stereotypenansatz wurde von Rich (Rich, 1979) in die Benutzermodellierung eingeführt und später beispielsweise aus verschiedenen Richtungen erweitert. Dieses Modell wird vor allem dann eingesetzt, wenn bald nach Dialogbeginn seitens des Lernermoduls Annahmen über den Wissensstand des Benutzers getroffen werden müssen und dabei ein bestimmtes Maß an Ungenauigkeit in Kauf genommen werden kann.

Das Stereoptypenmodell hat intern verschiedene Benutzergruppen und deren Untergruppen repräsentiert. Wenn der Lerner in der Lernumgebung arbeitet, identifiziert das Lernermodul zunächst, welcher dieser Benutzergruppen und darin enthaltenen Untergruppen sich der Benutzer nach bestimmten Merkmalen zuordnen lässt. Dann müssen die Charakteristika der identifizierten Benutzergruppen formal in einem geeigneten Repräsentationsschema dargestellt werden. Die Gesamtheit aller repräsentierten Eigenschaften einer Benutzergruppe wird als Stereotyp bezeichnet. Wenn die Inhalte des Stereotyps einer Benutzergruppe eine Untergruppe zu den Inhalten eines Stereotyps einer anderen Benutzergruppe bilden, dann können auch Stereotypenhierarchien gebildet werden.

Ein anderer Mechanismus zur Repräsentation eines Schülermodells sind Bayes'sche Netzwerke. Hierfür wird ein Graph von Wissensknoten benutzt. Jeder Knoten im Netz repräsentiert eine Wissenseinheit, die der Lerner kennen soll. An jedem Knoten wird eine Stärkegradangabe gespeichert, welche die Wahrscheinlichkeit ausdrückt, mit der ein bestimmter Schüler das dazugehörige Konzept bereits beherrscht.

Die Aufzeichnungen des Lernermoduls über den Nutzer werden in einem so genannten „Benutzermodell" gespeichert. Sie dienen in einem adaptiven System als modellierte Annahmen

3.2 Individualisierung und Anpassung von Lernräumen

über wesentliche Charakteristika des Benutzers und damit als Grundlage für die Anpassung von Eigenschaften und Verhalten der Lernumgebung.

Tutormodul (Didaktik-, Unterrichtsmodul)
Das Lernermodul wird vom Tutormodul benutzt, das den Prozess der Wissensvermittlung in Abhängigkeit vom diagnostizierten Wissensstand des Lerners steuert. Es entscheidet, welche Information zu welchem Zeitpunkt am besten geeignet ist und deshalb präsentiert wird.

Das Tutormodul kann als eine Art Lehrexperte mit didaktischer Kompetenz verstanden werden. Es wählt ein geeignetes Thema aus und greift hierfür auf den Lehrstoffexperten des Expertenmoduls (Domänenmodell) zu, um die für die jeweiligen Lernziele relevante Information zu finden, die neu behandelt oder wiederholt werden soll. Der Lehrexperte, der über die entsprechende didaktische Kompetenz verfügt, muss dann das ausgewählte Thema mit einer konkreten Aufgabenstellung, einer geeigneten Lehrstrategie (z.B. entdeckendes Lernen, Hypothesen testen, Sokratischer Dialog etc.) und zweckmäßigen Darbietungsweisen (z.B. textuell, grafisch, Darbietung von Beispielen etc.) realisieren und verwendet dazu sein pädagogisches Wissen. Nachdem die Aufgabenstellung vom Lerner bearbeitet wurde, muss der Lehrexperte des Tutormoduls eine geeignete Form des Feedbacks geben. D.h., der Ablauf des Lernprozesses und die Häufigkeit von systemeigenen Interventionen werden vom Tutormodul nach didaktisch-methodischen Regeln angepasst.

Das Tutormodul ist stark vom Expertenmodul und vom Lernermodul abhängig, die das zu vermittelnde Wissen und den aktuellen Stand des Lerners bereithalten. Das Tutormodul bestimmt, in welcher Weise die im Expertenmodul und die im Lernermodul enthaltenen Informationen genutzt werden. Der eigentliche Dialog mit dem Lerner wird dann vom Kommunikationsmodul realisiert.

Kommunikationsmodul (Interaktionsmodul)
Das Kommunikationsmodul regelt die Interaktion mit dem Lerner und präsentiert die Lektionen und Übungen. Enthalten ist auch die Schnittstelle mit der Dialogsteuerung und dem Bildschirmlayout. Die jeweiligen Inhalte und Beschreibungen bekommt das Kommunikationsmodul von den Lehrexperten des Tutormoduls. Die Eingaben des Lerners werden vom Kommunikationsmodul an den Diagnostikexperten des Schülermoduls zurückgemeldet.

3.2.2 Adaptionsverfahren

Adaptive Hypermedia sind ein wichtiger Bereich der Anwendung adaptiver Methoden. Als wesentliche Adaptionsverfahren bei adaptiven Hypermediasystemen werden die adaptive Präsentation und die adaptive Navigationsunterstützung gesehen.

Adaptive Präsentation
Die Methoden der adaptiven Präsentation zielen auf die Anpassung des Inhaltes von Dokumenten an die ermittelten Lernerbedürfnisse ab.

Eine Möglichkeit für die Anpassung des Hyperraumes an die Lernerbedürfnisse ist die Anpassung der Präsentation. Die Idee ist, den Inhalt einer Seite so anzupassen, dass er dem Vorwissen, Zielen und Aufgaben sowie den Eigenschaften des Nutzers entspricht.

Dieses Ziel verfolgt die Methode der adaptiven Erklärungen (Adaptive Explanation), die beispielsweise einen unerfahrenen Lerner mit detaillierteren und einen fortgeschrittenen Lerner mit weniger detaillierten Erklärungen versorgen kann und damit Erklärungen nach Lernermerkmalen wie Wissensstand, Vorwissen oder aktuelle Ziele zu berücksichtigen versucht. Dieses wird möglich, weil zu den Elementen des Domänenwissens jeweils Voraussetzungen für die Ausgabe und didaktische Informationen gespeichert sind.

Als Technik zur Umsetzung adaptiver Erklärungen gelten „Conditional Text", „Stretchtext" und framebasierte Techniken (Brusilovsky, 2001). Beim Conditional Text werden zu den Textabschnitten entsprechende Vorbedingungen gespeichert und jeder Abschnitt wird nur dann angezeigt, wenn die Vorbedingungen jeweils erfüllt sind. Beim Stretchtext sind verschiedene Ebenen von Erklärungen vorhanden, die je nach Bedarf expandiert werden können (Kobsa, Miller & Nill, 1994). Bei framebasierten Techniken sind Slots vorhanden. Diese können auf der Basis des Hypermediadokuments mit verschiedenen Elementen (z.B. Textvarianten) verbunden sein. Dadurch wird es möglich, dass individuelle Zusammenstellungen der Textvarianten nach vorgegebenen Bedingungen, wie z.B. nach Lernvoraussetzungen, generiert werden (Beaumont, 1994).

Adaptive Navigationsunterstützung
Die Idee einer Anpassung der Navigationsmöglichkeiten im Hypermediaraum ist es, die vorhandenen Informationen dem Benutzer je nach Vorwissen, Aufgabe und anderen persönlichen Charakteristika zur Verfügung zu stellen. Dies geschieht, indem Hyperlinks in Abhängigkeit von den festgestellten Nutzerbedürfnissen gezeigt oder nicht gezeigt werden und somit der Navigations- und Informationsraum des Lerners innerhalb des Lernraumes vergrößert oder verkleinert wird. Diese Art der Anpassung versucht die globale Orientierung des Benutzers im Hyperraum zu verbessern.

Zur Realisierung der adaptiven Navigationsunterstützung stehen verschiedene Techniken zur Verfügung:

- *Link Hiding*: Beim Link Hiding werden Hyperlinks versteckt. Dies ist wahrscheinlich die am weitesten verbreitete Technik der Adaption der Navigationsstruktur. Dabei werden Hyperlinks zu den für den Nutzer zum aktuellen Zeitpunkt unwichtigen Seiten deaktiviert und damit dem Nutzer diese Navigationsmöglichkeit verwehrt und sein Navigationsraum beschränkt. Dies können Hyperlinks zu weiterführenden Themen sein, die versteckt werden, oder der Index eines gesamten Themenbereiches wird verkürzt.

    Da die Technik des Link Hidings den Navigationsraum des Lerners beschränkt, kann sie helfen einer kognitiven Überlastung entgegen zu wirken. Denn solche Seiten, die aus irgendwelchen Gründen (z.B. im Hinblick auf den didaktischen Ansatz oder im Hinblick auf das Domänenmodell) im Moment als irrelevant angesehen werden, müssen dem Lerner gar nicht erst zur Navigation angeboten werden.

- *Link Annotation*: Bei der Link Annotation werden vorhandene Hyperlinks mit zusätzlicher Information versehen. Diese Information gibt Aufschluss über Aspekte, die mit den mit dem Hyperlink verbundenen Inhalten (Knoten), z.B. über Relevanz, Schwierigkeitsgrad im Verhältnis zum Wissensstand etc., in Verbindung stehen. Die Annotation kann durch Text, Farbe, Schriftgröße, Schriftart oder kleine Icons geschehen. So können beispielsweise Hyperlinks, die auf dem Lerner bereits bekannte Seiten verweisen, in einer anderen Farbe präsentiert werden als Hyperlinks, die auf unbekannte Seiten verweisen. Im Hinblick auf die kognitive Belastung des Lerners kann die Link Annotation so eingesetzt werden, dass beispielsweise verschiedene Arten von Relevanz angezeigt werden.

  Link Annotation ist im Allgemeinen eine mächtigere Technik als Link Hiding. Allerdings verhindert Link Annotation eine kognitive Überlastung des Lerners nicht so gut wie Link Hiding.

- *Link Sorting* (Adaptive Ordering): Beim Link Sorting werden die Links nach bestimmten Kriterien sortiert, die aus dem Benutzermodell abgeleitet werden. Dies kann beispielsweise die Wichtigkeit der Benutzerziele sein. Eine Möglichkeit ist dann, die Links in einer Liste mit absteigender Wichtigkeit darzubieten.

  Eine adaptive Sortierung von Links sollte allerdings mit Vorsicht und nur bei nicht kontextabhängigen Hyperlinks verwendet werden. Ungeeignet ist diese Technik beispielsweise für Indexseiten. Verwirrend kann die adaptive Sortierung auch bei Inhaltsseiten sein, denn durch die veränderte Abfolge auf solchen Überblicksseiten können Benutzer leicht verwirrt werden. Außerdem ist insbesondere für ungeübte Nutzer eine feste Abfolge der Menüoptionen wichtig. Brauchbar ist die Technik vor allem für die Informationsausgabe der Ergebnisseiten bei Information-Retrieval-Systemen bzw. Suchmaschinen.

- *Direct Guidance*: Bei der Technik der Direct Guidance wird der bezüglich der aktuellen Seite beste Hyperlink zu einem Knoten visuell hervorgehoben („Best Link"). Das System entscheidet über den besten nächsten Knoten, den der Benutzer besuchen sollte, in Abhängigkeit von den Eigenschaften, die im Benutzermodell ermittelt wurden (z.B. ISIS-Tutor, Brusilovsky & Pesin, 1994).

Im Rahmen einer Lernraumgestaltung kann diese Technik der Anpassung der Navigationsstruktur insbesondere dazu benutzt werden, um die Lernerführung zu unterstützen, z.B. indem nur diejenigen Navigationsmöglichkeiten angezeigt werden, die aufgrund des jeweiligen Lernkontexts und Wissensstands des Lerners am meisten geeignet erscheinen. Dies kann beispielsweise im Hinblick auf den Lernfortschritt, den Lernstil oder die Lernstrategie geschehen.

3.3 Digital Libraries und Metadaten

Bildungseinrichtungen, die ihre multimedial aufbereiteten Kurse weiterverwenden oder externen Personen über das Web zur Verfügung stellen wollen, stehen vor dem Problem der Beschreibung der Materialien. Das Problem, Informationseinheiten oder Module so zu beschreiben, dass sie einfach gefunden, bewertet, kombiniert und individuell verwendet werden können, ist ein allgemeines Problem aller Informationssuche, sei es innerhalb oder außerhalb des Webs.

Wenn die Informationseinheiten und Module allerdings nicht in geeigneter Weise beschrieben werden, dann stellt sich die Situation ein, die momentan aus dem Web bekannt ist. Dort führt die unüberschaubare und ständig wachsende Menge an Informationen und Dokumenten dazu, dass viele Dokumente in der Informationsflut versinken und nicht mehr gefunden werden. Das beste Beispiel hierfür sind Ergebnisse aus der Suchanfrage bei gängigen Suchmaschinen, deren Resultatmengen meist unübersichtliche Größen erreichen, weil die Suchmaschinen in der Regel nur sehr einfache Indizierungsverfahren (wie Volltextindizierung über HTML-Seiten mit zusätzlichem Filter, der nur über bestimmte Informationen auf der HTML-Seite geht, z.B. über den Inhalt eines Paragraphen-Tags) bei der Informationssammlung über Webressourcen verwenden. Angesichts solcher Indizierungsverfahren besteht das Problem, dass bei Verwendung eines verbreiteten Begriffs, die Anzahl der Treffer nach oben schnellt, da auch diejenigen Treffer mitgeliefert werden, wo der Begriff zwar verwendet wird, es aber eigentlich im Kern um andere Inhalte geht.

3.3.1 Interoperabilität und Wiederverwendbarkeit von Lernobjekten

Neben der Recherchierbarkeit von Informationen ist auch die Wiederverwendbarkeit und Austauschbarkeit von Lernressourcen ein wichtiger Aspekt für die Entwicklung von Metadaten zur Beschreibung von Lernressourcen nach einem einheitlichen Muster in maschinenlesbarer Form. Nur durch eine solche Beschreibung kann in einem offenen Kursentwicklungssystem gewährleistet werden, dass das Kursmaterial auf einfache Weise aufgefunden, ausgetauscht und wieder verwendet werden kann.

Eine Wiederverwendbarkeit und Austauschbarkeit von Lernressourcen setzt allerdings Interoperabilität voraus. Darunter versteht man, dass unterschiedliche Systeme miteinander kommunizieren können, weil fest definierte Schnittstellen und Datenformate für den Datenaustausch eingehalten wurden. Dadurch wird z.B. einem Benutzer die Möglichkeit gegeben, mit Hilfe nur einer Software oder eines Webportales auf alle zur Verfügung stehende Lernsoftware zuzugreifen.

Derartige Überlegungen sind in Bereichen, wo effektiv Information gespeichert und wiedergefunden werden muss, nicht neu. Die meisten Ideen, Wissensressourcen mit Hilfe einheitlicher Metadaten zu beschreiben, haben ihren Ursprung bereits in der Katalogisierung von Bibliotheksbeständen, z.B. der MARC-Standard (Machine Readable Cataloging Record) der National Library of Congress.

Seit einiger Zeit sind weltweite Bemühungen auch im Hinblick auf die Standardisierung von Lernobjekten, Metadaten, Strukturen und Referenzmodellen im Gange. Da nur die LTSC-Arbeitsgruppe des IEEE das Recht hat, Spezifikationen bei Standardisierungsgremien einzureichen, werden die Vorschläge der verschiedenen Organisationen (siehe Abschnitt 3.3.2) an die LTSC (Learning Technology Standards Committee) weitergeleitet.

3.3.2 Modularisierung und Metadaten für das Wissensmanagement

Im allgemeinsten Sinne sind Metadaten strukturierte beschreibende Informationen über eine Ressource, welche diese so charakterisieren, dass sie jeweils in einer Datenbasis gesucht und gefunden werden kann. D.h. Metadaten sind „strukturierte Daten über Daten", die über Eigenschaften und Charakteristika von beliebigen Objekten und Ereignissen Auskunft geben. Dabei können Metadaten nicht nur zur Realisierung von Suchmöglichkeiten verwendet werden, sondern auch beispielsweise zur Zusammenfassung der Bedeutung eines Dokuments, zur Realisierung der Zugriffskontrolle auf das Dokument oder zur Information über die Verwendung einer Ressource.

Die Möglichkeit, Dokumente mit Metadaten auszuzeichnen, ist vor allem in Bibliotheken verbreitet. Dort werden Metadaten in Form von Titelaufnahmen oder Katalogdaten als bibliographische Informationen (Autor, Verlag, Erscheinungsjahr, Titel etc.), Zusammenfassungen, Indexierungsbegriffe und Abstracts erfasst, um die betreffenden Medien in Katalogen oder Datenbanken wiederfinden zu können. Durch die Auszeichnung mit Metadaten können auch Lernobjekte aus einem großen Angebot an Bildungsmaßnahmen nach bestimmten Interessengebieten selektiert werden bzw. ein individualisiertes Lernangebot kann im Hinblick auf bestimmte Nutzerbedürfnisse zusammengestellt werden.

Zwar sind Metadaten grundsätzlich als Instrument gedacht, um Lernobjekte zu identifizieren, Suchvorgänge zu präzisieren oder Lernressourcen wiederverwendar und austauschbar zu machen. Allerdings kann dieses Ziel nur erreicht werden, wenn Metadaten nach bestimmten vorgegebenen Regeln vergeben werden, was aufgrund von Vergabebedingungen durch bibliothekarische Amateure und einer potenziellen Vielfalt von Metadatenformaten im Vergleich zur ursprünglichen Vergabepraxis im Bibliotheksbereich ein gewisses Problem darstellt.

Diese Probleme betreffen vor allem die semantische Interoperabilität für Metadatendefinitionen. Beispielsweise entstehen solche Probleme, weil es unterschiedliche Begriffe mit ähnlicher Bedeutung geben kann oder weil umgekehrt auch gleiche Begriffe mit unterschiedlicher Bedeutung möglich sind. Außerdem müssen Metadatenbeschreibungen von Autoren, d.h. bibliographischen Laien, vergeben werden, was ebenfalls nicht ohne Probleme ist. In Bibliotheken, wo Medien seit jeher nach komplexen Regeln (z.B. Regeln für alphabetische Katalogisierung etc.) vergeben und in Form von Karteikarten für die Suche eingesetzt werden, stellt sich dieses Problem nicht. Denn dort stehen qualifizierte Bibliothekare zur Inhaltserschließung bereit. Im Bereich der Vergabe von Metadaten durch Amateure würde deren Handhabung der Beschreibung von Lernobjekten kaum funktionieren, wenn die Metadatenanwender für verschiedene Arten von Dateien eigene Datenformate lernen müssen. Insofern ist es zu begrüßen, wenn sich ein verbindliches Metadatenformat, wie in der RDF-Initiative, herausbildet, das den Vorteil hat, dass es auch von Laien angewendet werden kann.

Resource Description Framework (RDF)
Da auch Metadaten wiederum Daten sind, werden Schemata benötigt, um Bedeutungen von Metadatendeklarationen zu erfassen. Das W3C (WorldWideWeb-Konsortium) bietet mit dem RDF eine Methodik an, Metadaten auf eine Weise zu strukturieren, dass ihnen (auch durch Maschinen) eine Bedeutung (Semantik) beigemessen werden kann.

Durch dieses Set von Konventionen, die RDF anbietet, werden das Kodieren, die Verwendung und der Austausch von strukturierten Metadaten geregelt. Informationen über Konzepte, Syntax, Semantik usw. zum RDF können unter http://www.w3.org./TR/rdf-concepts gefunden werden.

Das fundamentale Darstellungsmittel von RDF sind Aussagen (Statements). Innerhalb einer Aussage werden Eigenschaften eines Objektes beschrieben, indem sie einen Wert zugewiesen bekommen. Zulässige Werte werden aus einer für die Eigenschaft spezifizierten Wertemenge entnommen oder stellen selbst ein Objekt dar. Die Aussagen im RDF haben eine Form, die der Form eines Satzes der natürlichen Sprache gleicht. So besteht eine Aussage in RDF aus Subjekt, Prädikat und Objekt. Dies zeigt das Beispiel des folgenden vereinfachten RDF-Graphen

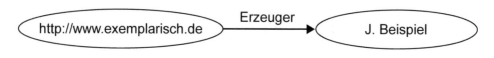

Abbildung 15: RDF-Graph

Im obigen Beispiel wurde die Ressource (im Beispiel die hypothetische Website www.exemplarisch.de) durch eine Eigenschaft (Ersteller) mit dem zugehörigen Wert (Name des Erzeugers: J. Beispiel) verbunden. Genauso gut könnte die Seite auch von mehr als einer Person erstellt worden sein. In diesem Falle müsste ein zweiter Pfeil von der Ressource aus gezeichnet und mit dem zweiten Ersteller verbunden werden.

Auf diese Weise können durch ein RDF-Schema (http://www.w3.org/TR/rdf-schema) Vokabularien definiert werden. Diese Vokabularien dienen der Anpassung der Metadatenbeschreibung durch den Anwender und werden der Bedeutung nach strukturiert (http://www.w3.org/TR/2003/PR-rdf-primer-20031215/#rdfschema).

Weiter bedient sich RDF der eXtensible Markup Language, kurz XML, das die Einbeziehung verschiedener Metadatenformate erlaubt. RDF bildet dabei eine Art von Metadatengrammatik, die Konventionen für verschiedene Metadatenformate und ihre Interoperabilität festlegt (Miller, 1998).

3.3 Digital Libraries und Metadaten

XML ist eine Metasprache zur Spezifikation von Auszeichnungssprachen. In XML lassen sich mittels freier Wahl und Definition von Elementen und Attributen eigene Auszeichnungssprachen konstruieren. XML trennt den Inhalt eines Dokumentes von seiner Struktur und seiner Präsentation, da die Elemente und Attribute zwar die Bedeutung der Daten beschreiben, aber nicht deren Erscheinungsbild. Mit DSSL, CSS oder mit XSL können XML-Dokumente in ein beliebiges Ausgabeformat (z.B. HTML, PDF, RTF) umgesetzt werden. Mit Hilfe von XPath kann man in Verbindungen mit z.B. XSLT, XQuery oder XPointer entlang von Pfaden in einem XML Dokument adressieren und navigieren.

Mittels XML können jegliche strukturierte Daten in eine textuelle Form gebracht werden, wodurch proprietäre Formate ersetzt werden können und so der Austausch zwischen verschiedenen Anwendungen erleichtert wird. Auf diese Weise lassen sich auch Dokumente aus Lernräumen, wie beispielsweise XML-basierte Übungsdateien, in unterschiedlichen, sich über die Zeit verändernden Systemen nutzen.

Die Grammatik von XML kann in der so genannten Document Type Definition (DTD) explizit definiert werden, die aus dem SGML-Bereich stammt. D.h., die DTD stellt ein Konzept zur Verfügung, mit dem die Struktur eines Dokumentes spezifiziert werden kann. Eine DTD definiert und beschreibt, welche Elemente in einem XML-Dokument vorkommen können, welche Attribute in einem Element auftreten dürfen und wie die Elemente miteinander in Beziehung stehen beziehungsweise ineinander verschachtelt sind.

Standardisierte Metadaten für Lernobjekte
Wie bereits im Abschnitt zur Interoperabilität festgestellt wurde, sind proprietäre Datenformate ein Hemmschuh für den Zugriff auf verteilte Lernmaterialien, für die Wiederverwendbarkeit und Austauschbarkeit von Lernressourcen. Um eine interoperable Nutzung von Lernmaterialien durch verschiedene Clients zu ermöglichen, muss zunächst die Syntax und Semantik der Metadaten der einzelnen Systeme bekannt sein.

Für Lernräume bedeutet dies: Um die Suche, den Austausch und die Wiederverwendung von Lernobjekten in unterschiedlichen Lernumgebungen zu ermöglichen, müssen die Metadateninformationen zueinander kompatibel sein. Bei diesen Standardisierungsbemühungen steht die Schaffung einer geeigneten Klassifikation im Vordergrund, welche die Suche, Beschaffung, Benutzung und Auswertung von Lernobjekten erleichtern soll. Darüber hinaus lassen sich Lernobjekte leichter untereinander austauschen und auch katalogisieren. Dies alles steht unter dem Begriff der Interoperabilität und Wiederverwendbarkeit.

Aus diesem Grunde sind verschiedene Standards für Metadaten entwickelt worden, mittels derer Objekte beschrieben werden können. Zu den wichtigsten Standardisierungsbemühungen im Bildungsbereich, die vor allem von Wirtschaft und IEEE angestrengt wurden, gehören ARIADNE, IMS, ADL (SCORM) und LOM. Einen wesentlichen Bestandteil bildet jeweils der LOM-Standard der IEEE.

LOM steht für Learning Objects Metadata (http://ltsc.ieee.org/wg12) und wurde von der gleichnamigen Arbeitsgruppe des LTSC (Learning Technology Standards Committee, http://ltsc.ieee.org) entwickelt. Die LOM-Spezifikation ist seit Juni 2002 ein offizieller Standard von IEEE (http://ltsc.ieee.org/wg12/20020612-Final-LOM-Draft.html) für die Beschreibung von Lernobjekten (Learning Objects – LO). Das IEEE-Komitee beschließt Standards, die sich mit der Entwicklung, Instandsetzung und Vernetzung von Computersystemen für Lehre und Ausbildung befassen.

Der LOM-Standard stellt Metadaten (mit einem Metadatenschema – Basisschema) zur Beschreibung von Lernobjekten zur Verfügung. Er spezifiziert u.a. bibliografische und technische Attribute von Lernobjekten sowie verschiedene Relationen zwischen ihnen. Diese LOs spiegeln verschieden große Granularitäten wider. So kann ein LO für eine einzelne Datei stehen oder für eine kurze Kursstunde oder für eine ganze Vorlesung.

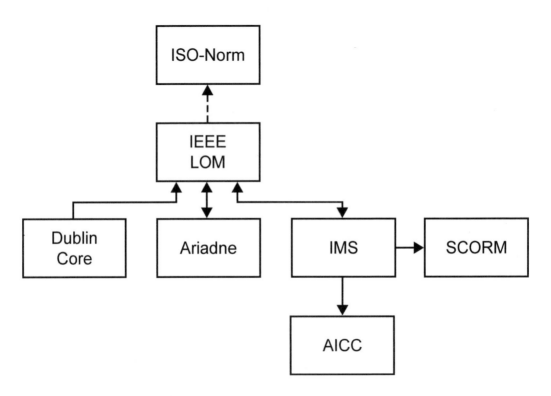

Abbildung 16: Kooperationsnetzwerk zur Entwicklung von E-Learning-Standards.

Das zugrunde liegende abstrakte Metamodell benutzt hierfür allgemeine Metadaten wie Autor, Titel, Stichworte etc. ebenso wie beliebige zeitbezogene Metadaten, z.B. Erstellungs-, Modifikations-, Freigabe- und Verfallsdatum.

LOM konzentriert sich auf einen minimalen Satz von Attributen zur Beschreibung von Lernobjekten. Alle Attribute sind optional und können durch weitere Attribute ergänzt werden. Konkret teilt das LOM-Modell die Metadaten in die folgenden Gruppen auf:

- *General:* Daten, die das Lernobjekt durch einen Titel, eine kurze Beschreibung sowie Schlüsselwörter darstellen.

3.3 Digital Libraries und Metadaten

- *Lifecycle*: Versionen eines Lernobjektes werden verwaltet und Bearbeiter der einzelnen Versionen benannt.
- *Metametadata*: Metadaten werden beschrieben. Hier kann auch aufgeführt werden, in welchem Katalog die Metadaten eingetragen sind und welches Metadatenschema zugrunde liegt.
- *Technical:* bezieht sich auf Datentyp, Größe und den Ort der Ressource.
- *Rights*: Hier werden Urheberrechte, Zugriffsrechen und Nutzungsbedingungen angegeben.
- *Relations*: Hier werden Beziehungen zwischen den Lernobjekten definiert.
- *Annotationen*: Sie enthalten Bemerkungen und Bewertungen zu den Lernressourcen.
- *Classification:* Umfasst die Einordnung von Lernobjekten in eine Taxonomie.

Diese Metadaten können zum einen in unterschiedlichen XML-Sprachen für das Wissensmanagement an die Anforderungen einer konkreten Anwendung angepasst werden. Sie können zum anderen aber auch um bereits existierende Metadaten unterschiedlicher Standards erweitert werden, z.B. mit Metadaten des Dublin Core (http://www.dublincore.org).

Im Zuge der Anwendung der Metadatenbeschreibung wird jedem Lernobjekt eine Metadatendatei beigefügt, die das Lernobjekt nach LOM klassifiziert. LOM schreibt allerdings weder ein Dateiformat noch ein Protokoll oder eine Implementierungsrichtlinie vor. Es zeichnet sich jedoch ab, dass sich die Verwendung von XML als Metadatenbeschreibung durchsetzen wird. Nicht zuletzt deshalb, weil das Binding von LOM-Standard im RDF-Standard möglich ist.

LOM basiert auf dem Dublin Core, der ein interdisziplinäres und einrichtungsübergreifendes Minimalset von Metadaten zur Verfügung stellt und im WWW bevorzugt wird. Er war einer der ersten systematischen Ansätze, elektronische Publikationen und Dokumentationen weltweit einheitlich für die Suche zu klassifizieren.

Es gehört zu den Prinzipien des Dublin Core, das Set der Elemente so klein wie möglich zu halten, die Bedeutung der Elemente für die Benutzer verständlich zu gestalten und flexibel genug zu sein, um möglichst viele Webressourcen beschreiben zu können. Deshalb beziehen sich die Metadaten des Dublin Core lediglich auf die Beschreibung des Inhalts und des Formates der Dokumente im Web. Sie bilden den Kern der inhaltlichen und formalen Erschließungsmerkmale, wie sie gewöhnlich für die bibliothekarische und inhaltliche Erschließung benutzt werden. Das Minimalset von Erschließungselementen im Dublin Core ist relativ wenig komplex, so dass es auch von Nicht-Bibliothekaren vergeben werden kann, vor allem dann, wenn diese Anwender von Metadatengeneratoren unterstützt werden. Dublin Core Metadaten können auch in HTML eingefügt werden (META-tags).

Die Entwicklung des Dublin Core ist noch nicht abgeschlossen. Die Fortschreibung des Dublin Core ist in zahlreiche andere Projekte eingebunden und mit wichtigen Partnern koordiniert, z.B. im E-Learning-Bereich mit einer Eingrenzung auf Lernressourcen (Dublin Core – Educational Data (DC-ED)).

Eine Erweiterung des Dublin Core Metadatenmodells war das Ziel des ARIADNE-Projektes (http://www.ariadne-eu.org) des EU Telematics Education and Training Programmes. Das Ergebnis wurde mit dem IMS-Metadatenmodell abgeglichen und an die IEEE herangetragen. ARIADNE-Metadaten werden in sieben Kategorien unterteilt: Allgemeine Informationen über die Ressource, semantische Einbindung der Ressource, pädagogische Merkmale der Ressource, technische Merkmale der Ressource, Rechte und Restriktionen, Metametadaten, optionale Merkmale.

Eine andere Entwicklung zur Etablierung von Metadaten im E-Learning war das IMS-Projekt, an dem zu Beginn eine Menge Bildungseinrichtungen der USA beteiligt waren und das mittlerweile in eine gemeinnützige Organisation überführt wurde. 2001 wurde IMS Europe gegründet. Das IMS (Instructional Management System (http://www.imsproject.org/specifications.html)) Metadatenmodell basiert auf dem LOM-Modell, das sich in Details (Bezeichnung von Attributen, Einführung von Pflichtfeldern) aber wiederum vom LOM-Modell unterscheidet.

Eine weitere Entwicklung ist ADL (SCORM). Das Sharable Content Object Reference Model (SCORM) (http://www.adlnet.org/scorm/scorm_download_index.cfm) ist ein Standard von Advanced Distributed Learning (ADL) zur Erstellung und zum Aufbau von E-Learning-Kursen. Er spezifiziert, wie ein Kurs baumförmig zusammengestellt werden kann, welcher Art die Inhaltsobjekte sind und wie diese Objekte initialisiert und mit einem Learning-Management-System (LMS) kommunizieren sowie welche Elemente sie mit dem LMS austauschen können. SCORM gleicht die mangelnde Möglichkeit von LOM aus, das trotz einer mit „Educational" benannten Kategorie keine Möglichkeit besitzt, die didaktische Rolle von Lernobjekten in Lernprozessen zu beschreiben. LOM hingegen konzentriert sich darauf, was unterrichtet wird, nicht wie unterrichtet wird.

SCORM führt verschiedene Standards von IMS, IEEE und AICC zusammen und zeigt, wie diese in einem Gesamtkontext als Paket verwendet werden können, damit plattformübergreifende Lerninhalte effektiv möglich werden.

Ontologien
Eine Ontologie ist eine explizite und formale Spezifikation eines geteilten Weltausschnittes. D.h. die Ontologie ist maschinenlesbar und die spezifizierten Konzepte und Bedingungen sind wohldefiniert.

Mit Hilfe des Vokabulars einer Ontologie kann ein Wissensbereich (Domäne) modelliert und ein Domänenmodell konstruiert werden. Dabei ist eine Ontologie allerdings mehr als ein gemeinsames Vokabular, eine Begriffsklassifikation oder Taxonomie. Denn neben der einheitlichen Begrifflichkeit sind Beziehungen zwischen Begriffen von entscheidender Bedeutung, ebenso wie bestimmte Beziehungsmuster und Regeln zur Verknüpfung, Spezialisierung und Verallgemeinerung.

Da Ontologien von einer möglichst großen Benutzergruppe akzeptiert werden sollen, ist deren Entwicklung ein kooperativer Prozess, der normalerweise viele Personen involviert. Allerdings ist teilweise auch die Akzeptanz eines fest gefügten Vokabulars angesichts des laufenden sprachlichen Wandels und der semantischen Vielfalt schwierig einzuhalten und kann aus diesem Grunde auch in Teilbereichen unscharf werden.

3.4 Zusammenfassung

Hypertext bzw. Hypermedia als Organisationsprinzip für Informationen in einem vernetzten Informationsraum lässt bei geeigneter Gestaltung, anders als eine lineare Buchstruktur, einen flexiblen Zugriff auf Informationen in beliebiger Reihenfolge zu.

Diese Flexibilität kann unter bestimmten Umständen im konstruktivistischen Sinne exploratives Lernen unterstützen. Ein nicht-linearer Informationsraum legt keine verbindliche Folge der Sequenzierung des Lernmaterials fest und gibt dem Lerner die Kontrolle über den Lernprozess und die Sequenzierung der Lernaktivitäten. Allerdings birgt diese Freiheit auch die Gefahr, dass der Lerner die Orientierung verliert und kognitiv überlastet wird. Dies geschieht insbesondere dann, wenn die Lernumgebung keine geeigneten Navigations- und Orientierungswerkzeuge zur Verfügung stellt, um derartige Probleme zu lösen.

Abgesehen von den eingangs genannten Möglichkeiten und Problemen gibt ein hypermedialer Lernraum dem Lerner grundsätzlich die Möglichkeit, die angebotenen Informationen nach Interesse oder Wissensstand zu nutzen. Damit erlaubt Hypermedia die Anpassung des Lernraumes an unterschiedliche Nutzerbedürfnisse.

Eine systematische Anpassung des Lernraumes an Nutzerbedürfnisse versuchen adaptive und adaptierbare Hypermediasysteme. So ist mit den intelligenten tutoriellen Systemen eine Klasse von Lernräumen entstanden, die mittels einer speziellen Architektur Anpassungsvorgänge entsprechend der festgestellten Nutzervariablen vornehmen kann. Diese Architektur besteht aus Expertenmodul (Lehrstoffexperte), Lernermodul (Schülermodell bezüglich des Wissensstandes des Lerners mit Overlay zum Domänenwissen oder Stereotypen von Lernerklassen), Didaktikmodul (Lehrexperte mit didaktischer Kompetenz) und Kommunikationsmodul (Dialogführung und Bildschirmpräsentation). Diese Module interagieren miteinander und liefern die Daten für die Anpassung des Hypermediaraumes. Die Veränderung des Hypermediaraumes kann dann über Techniken zur Veränderung der Präsentationsform oder der Navigationsstruktur geschehen.

Hypermedia eröffnet darüber hinaus bei geeigneter Modularisierung der Lerneinheiten und einer Beschreibung durch Metadaten die Möglichkeit zur Austauschbarkeit und Wiederverwendbarkeit von Lernressourcen. Metadaten sind strukturierte Beschreibungen zu Daten (also den Lernobjekten), die über die Eigenschaften und Charakteristika der betreffenden Objekte Auskunft geben.

Metadatensysteme waren bislang vor allem in Bibliotheken verbreitet und sind im Zuge der Möglichkeiten des „Semantic Web" auch auf Lernräume übertragen worden. Metadatenschemata setzen allerdings im Hinblick auf die Verständlichkeit und Austauschbarkeit eine Standardisierung voraus. Solche Standardisierungsversuche sind beispielsweise mit LOM oder SCORM im Gange, um einen minimal verbindlichen Satz an Metadaten zu definieren

4 Multimediale Lernräume

Dieses Kapitel widmet sich der Frage, wie multimediale Lernangebote nach den Erkenntnissen einer kognitiv begründeten Theorie des multimedialen Lernens gestaltet werden sollen. Mit den Grundlagen der Kognitionspsychologie (siehe Kapitel 2) können sowohl hemmende als auch unterstützende Wirkungen multimedialer Lernangebote auf den Lernprozess begründet werden. So kann eine intensive Verarbeitung der Information durch rasche Bildsequenzen, Spezialeffekte, Gleichzeitigkeit von Bild und Sprache etc. erschwert werden, infolgedessen das Angebot nur noch automatisch verarbeitet wird. Lernende müssen ihre Aufmerksamkeit steuern, ihre begrenzten Verarbeitungskapazitäten optimal einsetzen und die auf verschiedene Weise präsentierten Informationen zu einer kohärenten Repräsentation vereinen (Weidenmann, 1997).

Allerdings entwickeln Designer und Entwickler von multimedialen Computer-Lernprogrammen ihre Produkte nur allzu oft ohne eine didaktische oder instruktionale Begründung. Statt die Frage nach der lernförderlichen Wirkung der multimedialen Lernumgebung zu stellen, wird mit der Verwendung von multimedialen Darstellungsmitteln häufig vorwiegend das Ziel verfolgt, den Lernenden zu beeindrucken (Rieber, 1990) oder seine Lernmotivation positiv zu beeinflussen. So hält sich auch der Irrtum hartnäckig, dass multimediale Lernräume von sich aus motivierend wären und aus diesem Grunde gleichzeitig auch die Lernwirksamkeit steigern würden.

In den folgenden Abschnitten wird daher der Frage nachgegangen, welche Besonderheiten beim Einsatz verschiedener Medien zu beachten sind, wie geschriebener und gesprochener Text (siehe Abschnitt 4.3), Text-Bild-Kombinationen (siehe Abschnitt 4.4), Bilder (siehe Abschnitt 4.5 und Abschnitt 4.6), Animationen (siehe Abschnitt 4.7), Video und Film (siehe Abschnitt 4.7.2) gestaltet und eingesetzt werden sollten, damit sie tatsächlich lernförderlich wirken. Dabei ist auch wichtig, welche Funktion die verschiedenen Medientypen für den Lernprozess haben und wie sie aus diesem Grunde am besten eingesetzt werden sollten, damit eine kognitive Überlastung des Arbeitsgedächtnisses vermieden wird. Grundlegend sind dafür vor allem die Multimediaprinzipien (siehe Abschnitt 4.2).

4.1 Multimedia

Multimedia bedeutet zunächst, dass Lerninhalte mit unterschiedlichen Medien präsentiert werden können. Innerhalb des jeweiligen Mediums werden zur Übermittlung der Inhalte Zeichensysteme (Encodierung) und Kodierungen verwendet: Sprache (verbal: Lesen, Vortrag hören), Schrift (Text, Numerisch: Zahlen, Formeln), Grafik (piktorial: Bilder, Animationen) und Musik. Auf der Seite des Rezipienten entsprechen den Enkodierungen verschiedene Sinnesmodalitäten, die jeweils angesprochen werden: auditive (gesprochene Sprache, Ton, Musik), visuelle (Text, Bild), audio-visuelle (Video), haptische, olfaktive (dieses spielt allerdings für multimediale Computersysteme keine Rolle).

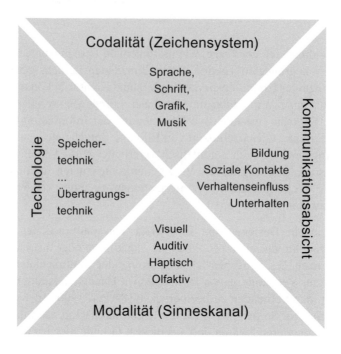

Abbildung 17: Schema zur Einordnung von Medien (nach Weidenmann, 1988; Niegemann, 2001)

Neben dem verwendeten Kodierungssystem ist für die Einordnung der Medien auch die verwendete Speicher- und Übertragungstechnik wichtig. Dieser Aspekt wird vor allem bei der Unterscheidung alter und neuer Medien relevant. Bei den alten Medien ist die Kombinierbarkeit der Symbolsysteme typischerweise eingeschränkt, und zwar entweder auf die Kombination räumlich organisierter, statischer Symbolsysteme (Text in Verbindung mit Abbildung) oder zeitlich organisierter dynamischer Symbolsysteme (Bewegtbild in Verbindung mit Ton). Der Computer hingegen erlaubt als technologische Plattform eine freie Kombinierbarkeit von Symbolsystemen. Darüber hinaus ist in computergestützten Multimedia-Anwendungen ein erweitertes Repertoire an Symbolsystemen hinzugekommen, z.B. interaktive Videoclips oder virtuelle Realitäten. Neben dem erweiterten Repertoire an Symbolsystemen und deren Kombinierbarkeit eröffnen computerbasierte Medien dem Nutzer auch Eingriffsmöglichkeiten, um die Eigenschaften der Informationsdarstellung zu beeinflussen (Salomon, 1979).

Damit liegt ein großes Potenzial für Gestaltungsüberlegungen vor. Allerdings gibt es zu den neuen Formen der dynamischen und interaktiven Präsentation mit Multimedia (z.B. interaktives Video, immersive virtuelle Realitäten) noch wenig verlässliche Ergebnisse im Hinblick auf deren lernförderliche Gestaltung und Wirkung. Man verspricht sich insbesondere von der dynamischen Form der Informationspräsentation vielfältige Vorteile für den Lernprozess und den Lernerfolg. Allerdings stehen häufig nur Ergebnisse zum Lernen mit statischen Bildern zur Verfügung, die deren positiven Einfluss auf die Lernleistung unter bestimmten Rahmenbedingungen weitgehend bestätigt haben (Levin, Anglin & Carney, 1987).

4.2 Multimediaprinzipien

Multimediale Lernräume bieten dem Lernenden eine Vielzahl unterschiedlicher Formen der Informationspräsentation. Damit sind auch Anforderungen an die kognitive Informationsverarbeitung im Sinne einer Belastung des Arbeitsgedächtnisses (siehe Abschnitt 2.2) verbunden. Zur Frage, ob eine mulimediale Präsentation effektiver ist als die Präsentation mit nur einem Medium, finden sich in der kognitionspsychologischen Forschungsliteratur eine Reihe positiver Evidenzen für die Lerneffektivität von Multimedia. Allerdings stellt sich die Effektivität des multimedialen Lernangebotes nicht von selbst ein.

Damit ein multimediales Lernangebot effektiv ohne zusätzliche Belastung des Arbeitsgedächtnisses wirken kann, müssen verschiedene Aspekte beachtet werden. Diese Aspekte sind in der Theorie des multimedialen Lernens durch die so genannten Multimediaprinzipien (Mayer, 2001) zusammengefasst, die forschungsbasierte Regeln für die multimediale Präsentation anbieten. Diese Prinzipien werden im Folgenden kurz aufgelistet und in den weiteren Abschnitten dieses Kapitels näher erläutert.

- *Multimediaprinzip:* Das Multimediaprinzip besagt, dass die Darbietung des Lernstoffes mittels einer Kombination aus Texten und Bildern eine bessere Behaltensleistung und eine bessere Transferleistung des Lerners verspricht als die Beschränkung auf eine rein textuelle Darbietung.

  Allerdings ist davon auszugehen, dass die gleichzeitige Darbietung von verbalem und bildlichem Lernmaterial nur dann die kognitive Informationsverarbeitung unterstützt, wenn die verschiedenen Medien einander ergänzen, d.h. wenn sie geeignete Verbindungen zwischen den verschiedenen Repräsentationsformaten schaffen (Dubois & Vial, 2000). Eine inkongruente Präsentation hingegen führt zu einer Beeinträchtigung der Wissenskonstruktion (Schnotz & Bannert, 1999).

- *Prinzip der räumlichen Nähe (Kontiguitätsprinzip):* Das Prinzip der räumlichen Nähe besagt, dass zusammengehörende Texte und Bilder in größtmöglicher räumlicher Nähe und auf einer Seite auf dem Bildschirm präsentiert werden sollen. Auf diese Weise kann eine bessere Behaltensleistung und eine bessere Transferleistung des Lerners erreicht werden.

Denn durch die Nähe von Bild und textueller Erläuterung wird vermieden, dass der Lerner fortwährend zwischen beiden Präsentationen hin und her springen muss, was andernfalls den kognitiven Arbeitsspeicher zusätzlich mit Auffinde- und Verknüpfungsprozeduren belasten würde. Dies kann beispielsweise auch durch die Notwendigkeit zum Scrollen, wie sie in vielen multimedialen Lernumgebungen vorliegt, gegeben sein.

Voraussetzung für die Anwendung des Kontiguitätsprinzips ist die logische Zusammengehörigkeit von Text und Bild. Wenn hingegen beispielsweise ein Diagramm gezeigt wird, das selbsterklärend ist, dann braucht der erläuternde Text allerdings nicht in unmittelbarer Nähe zu stehen, weil dadurch wiederum zusätzlich der Arbeitsspeicher belastet würde. Der Lernende sollte sich in diesem Fall besser mit dem Diagramm oder der Illustration separat beschäftigen (Sweller, 1999).

- *Prinzip der zeitlichen Nähe:* Das Prinzip der zeitlichen Nähe besagt, dass ein höherer Lernerfolg erzielt wird, wenn korrespondierende Erläuterungen und Bilder (in dynamischen Visualisierungen, wie Animationen) gleichzeitig statt nacheinander präsentiert werden.

  Die Anwendung des Prinzips der zeitlichen Nähe führte bei den Lernern zwar zu keiner höheren Behaltensleistung, aber zu einer besseren Transferleistung.

- *Kohärenzprinzip:* Das Kohärenzprinzip besagt, dass irrelevante Texte, Bilder und Töne besser weggelassen werden sollten. Dadurch kann sowohl eine bessere Behaltensleistung als auch eine bessere Transferleistung erreicht werden.

- *Modalitätsprinzip:* Das Modalitätsprinzip besagt, dass sowohl die Behaltensleistung als auch die Transferleistung des Lerners erhöht wird, wenn Grafiken und Animation mit gesprochenen statt mit geschriebenen Erläuterungen präsentiert werden.

- *Redundanzprinzip:* Das Redundanzprinzip besagt, dass sowohl bessere Behaltensleistungen als auch bessere Transferleistungen beim Lernen mit Multimedia erzielt werden, wenn Animationen nur mit mündlichen Erläuterungen statt mit mündlichen Erläuterungen plus Bildschirmtexten präsentiert werden.

- *Personalisierungsprinzip:* Das Personalisierungsprinzip besagt, dass ein persönlicher Stil im Dialogprinzip (1. und 2. Person) vorzuziehen ist. Dieser Stil kommt der zwischenmenschlichen Kommunikationssituation am nächsten. Neben der Realisierung eines persönlichen Sprachstils kann Personalisierung auch über animierte pädagogische Agenten (siehe Abschnitt 6.2.1) erreicht werden, weil sie den Eindruck der sozialen Situation verstärken.

Die Begründung der meisten der genannten Multimediaprinzipien (Mayer & Sims, 1994) basiert auf einem erweiterten Modell der Doppelkodierungstheorie von Paivio (siehe Abschnitt 2.1.2). Sie betont die Bedeutung zweier getrennter Kanäle für die Verarbeitung visueller und auditiver Information. Die Enkodierung bildlichen und verbalen Materials in unterschiedlichen Verarbeitungswegen mit dem Ergebnis einer jeweils eigenen Repräsentation nimmt auch die Theorie des multimedialen Lernens nach Mayer an (Mayer, 1997; Mayer, 2001).

Darüber hinaus muss natürlich das Medium für die Darstellung des betreffenden Sachverhaltes geeignet sein. Ein Medium, das zur Vermittlung eines bestimmten Sachverhaltes geeignet ist, kann weniger geeignet für die Vermittlung eines anderen Sachverhaltes sein (Schwan, 1997).

4.3 Wissenserwerb mit Texten

Texte sind in unserer Kultur eine wesentliche Form der Informationsvermittlung. Deshalb sollten die Gestalter multimedialer Lernräume großen Wert auf die kognitive Angemessenheit der Textgestaltung legen. Dazu gehören neben den typografischen Merkmalen des Textes auch syntaktisch-semantische Merkmale (siehe Abschnitt 4.3.1) und die Wahl der geeigneten Modalität (gesprochen oder geschrieben) (siehe Abschnitt 4.3.2).

4.3.1 Kognitive Prozesse der Textverarbeitung

Aus der Sicht der Verarbeitungsprozesse sind das Lesen eines visuell dargebotenen Textes und das Hören eines auditiv dargebotenen Textes in Bezug auf die höheren kognitiven Prozesse (Konstruktion einer propositionalen Repräsentation, Bildung eines mentalen Modells) nicht wesentlich unterschiedlich.

Lediglich auf der basalen Verarbeitungsebene bestehen Unterschiede. Auf dieser Ebene werden Zeichen und Wörter erkannt. Für den geschriebenen Text kann als sicher angenommen werden, dass der geübte Leser in dieser Phase größere Einheiten als nur einzelne Buchstaben erkennt, z.B. Silben oder Wortstämme. Im Zuge dieser Erkennungsprozeduren wird den erkannten Einheiten auf der Wortebene in der Interaktion mit dem mentalen Lexikon eine Bedeutung zugeordnet. Der Blick wandert nicht Buchstabe für Buchstabe vorwärts, sondern in Sprüngen von etwa 8 Buchstaben. Die entsprechende Textstelle wird dann etwa eine Viertelsekunde fixiert. Rückwärtswanderungen sind bei Verständnisproblemen nötig.

Probleme können bei geschriebenen Texten die typografischen Merkmale des Textes im Hinblick auf Schriftart, Schriftgröße, Zeilenlänge und Kontrast zwischen Schrift und Hintergrund bereiten. Dies hat auch einen Einfluss auf die Lesegeschwindigkeit und die Fehlerhäufigkeit (Ballstaedt, 1997: 30–33).

Welchen Schwierigkeitsgrad ein Text bietet, ist relativ zu sehen und muss am Vorwissen des Lerners gemessen werden. Denn er muss beim Textverstehen auf der syntaktisch-semantischen Ebene Bedeutungen für die Begriffe finden (siehe Abschnitt 2.1.3). So können für einen Lerner bestimmte Wörter ungewöhnlich und damit schwierig sein, während sie dies für einen anderen Lerner nicht sind. Weiter muss der Lerner inhaltliche Beziehungen zwischen den Begriffen und auch zwischen den Sätzen (Kohärenz) schaffen (zu den Formen der Kohärenzherstellung siehe Ballstaedt, 1997: 21–30 und 34–36). Diese Verknüpfung stellt dann Anforderungen an den Leser, wenn explizite, syntaktische Kohärenzmittel fehlen. Der Leser muss in diesem Fall nämlich durch die Anwendung seines Weltwissens sinnvolle Beziehungen zwischen den Sätzen herstellen. Da dies Leser mit geringem Vorwissen im betreffenden Wissensgebiet vor größere Schwierigkeiten stellen kann, sollte der Textproduzent das Vorwissen des Lesers zuverlässig einschätzen können (Ballstaedt, 1997: 34–36).

Bei der elaborativen Textverarbeitung werden vor allem Assoziationen gebildet, die Verknüpfungen mit dem Vorwissen schaffen, oder Vorstellungen, die Bilder oder Szenen beinhalten. D.h. der Lerner denkt darüber nach, was er zu dem Thema schon weiß oder gesehen hat. Diese Assoziationen und Vorstellungen wirken behaltensfördernd, was sich unter der Annahme einer netzwerkartigen Struktur des Langzeitgedächtnisses gut erklären lässt (siehe Abschnitt 2.1.3). Denn die neuen Wissenselemente werden mit den bereits vorhandenen verknüpft und dadurch verschiedene Zugangsmöglichkeiten geschaffen, um das Wissen zu erinnern.

Die elaborative Verarbeitung kann gezielt durch Lerntechniken unterstützt werden, die helfen Verknüpfungen zu erzeugen, z.B. eigene Beispiele finden, Fragen formulieren, visuelle Vorstellungen generieren (Ballstaedt, 1997: 36–38). Entsprechende Anregungen sollten auch in die multimediale Lernumgebung aufgenommen werden (zu den Elaborationstechniken siehe auch Abschnitt 2.3).

Eine weitere Lernstrategie, um den Inhalt von Texten zu behalten, ist die reduktive Verarbeitung. Dabei spielen selektive, generative und konstruktive Prozesse eine Rolle. Bei der Selektion werden nur die für wichtig erachteten Aussagen extrahiert. Bei der Generalisierung werden mehrere Aussagen verallgemeinernd zusammengefasst. Bei der Konstruktion werden mehrere Aussagen in ein geeignetes Schema eingeordnet. In der multimedialen Lernumgebung kann diese Strategie beispielsweise durch Zusammenfassungen oder Zwischenüberschriften unterstützt werden (Ballstaedt, 1997: 38–39).

Ein weiterer kognitiver Prozess bei der Textverarbeitung ist der Abruf von vorhandenem Wissen aus dem Langzeitgedächtnis. Dies gelingt umso leichter und zuverlässiger, je mehr Verknüpfungen und damit Spuren beispielsweise durch die elaborative Verarbeitung angelegt wurden. Eine fördernde Rolle spielt dabei auch die Wiederholung von Lernstoff, weil dadurch Spuren intensiviert werden (Lukesch, 2001: 114–124).

4.3.2 Modalitätsunterschiede

Neben der Frage, wie ein konkreter Text aussehen soll, sind die Gestalter multimedialer Lernumgebungen auch vor die Frage gestellt, ob es besser ist, Textinhalte in gesprochener oder geschriebener Form zu präsentieren. Lerner werden im Hinblick auf die eine oder andere Darbietung vollständig unterschiedliche Bedingungen haben. Denn schriftlicher Text hat einen stabilen Zeichenträger und bleibt deshalb permanent verfügbar. Der Lerner kann bei Bedarf während des Lesens zurückgehen, um nicht verstandene Textstellen erneut zu verarbeiten oder fehlende Bezüge herzustellen.

4.3 Wissenserwerb mit Texten

Ein auditiv dargebotener Text stellt den Lerner hingegen vor ganz andere Bedingungen. Da der Zeichenträger (akustische Schallwellen) nicht permanent verfügbar ist, kann eine versäumte Informationsverarbeitung nach der Textdarbietung nicht ergänzt werden. Rücksprünge sind bei entsprechender Organisation zwar möglich, können aber in der Regel nicht genau „positioniert" werden, was zeitaufwendig ist, die Konzentration auf die Lerninhalte stört und damit die extrinsische Belastung erhöhen kann (siehe Abschnitt 2.2). Andererseits stellen die Rezeptionsbedingungen gesprochener Texte den Lerner vor die Anforderung, eine kontinuierliche Aufmerksamkeitszuwendung aufbringen zu müssen, was ebenfalls bei längeren Textpassagen ermüdend wirken kann.

Trotz dieser erschwerten Rezeptionsbedingungen für den gesprochenen Modus der Textdarbietung sprechen empirische Untersuchungen dafür, dass auditiv dargebotene Textinhalte besser im Kurzzeitgedächtnis behalten werden als visuell dargebotene Information (Paechter, 1996). Dieses Ergebnis einer besseren Behaltensleistung für auditiv dargebotene Textinhalte zeigte sich in anderen Studien auch für das Langzeitgedächtnis. Allerdings wurden diese Studien, die einen Modalitätsvorteil für gesprochene Texte im Vergleich zu geschriebenen Texten zeigten, nur mit einfachen Lerninhalten (Listen aus Zahlen, Wörtern, nicht bedeutungstragende Silben) durchgeführt. Sie sind daher insofern zu relativieren als für komplexere Lerninhalte keine empirisch begründete Empfehlung zugunsten einer Modalität ausgesprochen werden kann (Paechter, 1996). Daneben gibt es auch empirische Untersuchungen, die von vornherein keinen Modalitätsunterschied hinsichtlich der Behaltens- oder Transferleistung der Lerner feststellen konnten (Stiller, 2001).

Hilfreich im Hinblick auf Behalten und Verstehen scheint allerdings eine bimodale Textdarbietung zu sein (Paechter, 1996). So wurden in einer Studie mit drei verschiedenen Hypertextversionen („schriftlich", „schriftlich plus akustisch identisch" sowie „akustisch mit schriftlichen Stichwörtern") von den Probanden bei der Arbeit mit beiden bimodalen Versionen bessere Ergebnisse hinsichtlich eines Verständnisses der Textinhalte erzielt.

Auch andere empirische Studien zeigten einen signifikant besseren Lernerfolg für die redundante Textdarbietung in beiden Modalitäten als für die einfache Textdarbietung in nur einer Modalität (Übersicht bei Penney, 1989). Diese Ergebnisse sprechen für eine gleichzeitige akustische und visuelle Textdarbietung (Mayer & Moreno, 1998; Paechter, 1996). Die Redundanz von geschriebenem und gesprochenem Text führte dazu, dass mehr Wörter erinnert werden. Außerdem wird insbesondere bei unterdurchschnittlicher Lesefähigkeit das Verständnis beim Lesen erhöht (Montali & Lewandowski, 1996).

Erklärt werden kann die Überlegenheit der bimodalen Textdarbietung mit einer multimodalen Gedächtnistheorie und der Doppelkodierungstheorie (Paivio, 1971) (siehe Abschnitt 2.1.2). Danach muss man annehmen, dass bei der bimodalen Präsentation neben der semantischen Codierung auch modalitätsspezifische visuelle und akustische Wortmarken angelegt und aktiviert werden. Hiermit sind wahrscheinlich eine tiefere Verarbeitung der Information und damit eine dauerhaftere Repräsentation im Langzeitgedächtnis verbunden, die den Abruf von gespeicherter Information erleichtern (Paechter, 1996; Weidenmann, 1997).

Neben der tieferen Informationsverarbeitung durch eine bimodale Textdarbietung gibt es auch Hinweise darauf, dass eine zusätzliche auditive Textdarstellung dem Lerner mehr Abwechslung bietet. Sie kann der Monotonie und Langeweile vorbeugen, die andernfalls zu einem Absinken der Aufmerksamkeit mit einhergehenden schlechteren Lernerfolgen führen würde (Davies, Shackleton & Parasuraman, 1983).

Trotz vieler Vorteile der bimodalen Textdarbietung gibt es auch Nachteile. So spielt vor allem der Zeitfaktor, an den die Lerner gebunden sind, bei der Darbietung auditiver Texte in mehrfacher Hinsicht eine wichtige Rolle.

Bei visuell dargebotenen Texten können die Lernenden ihre Rezeptionsgeschwindigkeit und die Fokussierung ihrer Aufmerksamkeit selbst bestimmen. Beim Lernen mit gesprochenen Texten hingegen können die Lernenden das Lerntempo gar nicht oder nur eingeschränkt kontrollieren. Dies hat zur Folge, dass die Rezeption gesprochener Texte besonders viel Aufmerksamkeit seitens des Lernenden erfordert. Oftmals hat dies zur Konsequenz, dass aufgrund der damit verbundenen Anstrengung bei der Rezeption gesprochenen Texts die Aufmerksamkeit schneller nachlässt als bei der Rezeption von visuell dargebotenen Texten. Auch ist damit zu rechnen, dass eine bimodale Textdarbietung zu längeren Bearbeitungs- und Lernzeiten als die unimodale visuelle Darbietung führt.

Zusammenfassend kann man sagen, dass eine bimodale Textpräsentation besser als eine monomodale Präsentation ist. Dies ist insbesondere dann wichtig, wenn ein Text sehr komplex ist oder wenn zu erwarten ist, dass der Schwierigkeitsgrad des Textes aus irgendwelchen anderen Gründen (siehe auch Abschnitt 4.3.1) für den Lerner relativ hoch ist. Allerdings gilt der Vorteil der bimodalen Präsentation nur dann, wenn keine zusätzlichen Illustrationen vorhanden sind, die den visuellen Kanal zusammen mit dem geschriebenen Text überlasten könnten. Im Falle der bimodalen Textpräsentation sollte dem Lerner aber ausreichend Lern- und Bearbeitungszeit zur Verfügung stehen, da die Rezeption von gesprochenem Text mehr Aufmerksamkeit und Zeitaufwand erfordert als die Rezeption von geschriebenem Text.

4.4 Wissenserwerb mit Text-Bild-Kombinationen

Illustrierte Texte sind unter bestimmten Bedingungen den Texten ohne Illustrationen überlegen (siehe Abschnitt 4.4.1). Denn Bilder können den Lerner beim Aufbau eines mentalen Modells unterstützen (siehe Abschnitt 4.4.3). Erforderlich ist vor allem, dass die Text-Bild-Informationen aufeinander abgestimmt sind (siehe Abschnitt 4.4.2).

4.4.1 Bildüberlegenheitseffekt

Illustrierte Texte sind unter bestimmten Umständen solchen Texten mit nur verbaler Informationspräsentation überlegen (Bildüberlegenheitseffekt – „pictorial superiority effect") (Levin, Anglin & Carney, 1987; Mayer, 2001). Auf die unterschiedlichen Typen von Bildern soll hier nicht weiter eingegangen werden. Eine sehr informative Übersicht zu Charts, Tabellen, Diagrammen, Abbildern und Piktogrammen ist bei Ballstaedt zu finden (Ballstaedt, 1997: 107–288).

4.4 Wissenserwerb mit Text-Bild-Kombinationen

Illustrationen können ein schnelleres Verständnis und eine höhere Behaltensleistung im Hinblick auf den Lerngegenstand bewirken (siehe auch Abschnitt 2.1.2). Dies wird durch Studien bestätigt, die die Lernleistung beim Wissenserwerb mit illustrierten und nicht illustrierten Lerntexten verglichen haben (für eine Übersicht siehe Drewniak, 1992). Die Ergebnisse dieser Studien lassen sich im Hinblick auf die lernförderliche Wirkung von Bildern in Texten folgendermaßen zusammenfassen:

- Generell wird die textbezogene Verstehens- und Behaltensleistung nur durch verstehensrelevante Bilder erhöht, nicht jedoch durch irrelevante, dekorative Bilder. Diese Erkenntnis stimmt mit dem Kohärenzprinzip überein (siehe Abschnitt 4.2), welches besagt, dass die Anreicherung von Lernmaterialien mit interessantem, aber irrelevantem Material die Lernleistung beeinträchtigt. Mayer (Mayer, 2001) fand schlechtere Behaltens- und Transferleistungen, wenn Lerninhalte durch irrelevantes Material ergänzt wurden (siehe auch Abschnitt 4.4.2). Dies ist leicht verständlich, wenn man bedenkt, dass durch irrelevantes Material die ohnehin begrenzte Aufmerksamkeit des Lerners zusätzlich absorbiert wird.

- Eine lernförderliche Wirkung haben vor allem illustrierende Bilder, die einen komplexen Text konkretisieren und die dort verbal dargestellten Sachverhalte veranschaulichen. Beispielsweise wenn verbale Information, die für sich nur schwer zu verstehen war, auch visuell dargestellt wird. Bei Texten hingegen, die auch ohne Bilder relativ leicht verständlich sind, nützen zusätzliche Illustrationen wenig.

Der Bildüberlegenheitseffekt lässt sich wie andere Modalitätseffekte (z.B. die bessere Lernwirkung einer bimodalen Textdarbietung bei rein textuell präsentierten Lerninhalten) mit der Doppelkodierungstheorie (Paivio, 1986) (siehe Abschnitt 2.1.2) und der Annahme eines kapazitätsbeschränkten Arbeitsgedächtnisses (Baddeley, 1992) erklären.

Nach diesen Theorien müssen wir davon ausgehen, dass sich die kognitive Informationsverarbeitung danach unterscheidet, ob visuelle oder auditive Information aufgenommen wird. Beide Informationstypen sprechen unterschiedliche Verarbeitungskanäle an. Den Verarbeitungsweg veranschaulicht das SOI-Modell (Selection, Organization, Integration von Mayer (Mayer, 2001)) in Abbildung 18 (siehe auch Abschnitt 2.1.1).

Da der kognitive Informationsverarbeitungsapparat in einen auditiven und einen visuellen Kanal aufgeteilt ist, bedeutet dies, dass auditive Information (z.B. gesprochene Sprache, Worte) über den auditiven Kanal und visuelle Information (z.B. Bilder) über den visuellen Kanal verarbeitet wird. D.h., dass geschriebener Text über den gleichen Kanal, nämlich den visuellen Kanal, verarbeitet wird wie die bildliche Information. Für die Verarbeitung von geschriebener Sprache muss also der Kanal gewechselt werden, d.h. vom auditiv-verbalen Kanal zum bildlich-visuellen Kanal. Dies beansprucht zusätzliche kognitive Ressourcen, die dann anderweitig nicht mehr zur Verfügung stehen.

Da wir aber andererseits voraussetzen müssen, dass die Verarbeitungskapazität des Kurzzeitgedächtnisses beschränkt ist (siehe Abschnitt 2.1.1), übersteigt diese Anforderung die zur Verfügung stehenden Ressourcen. Die Folge ist, dass der Lerner öfter als es bei einer Gestaltung mit gesprochenen Erläuterungen notwendig wäre die bildliche Darstellung ansehen und den Text lesen muss. Der Lerner muss in Bezug auf die Information aus Text und Bild in der gleichen Modalität seine Aufmerksamkeit teilen (Split-Attention-Effekt), da eine simultane Verarbeitung nicht möglich ist.

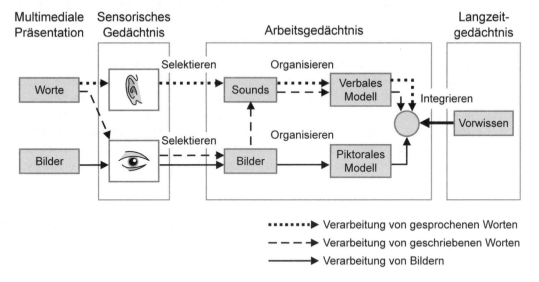

Abbildung 18: Verarbeitungswege nach dem SOI-Modell (nach Mayer, 2001)

Wenn allerdings gesprochene Erläuterungen in Begleitung zu Illustrationen verwendet werden, dann wird der visuelle Kanal entlastet, da gesprochene Sprache über den auditiven Kanal verarbeitet werden kann. Damit tritt der Split-Attention-Effekt nicht mehr auf, weil durch die Aufteilung in textuelle und bildliche Information auch die Last der kognitiven Informationsverarbeitung auf zwei Kanäle verteilt wird. Dies wird durch viele empirische Studien belegt. Sie zeigen, dass die Präsentation von Lerninhalten in zwei Modalitäten (z.B. die gesprochene statt die geschriebene Präsentation von Text als Ergänzung zu Information in einem anderen Modus, wie bildliche Darstellung) (Mousavi, Low & Sweller, 1995) der Präsentation in nur einem Modus überlegen ist. Allerdings ist die Voraussetzung, um eine Aufmerksamkeitsteilung zu vermeiden, dass Bild- und Textinhalte aufeinander abgestimmt sind (Jeung, Chandler & Sweller, 1997). Dies ist insbesondere auch bei bewegten Bildern (Animationen, Video) sehr wichtig (siehe Abschnitt 4.7).

4.4.2 Gestaltung von Text-Bild-Kombinationen

Grundsätzlich sollten Erläuterungen zu Illustrationen in gesprochener Form gegeben werden (Mousavi, Low & Sweller, 1995; Mayer & Moreno, 1998; Dubois & Vial, 2000). Denn durch die zusätzliche Nutzung des auditiven Kanals wird der visuelle Kanal entlastet (siehe Abschnitt 4.2; Abschnitt 4.4.1) (Stiller, 2001; Weidenmann, 1997). Dies ist besonders wichtig, wenn in einer Lernumgebung die visuelle Modalität bereits sehr beansprucht wird.

4.4 Wissenserwerb mit Text-Bild-Kombinationen

Gesprochene Erläuterungen werden langfristig besser behalten als visuell dargebotene Erläuterungen, die auf dem Bildschirm gelesen werden müssen (Mayer & Moreno, 1998; Moreno & Mayer, 1999; Moreno, Mayer, Spires & Lester, 2001; Mousavi, Low & Sweller, 1995). Wenn Lerner mit Bildern und geschriebenen Erläuterungen konfrontiert werden, dann können sie entweder die beiden Modalitäten sukzessive verarbeiten (Reyner, Rotello, Stewart, Keir & Duffy, 2001) oder sie können versuchen, zwischen der Information aus der Illustration und der textuellen Information hin und her zu wechseln. Beide Strategien erhöhen die Anforderungen an das Arbeitsgedächtnis des Lerners.

Visuelle Texte binden die Aufmerksamkeit des Lerners zusätzlich, da er viel Lesezeit aufwenden muss. Infolgedessen besteht die Gefahr, dass er weniger Zeit für die intensive Verarbeitung der Bilder einsetzt (Reyner, Rotello, Stewart, Keir & Duffy, 2001; Stiller, 2001). Damit würde die Rezeption des Bildinhaltes gegenüber der Rezeption des Textinhaltes vernachlässigt. Auditive Erläuterungen zu Bildern hingegen geben dem Lerner mehr Zeit für die Bildbetrachtung (Rinck & Glowalla, 1996; Weidenmann, 1997) und erhöhen damit die Chance auf eine tiefere Verarbeitung der Inhalte und damit auf eine bessere Behaltensleistung. Da störende Blickbewegungen und Blickwechsel zwischen Bildern und geschriebenen Texten vermieden werden, stehen im Kurzzeitgedächtnis mehr Ressourcen für die eigentlichen Lernprozesse (siehe Abschnitt 2.1.1) zur Verfügung.

Mittels gesprochener Erläuterungen können die Blickbewegung und sogar die für die Bildbetrachtung aufgewendete Zeit gesteuert und beispielsweise wichtige Bildaspekte hervorgehoben werden (Engelkamp, 1991). Bilder hingegen, die ohne Kommentare angeboten werden, haben einen sehr großen Informationsgehalt und stellen dem Betrachter frei, wohin er seine Aufmerksamkeit richtet. Sie bergen aber auch die Gefahr, dass der Lernende nicht die vom Bildautor intendierten Informationen aus dem Bild extrahiert.

Dennoch darf man nicht vergessen, dass die Rezeption von gesprochenem Text einen kontinuierlich hohen Aufmerksamkeitspegel beansprucht. Dies kann bei längeren Texten zu Ermüdung und damit zum Absinken der Aufmerksamkeit führen. Um dem Lerner die Rezeption der gesprochenen Erläuterungen so einfach wie möglich zu machen, sollten wichtige Gestaltungsfaktoren beachtet werden. Ein Faktor ist die Redegeschwindigkeit und höchstwahrscheinlich auch andere Parameter der menschlichen Stimme, deren Wirkung in diesem Kontext allerdings noch wenig erforscht ist. Gesprochener Text wird langsamer verarbeitet als geschriebener Text. Die durchschnittliche Verarbeitungsgeschwindigkeit für gesprochenen Text liegt bei 120–150 Wörtern pro Minute im Vergleich zur durchschnittlichen Lesegeschwindigkeit von 250 Wörtern für geschriebenen Text (Rinck & Glowalla, 1996). Es ist daher notwendig, dass eine ausreichende Lernzeit eingeräumt wird.

Weiter kann es auch Fälle geben, wo geschriebener und gesprochener Text einander im Hinblick auf die Erklärung von Illustrationen ergänzen (siehe auch Abschnitt 4.3.2). Dies kann beispielsweise der Fall sein, wenn Bildinhalte erläutert werden sollen (z.B. Bildbestandteile, wie ein Körper in der Medizin), die gleichzeitig durch Schlüsselwörter gekennzeichnet werden. Dann könnten die Bestandteile durch geschriebene Schlüsselwörter gekennzeichnet und durch längeren gesprochenen Text näher erklärt werden.

Auch in solchen Fällen gilt natürlich, dass eine Überlastung des Kurzzeitgedächtnisses vermieden und die Arbeitslast verringert werden sollte. Deshalb ist es wichtig, darauf zu achten, in der multimedialen Aufbereitung der Lerninhalte die zusammengehörigen Informationselemente integrativ darzubieten, z.B. zugehörigen Text in das Bild zu integrieren, um unnötige Wechsel und damit verbundene Merkleistungen für Arbeitsinformationen so gering wie möglich zu halten (Chandler & Sweller, 1991). Diese Empfehlung ist im Kontiguitätsprinzip formuliert (siehe Abschnitt 4.2). Danach sollten zusammengehörende Worte und Grafiken so nahe wie möglich beieinander platziert werden. Dies bedeutet auch, dass Grafik und Text auf dem Bildschirm immer zusammen sichtbar sein sollten, so dass keine Scrolltätigkeit notwendig wird. Dies kann ggf. durch Pop-up-Fenster oder mouse-over vermieden werden. Auch sollten Schlüsselwörter, die Teile von Illustrationen erklären, möglichst nahe bei den zu erklärenden Bildbestandteilen stehen und gegebenenfalls durch Striche mit ihnen verbunden sein (für weitere Hinweise zur Text-Bild-Gestaltung siehe Ballstaedt, 1997: 222–248).

Ähnliche Empfehlungen wie für die Textdarbietung zum Bild gelten auch für die Textdarbietung in Begleitung zur Animation (siehe auch Abschnitt 4.7.1). Hierzu gibt es ebenfalls eine Reihe von Studien, die einen Vorteil von gesprochenen Texten in Begleitung zu Animationen nachweisen. Demnach ist eine gesprochene Erläuterung zu Animationen dem geschriebenen Text und auch der bimodalen Präsentation textueller Erläuterungen zu Animationen vorzuziehen (Craig, Gholson & Driscoll, 2002; Kalyuga, Chandler & Sweller, 1999; Mayer, 1997; Mayer & Moreno, 1998; Moreno & Mayer, 1999; Moreno & Mayer, 2002).

Visuell präsentierte Texte treten in Konkurrenz zur ablaufenden Animation. Da sowohl geschriebener Text als auch die Animation über den visuellen Kanal vermittelt werden, wird er überlastet und damit die adäquate Aufnahme zumindest eines Teiles der Information gestört. Dadurch muss der Lernende seine Aufmerksamkeit zwischen beiden Darbietungen teilen, wodurch ein Split-Attention-Effekt auftritt. Gesprochene Erläuterungen zu Animationen helfen, den Split-Attention-Effekt zu vermeiden, der den Lernprozess beeinträchtigt.

4.4.3 Funktion von Bildern

Bilder können Lernprozesse auf verschiedene Weise unterstützten. Sie können den Aufbau mentaler Modelle im Sinne der Supplantation erleichtern. Außerdem können sie in darstellender Funktion einen Text konkretisieren und veranschaulichen. In vorangestellter oder nachgestellter Position zum Text können Bilder Strukturierungshilfe sein oder die Aufmerksamkeit des Lerners lenken. Nicht zuletzt können mit Bildern auch affektive und kompensatorische Ziele verfolgt werden.

Bilder unterstützen den Aufbau mentaler Modelle im Sinne der Supplantation
Illustrationen können den Aufbau mentaler Modelle unterstützen. So erscheint der Aufbau mentaler Modelle mit Hilfe illustrierter Texten signifikant einfacher zu sein als mit nicht illustrierten Texten (Mayer, 1989; Mayer & Gallini, 1990; Weidenmann, 1988).

Unter mentalen Modellen wird in diesem Zusammenhang eine interne (analoge) Repräsentation externer Sachverhalte in Verbindung mit dem bereits gespeicherten Wissen verstanden.

4.4 Wissenserwerb mit Text-Bild-Kombinationen

In diesen internen Repräsentationen werden strukturelle und funktionale Eigenschaften des Gegenstandes oder Sachverhaltes, der erklärt werden soll (Modellsubjekt), im Modell beibehalten. Im Gegensatz zur linguistischen Struktur verbaler Informationen (siehe Abschnitt 2.1.3) sind in mentalen Modellen strukturelle Eigenschaften repräsentiert, die eher „textfern" und „gegenstandsnah" zu verstehen sind. Mentale Modelle ermöglichen beispielsweise die gemeinsame Erinnerung von inhaltlich zusammengehörigen, aber im Text weit auseinander liegenden Informationen. Für diese Auffassung sprechen Befunde aus Untersuchungen, in denen durch die Aufforderung zur Bildung einer mentalen Vorstellung („imagery") eines verbal dargestellten Sachverhaltes die Performanz verbessert werden konnte (Levin, Anglin & Carney, 1987).

Bilder fungieren beim Aufbau mentaler Modelle als „externe Modelle", die Sachverhalte des Lerngegenstandes abbilden, veranschaulichen oder konkretisieren. Durch diese Veranschaulichung verringern sie den Verarbeitungsaufwand von komplexen Informationen für den Lernenden, den er andernfalls selber leisten müsste. Sie erleichtern die Übernahme von grafischen Elementen in die interne Repräsentation des mentalen Modells. Nach der Auffassung von Salomon (Salomon 1979) sollen Lehraktivitäten und die Präsentation von Informationen sich daran orientieren, welche kognitiven Aktivitäten Lernende bei der Auseinandersetzung mit Lerninhalten ausführen. In Bildern sieht Salomon die Funktion einer „visuellen Supplantation", weil sie dem Lernenden als externes Modell eines visuellen Vorstellungsbildes dienen können. Sie modellieren die Art der Vorstellungsbilder, die ein Lernender andernfalls aus der Textdarbietung selbständig generieren müsste. In diesem Sinne können Bilder wesentlich dazu beitragen, dem Lerner zu helfen, ein mentales Modell von einem Gegenstand oder Sachverhalt aufzubauen oder ein bestehendes mentales Modell zu modifizieren.

Darstellende Bildfunktion
Illustrationen können eine darstellende Funktion haben, indem sie den Text konkretisieren oder veranschaulichen. Dies gelingt besonders gut, da darstellende Bilder einen hohen Realitätsgrad haben, wie beispielsweise in Fotografien (Weidenmann, 1988).

Inhaltlich sind Text- und Bildinhalt bei Bildern mit darstellender Funktion weitgehend redundant und erzählen dasselbe. Für eine derartige Wiederholung von Textinformationen im Bild sprechen gedächtnispsychologische Ansätze, insbesondere die Doppelkodierungstheorie (Paivio, 1986) (siehe Abschnitt 2.1.2), weil dadurch eine Kodierung der Information in beiden Modalitäten erreicht werden kann. Auf diese Weise wird durch die wechselseitige Ergänzung der Informationen in Bild und Text eine tiefere Verarbeitung (siehe Abschnitt 2.3) angeregt.

Aufgrund ihres hohen Realitätsgehaltes können Bilder auch als Bezugsrahmen für die im Text dargestellten Sachverhalte dienen. Dies ist häufig in Gebrauchsanweisungen oder Arbeitsanleitungen der Fall, in denen die Lernenden durch die Bilder eine visuelle Vorstellung über eine Vorgehensweise und deren Einzelschritte bekommen (Ballstaedt, 1997: 222–248).

Manchmal sind Illustrationen besonders dazu geeignet, um Sachverhalte darzustellen, die nicht ohne weiteres oder nur sehr kompliziert in Worten ausgedrückt werden können (Mayer, 1989; Mayer & Gallini, 1990). Durch die Integration von Bildern können auch schwierige

Textpassagen und abstrakte Begriffe einfacher verständlich werden. Die textuellen Erläuterungen zu den Bildern sollten in solchen Fällen kurz vor oder kurz nach dem Bild stehen. Eventuell sollte der Text auch in das Bild eingebunden sein. Durch den engen Zusammenhang minimieren sich die Suchprozesse für zusammenhängende Informationen (Sweller, 1999).

Strukturierungshilfe und Aufmerksamkeitslenkung
Hinsichtlich ihrer Positionierung im Text können Illustrationen bestimmten Textabschnitten vorangestellt oder nachgestellt werden. In dieser Platzierung dienen sie vor allem der Erläuterung von Funktionszusammenhängen oder werden als Strukturierungshilfen eingesetzt. Welche Platzierung vorzuziehen ist, hängt von der Funktion der Bilder im jeweiligen Text ab.

Bilder, die vor einem Textabschnitt platziert werden, übernehmen die Funktion als „Advance Organizer" (Ballstaedt, 1997: 57–59) bzw. „Pictorial Organizer", indem sie das Vorwissen der Lernenden aktivieren und eine Struktur vorgeben, welche die weitere Orientierung der Lernenden erleichtert. In dieser Funktion sollen sie die Aufmerksamkeit der Lernenden lenken und die Art und Weise der Textverarbeitung beeinflussen. Beispielsweise indem sie dem Lernenden helfen, eine mentale Repräsentation zu bilden, die das Einordnen der im weiteren Text vermittelten Information erleichtert.

Die Funktion von Bildern, die am Ende eines Textabschnittes platziert werden, können helfen, die im vorausgehenden Text vermittelte Information zu erinnern oder zusammenzufassen und zum Wiederholen der vorausgehenden Textinformation anzuregen.

Bilder können aber auch als mnemotechnische Merkhilfen fungieren, die den Lernenden das bessere Behalten neuer, komplexer Konzepte ermöglichen. Diese Form von „virtuellen Eselsbrücken" scheint vorwiegend z.B. für das Behalten fremdsprachlicher Vokabeln geeignet, um den Einsatz mnemonischer Strategien gezielt anzuregen. Dabei scheinen vor allem Lernende mit geringem Vorwissen im betreffenden Wissensbereich von der visuellen Orientierungshilfe zu Beginn des Textes zu profitieren. Denn die Illustration dient den Lernenden mit geringem Vorwissen in dem Wissensbereich als Vorlage für ein Organisationsschema, in das die neue Information integriert werden kann (siehe Abschnitt 2.1.3). Anders bei Lernenden mit hohem Vorwissen. Bei ihnen können die gleichen Illustrationen die individuelle Bildung einer mentalen Struktur des Lernmaterials stören.

Ähnlich können Bilder auch dazu eingesetzt werden, die Aufmerksamkeit der Lernenden zu steuern und auf bestimmte Textpassagen oder Textinhalte zu lenken. Für diese wie auch für die vorgenannte Funktion können die jeweils intendierten Instruktionsfunktionen von Bildern in Texten auch durch die gewählte Art der Illustration, die Komplexität der dargestellten Informationen oder die Platzierung im Text beeinflusst werden.

Unterstützung affektiver und kompensatorischer Ziele
Neben der Steigerung der Lernleistung können Bilder in Instruktionstexten aber auch andere Funktionen erfüllen und im Sinne affektiver und kompensatorischer Ziele eingesetzt werden.

So können Bilder die Funktion haben, das Interesse und die Motivation des Lernenden zu fördern, Emotionen hervorzurufen sowie die Bildung und Veränderung von Einstellungen zum Lernmaterial zu unterstützen.

In diese Reihe der Funktionstypisierung gehören auch dekorative Bilder, die primär dem ästhetischen Wert dienen und auf diese Weise die Attraktivität eines Textes erhöhen. In dieser Funktion können sie dazu eingesetzt werden, das Textmaterial interessanter wirken zu lassen und die Motivation der Rezipienten zu erhöhen. In solchen Bildern mit mehr dekorativer Funktion werden meistens keine relevanten Textinformationen dargestellt, so dass ein direkter Bezug zum Textinhalt fehlt (Levin, Anglin & Carney, 1987).

Allerdings ist bei dieser Art von Bildern im Rahmen von Lernumgebungen Vorsicht geboten. Denn nach dem Kohärenzprinzip (siehe Abschnitt 4.2) kann das Anreichern von Lernmaterial mit interessantem aber inhaltlich irrelevantem Material den Lernprozess beeinträchtigen.

Zusammenfassend lässt sich sagen, dass das Potenzial von Bildern zur Steigerung der Lernleistung beim Wissenserwerb mit Instruktionstexten vorwiegend darin liegt, dass sie verschiedenen Instruktionsfunktionen und -zielen in Lehr-Lern-Situationen dienen können. Sie können in Lernsituationen verschiedene Verhaltensweisen bei den Lernenden auslösen, die die Lerneffizienz mehr oder weniger günstig beeinflussen. Zu diesen Funktionen gehören vor allem Orientierungshilfe, Zusammenfassung für die wichtigsten Textinformationen, komplexe Zusammenhänge veranschaulichen und erklären, Vorstellungsbilder erleichtern, zusätzliche Informationen vermitteln.

4.5 Wissenserwerb mit Bildern

Wie im vorausgehenden Abschnitt bereits erklärt wurde, können Bilder das Behalten und Verstehen von Lerninhalten fördern. Voraussetzung für eine lernförderliche Wirkung von Bildern ist sowohl eine angemessene Gestaltung als auch Nutzung.

4.5.1 Prozesse der kognitiven Bildverarbeitung

Im Hinblick auf die kognitive Bildverarbeitung stellt sich die Frage, in welcher Weise sich der Lernende mit der Illustration beschäftigt, welche Formen und Strategien der Informationsverarbeitung er einsetzt um ein Bild zu verstehen (Drewniak, 1992; Mayer, 1989) und inwieweit er in der Lage ist, die Illustration mit seinem Vorwissen in Verbindung zu setzen.

Bilder werden im Unterschied zu Texten zunächst ganzheitlich wahrgenommen. Erst im zweiten Schritt erfolgt die begriffliche Verarbeitung – wie bei der Textverarbeitung – sequentiell und zeitlich erstreckt (Ballstaedt, 1997). Allerdings ist im Text die Reihenfolge der Informationen und der aktivierenden Konzepte vorgegeben, während der „Blickpfad" bei der Bildbetrachtung selbst gewählt wird (siehe auch Abschnitt 4.5.2).

Um Aufschluss über die kognitive Bildverarbeitung bei den Rezipienten zu bekommen, ist deren Blickbewegung bei der Bildbetrachtung registriert worden (Ballstaedt, 1997). Wichtige Indikatoren waren dabei:

- Häufigkeit der Blickbewegung,
- Dauer und Abfolge der Blickbewegung: Es gibt Behaltensunterschiede aufgrund der Dauer der Bildbetrachtung und der Fixation. Allerdings ist durch die Registrierung von Blickbewegungsindikatoren nur schwer fassbar „welche mentalen Prozesse genau mit den Blickbewegungen korrespondieren" (Ballstaedt, 1997).
- Bildfixation: Lernende werten oft nur solche Bildareale aus, die sie auch ausgiebig fixieren. Ballstaedt (1988) differenziert daher zwischen einem Fokus (dem maximal aktivierten Zentrum der Aufmerksamkeit) und einer Peripherie bei der Text- und der Bildverarbeitung.

Wie bereits im Abschnitt 2.1.1 beschrieben, ist anzunehmen, dass Bilder anders als Texte verarbeitet werden und deshalb relativ direkt den Aufbau eines mentalen Modells über den Lerngegenstand unterstützen (Mayer, 1989). Dieses mentale Modell gibt die in der Illustration dargestellten Zusammenhänge wieder und versetzt den Lernenden in die Lage, die einzelnen Bildelemente gezielt zu manipulieren. Mayer bezeichnet dies als die Entwicklung eines „runnable mental model".

Nach Mayer geschieht dies in der folgenden Weise (siehe Mayer, 1989): Der Lernende muss aus der gesamten dargebotenen Information die für ihn relevanten Inhalte auswählen, sie organisieren, eine kohärente Wissensstruktur entwickeln und diese in die bestehende Vorwissensstruktur integrieren. Schließlich wird die neue Wissensstruktur so kodiert, dass sie im Langzeitgedächtnis verankert werden kann. Das mentale Modell ermöglicht dabei dem Lernenden, neue Informationen mental zu manipulieren, um Auswirkungen der Veränderungen auf das mentale Modell vor seinem „geistigen Auge" durchzuspielen.

Beim Bildverstehen finden verschiedene kognitive Prozesse statt. Es handelt sich dabei sowohl um perzeptive Prozesse als auch Prozesse der semantischen Encodierung.

Prä-attentive Prozesse
Die Bildwahrnehmung beginnt mit automatisierten visuellen Wahrnehmungsprozessen. Diese prä-attentiven Rezeptionsprozesse laufen in etwa 0,3 Sekunden ab und ermöglichen dem Betrachter, sich einen Überblick über die Abbildung zu verschaffen. In dieser kurzen Zeit können allerdings nur sehr einfache oder sehr vertraute Sachverhalte erkannt werden.

Diese zu Beginn der Bildbetrachtung stattfindende Wahrnehmungsorganisation ist im Wesentlichen durch Gestaltgesetze geprägt. Gestaltpsychologische Ansätze gehen von einer Trennung zwischen Figur und Hintergrund aus, wobei Figuren durch die so genannte „gute Gestalt" gekennzeichnet sind. Dabei folgt unser Wahrnehmungssystem dem Konzept der Prägnanz, um das Wahrnehmungsfeld so einfach wie möglich zu strukturieren. Die wichtigsten Wahrnehmungsgesetze sind (siehe auch Herczeg, 1994: 58–60):

4.5 Wissenserwerb mit Bildern

- *"Gesetz der Nähe"*: räumlich näher beieinander liegende Komponenten werden zusammengefasst.

- *"Gesetz der Ähnlichkeit/Gleichheit"*: Komponenten mit ähnlichen visuellen Merkmalen – z.B. ähnlicher Form, Farbe, Orientierung, Textur usw. – werden eher zusammengefasst als Komponenten mit unterschiedlichen Merkmalen.

- *"Gesetz der Geschlossenheit"* bzw. „Gesetz der guten Gestalt": visuelle Informationen werden auf möglichst einfache Weise organisiert, so dass prägnante Formen entstehen.

- *"Gesetz der guten Fortsetzung"*: mehrere einander schneidende Linien werden durch die implizite Annahme voneinander unterscheidbar, dass die Kurven an den Schnittstellen kontinuierlich verlaufen.

- *"Gesetz des gemeinsamen Schicksals"*: mehrere Kurven gleicher Form werden zu einer Einheit zusammengefasst und als Kurvenschar wahrgenommen.

In den prä-attentiven Wahrnehmungsprozessen werden außerdem Schemata (siehe Abschnitt 2.1.3) angewendet. Die Schematheorie geht davon aus, dass die Wahrnehmung unserer Umwelt erfahrungsbedingt ist. Schemata dienen bei prä-attentiven Prozessen dazu, nach bestimmten Aspekten des visuellen Feldes zu suchen und Hypothesen zu bilden. Der Wahrnehmungsprozess verläuft in Zyklen, wobei die vorausgegangenen Wahrnehmungserfahrungen zu einer Verfeinerung bzw. Adaption der Schemata führen. Je mehr und genaueres Vorwissen eine Person über einen Gegenstandsbereich hat, umso besser kann sie mit verfeinerten Schemata arbeiten, je geringeres Vorwissen eine Person hat, umso mehr wird sie mit allgemeinen Schemata operieren und diese im Verlauf von mehreren Wahrnehmungszyklen verfeinern.

In der Lernforschung sind prä-attentive Prozesse von Bedeutung, weil anzunehmen ist, dass Bilder, die in dieser Phase als sehr einfach eingeordnet werden, den Lernenden dazu verleiten, sich nicht genauer mit der Darstellung zu befassen. Er glaubt, sie bereits verstanden zu haben (Weidenmann, 1989). Die Folge ist, dass er wenig mentalen Aufwand in die Beschäftigung mit dieser Informationsquelle steckt.

Attentive Prozesse
Nach den prä-attentiven Wahrnehmungsprozessen folgen attentive Prozesse, um das Ergebnis der prä-attentiven Prozesse zu interpretieren. Sie sind sowohl daten- als auch konzeptgeleitet. Dabei nehmen die Erwartungen, die der Betrachter aufgrund der vorausgehenden prä-attentiven Verarbeitungsprozesse entwickelt hat, Einfluss auf die semantische Interpretation der Bildinhalte. Hier spielen wiederum Schemata eine wichtige Rolle (Weidenmann, 1988), um zu verstehen, was auf dem Bild dargestellt ist (ökologisches Bildverstehen).

In lerntheoretischen Untersuchungen wird die Bedeutung des Vorwissens im betreffenden Wissensbereich für das Erlernen und Erinnern neuer Information betont. So hat das Vorwissen auch einen Einfluss auf die Bearbeitung von Bildern (Mayer & Gallini, 1990; Reigeluth, 1983), weil der Lernende aufgrund seines Vorwissens einen themenspezifischen Bezugsrahmen (frame theory) (siehe Abschnitt 2.1.3) entwickelt. Dieser Bezugsrahmen hilft dem Betrachter die angebotene Bildinformation in ökonomischer Weise auszuwerten, indem er die Information, die sich mit dem Bezugsrahmen deckt, in stereotyper Form abdecken und sich stattdessen auf die unbekannten Bildelemente konzentrieren kann (siehe auch Abschnitt 4.5.2 zu den attentiven Prozessen der kognitiven Bildverarbeitung). Wenn der Lernende hingegen kein Vorwissen und damit auch keinen Bezugsrahmen für die Einordnung des neuen Wissens mitbringt, muss er eine neue Wissensstruktur entwickeln. Dies geschieht beispielsweise, indem er durch Analogien das neue Wissen mit gespeichertem Wissen verbindet. Abbildungen können Lernenden mit geringem Vorwissen helfen, ihre Schwierigkeiten beim Entwickeln einer referentiellen mentalen Repräsentation der im Text beschriebenen Zusammenhänge zu entwickeln.

Andererseits aber haben gerade Lernende mit geringem bereichsspezifischem Vorwissen darin Schwierigkeiten, irrelevante von relevanten Bildelementen zu unterscheiden. Sie neigen dazu, vor allem diejenigen Bildelemente zu betrachten, die auch im Text erwähnt wurden. D.h., durch die Beschreibung von relevanten Bildelementen im Lehrtext kann die Aufmerksamkeit der Lernenden auch auf diese Bildelemente gelenkt werden, während irrelevante Elemente auch im Text weggelassen werden sollten. Damit könnte man diejenigen unterstützen, die aufgrund ihres geringen Vorwissens die Relevanz der einzelnen Bildelemente nicht erkennen können.

Wenn der Bildbetrachter darüber hinausgehende Überlegungen anstrengt, z.B. warum der Bildersteller den Sachverhalt in dieser Weise darstellt, so handelt es sich um indikatorisches Bildverstehen (Weidenmann, 1988). Beim indikatorischen Bildverstehen wird das Bild gewissermaßen als Indikator für eine Mitteilungsabsicht begriffen und daraufhin analysiert. So stellen ökologisches und indikatorisches Bildverstehen unterschiedliche Verstehenstiefen dar.

Im Unterschied zur Textverarbeitung ist bei der semantischen Analyse von Bildern keine bestimmte Sequenzierung zwingend. Allerdings können kulturspezifische Verarbeitungsgewohnheiten einen Einfluss nehmen, wie z.B. die Leserichtung von links nach rechts.

Will man dem Lerner hingegen eine bestimmte Reihenfolge nahe legen, mit der der Lerner die Bildteile verarbeiten soll, dann muss dies der Ersteller des Bildes durch geeignete Mittel anzeigen. Beispielsweise können bestimmte Bildteile durch verstärkten Kontrast zum Hintergrund oder durch Beschriftung hervorgehoben werden. Es können weiter auch direkte Bildzeichen wie Pfeile, Einrahmungen oder eingebundene Lupen verwendet werden, um auf den zu fokussierenden Bildteil zu zeigen bzw. ihn visuell einzugrenzen. Die Reihenfolge der Verarbeitung kann auch durch eine bestimmte Nummerierung der Bildteile gelenkt werden (für weitere Anregungen zur Steuerung der Bildauswertung, siehe Ballstaedt, 1997: 230–238).

4.5.2 Bildbearbeitungs- und Lernstrategien

Im Hinblick auf die Lernförderlichkeit von Bildern stellt sich die Frage, welche kritischen Merkmale sich identifizieren lassen, die in Abhängigkeit von den Lernvoraussetzungen, der Lernsituation und der Lernaufgabe den Lernprozess mit Bildern beeinflussen.

Wesentliche Voraussetzung für die Lernwirksamkeit von Bildinformation ist, dass sie vom Lernenden in einer angemessenen Weise benutzt wird. Er muss adäquate Lernstrategien und metakognitive Steuerungsaktivitäten im Sinne einer prozessualen Selbstregulation bei der Aufnahme und Verarbeitung bildlicher Lerninhalte einsetzten (Drewniak, 1992; Levin, Anglin & Carney, 1987). Zu diesen Bildverarbeitungsstrategien gehören:

- Aktivitäten zur aufgaben- und situationsangemessenen Bildverarbeitung: Lernende müssen ihre Aufmerksamkeit zielspezifisch steuern, Beziehungen zwischen Bildelementen identifizieren und nachvollziehen. Sie müssen mentale Modelle aus Bildvorgaben aufbauen, Bild- und Textinformation vergleichen und verknüpfen und mit dem Vorwissen verbinden.

- Kontroll- und Steuerungsaktivitäten, um die Bilder eines Textes als Strukturabbildungen zu verstehen, um die eigenen Lernaktivitäten zu steuern und Lernfortschritte zu kontrollieren.

- Aktualisierende Aktivitäten im Hinblick auf metakognitives Wissen: Damit ist gemeint, dass der Lernende bereichsspezifisches Vorwissen und andere Strategien einsetzt, um die Bilder besser verstehen und die darin vorhandene Information besser verarbeiten zu können.

- Prozesse, um ausreichende Motivation und die Bereitschaft zur intensiven Bildverarbeitung aufzubringen.

Verschiedene Studien haben gezeigt, dass Lernende häufig nicht wissen, wie sie mit Illustrationen effektiv umgehen sollen. Sie wenden inadäquate Verarbeitungsstrategien an und haben häufig Schwierigkeiten, Bild- und Textinformation zu einer Gesamtinformation zusammen zu fügen (Weidenmann, 1988, 1989).

Neben Prozessen der Selbstregulation hängt die Lernwirksamkeit von Illustrationen von verschiedenen weiteren Faktoren ab. Dazu gehören:

- Charakteristika des Lernmaterials, z.B. die gewählte Form der visuellen Darstellung.

- Lernvoraussetzungen, z.B. die Adäquatheit der Bilder für die Zielgruppe oder ihre Platzierung im Textverlauf.

- Platzierung und Aufmerksamkeitslenkung (Zoomen) auf Details der Bilder im Text.

- Relevanz der Bilder für die Lernziele.

- Qualität, d.h. die Eignung des gewählten Bildes für die Darstellung eines verbal beschriebenen Sachverhalts (Peeck, 1987).

Damit Bilder lernförderlich wirken können, muss der Lernende über die geeigneten Lernstrategien im Umgang mit Bildern verfügen. Zu den Lernstrategien im Prozess der Informationsverarbeitung gehören:

- *Wiederholungsstrategien:* Das aktive Wiederholen (z.B. das Aufsagen) von Fakten erhöht die Wahrscheinlichkeit, dass die neue Information aus dem Arbeitsspeicher in das Langzeitgedächtnis übergeht und dort fest verankert wird. Wiederholung ist vor allem für Novizen eine wichtige Lernstrategie zur Einarbeitung in neue Themenbereiche. Bilder können den Lernenden dazu anregen, die Inhalte des verbalen und piktorialen Lernmaterials sowohl optisch, vor ihrem geistigen Auge, als auch semantisch, durch die Benennung und Verbalisierung der Bildelemente und deren Beziehungen zu wiederholen.

- *Elaborationsstrategien:* Unter Elaborationsstrategien sind Lernstrategien zu verstehen, die einen Zusammenhang zwischen der neu zu lernenden Information und bereits vorhandenen Wissensstrukturen herstellen, um die neuen Informationen zu integrieren und damit tiefer zu verarbeiten (Mayer, 1989).

  Zu den Elaborationsstrategien gehören beispielsweise Analogien, das Finden von illustrierenden Beispielen zu neuem Lernmaterial und die Herstellung einer Verbindung zu früheren Erfahrungen. Zu den Elaborationsstrategien gehören weiter das Bilden von mentalen Vorstellungsbildern und das Paraphrasieren. Beim Lernen mit Bildern erhalten die Lernenden durch die zusätzliche Darbietung der Lerninhalte in einer anderen, visuellen Form einen erweiterten Raum für mögliche Anknüpfungspunkte.

- *Organisationsstrategien:* Organisationsstrategien werden beispielsweise beim Gruppieren von Informationen oder beim Erstellen von Diagrammen eingesetzt, um zentrale Zusammenhänge oder Abläufe zu verdeutlichen.

- *Kontrollstrategien:* Damit steuern die Lernenden aktuelle kognitive Lernprozesse, um den Verlauf der Lerntätigkeit zu planen, zu überwachen und die Resultate zu kontrollieren. Es handelt sich um metakognitive Strategien, die nachweislich zu besseren Lernergebnissen beim Lernen mit Bildern führen (Drewniak, 1992).

Solche Kontrollstrategien können beispielsweise durch Selbstbefragung über den Lerninhalt geschehen. Der Lerner kann sich fragen, ob er die Bedeutung der einzelnen Illustrationselemente und ihrer wechselseitigen Beziehungen zueinander verstanden hat. Weiter muss der Lerner kontrollieren, ob er eine Beziehung zwischen der textuellen und bildlichen Information (Text-Bild-Verknüpfungen) herstellen kann und diese für ihn verständlich ist.

4.5.3 Wissensvoraussetzungen

Neben den oben genannten Bedingungen gehört auch das darstellungsspezifische Vorwissen des Lernenden zu den notwendigen Bedingungen, die für die Lernwirksamkeit von Illustrationen erfüllt sein müssen. Denn für die Bildgestaltung stehen den Bildautoren eine Vielzahl möglicher Darstellungs- und Gestaltungsformen zur Verfügung. Dies hat zur Folge, dass sich der Bildautor überlegen muss, welche gestalterischen Mittel er verwenden will, um sein Darstellungsziel zu erreichen.

Um die Fülle der Darstellungsmittel und Kodierungsmöglichkeiten zu ordnen, hat Weidenmann eine Unterscheidung zwischen Darstellungs- und Steuerungscodes eingeführt (Weidenmann, 1988, 1994). Mit Darstellungscodes meint Weidenmann alle Bildelemente, die den Bildinhalt angemessen darstellen sollen und dabei Darstellungskonventionen einhalten. Mit Steuerungscodes meint er die Mittel, die eingesetzt werden, um die Betrachtungsweise und Informationsextraktion des Betrachters zu unterstützen und zu steuern, z.B. durch optische Hervorhebung, Pfeile, Größenveränderungen usw. Der Bildautor kann aber auch zum Beispiel durch die detaillierte Ausgestaltung eines Bildausschnitts auf dessen besondere Bedeutung hinweisen oder durch die Anordnung einzelner Bildelemente den Lernenden dazu anregen, diese zu vergleichen.

Durch neue Technologien und Medien haben Bildautoren neue, vielfältigere Gestaltungsmöglichkeiten bei der Entwicklung von Illustrationen. Dadurch werden allerdings auch die Lernenden mit Darstellungsformen konfrontiert, bei denen sie aller Voraussicht nach über relativ geringes Vorwissen verfügen, das ihnen die optimale Nutzung und das Verständnis der Bildinformation erleichtern würde.

Das Wissen des Lernenden über grafische Konventionen, z.B. über die Gestaltung von Diagrammen (Ballstaedt, 1997: 158–170), hat großen Einfluss auf die Interpretation und das Verständnis des dargestellten Sachverhaltes. Die bildhaften Codes, die zur gezielten Bildgestaltung eingesetzt werden, kann der Betrachter nur dann effektiv nutzen, wenn er diese auch als solche wahrnimmt und interpretieren kann (Levin, Anglin & Carney, 1987). D.h., wenn ein Lernender über das nötige darstellungsspezifische Vorwissen verfügt, wird es ihm leichter fallen, eine Illustration so zu verstehen und zu interpretieren, wie es vom Bildautor beabsichtigt war.

Dem Vorwissen der Lernenden im Hinblick auf die Konventionen und Darstellungscodes kommt auch dann besondere Bedeutung zu, wenn die in einer Illustration verwendeten Darstellungscodes als Indikatoren für räumliche Zusammenhänge fungieren.

Räumliches Vorstellungsvermögen des Lernenden
Lernmaterialien wie Texte oder Bilder stellen unterschiedliche Anforderungen hinsichtlich der Entwicklung von (räumlichen) Vorstellungsbildern an den Lernenden. Darauf wurde vor allem im Zusammenhang mit naturwissenschaftlichen Lerninhalten hingewiesen. Bilder stellen im Gegensatz zu Textinformation eine direkte Vorlage für die Entwicklung eines mentalen Vorstellungsbildes dar. Ihre Nützlichkeit wird vor allem bei der Vermittlung des Aussehens von Objekten, aber auch bei der Vermittlung von räumlichen Beziehungen zwischen einzelnen Objekten deutlich.

Die Bildung mentaler räumlicher Vorstellungen kann auf der Basis unterschiedlicher Informationen erfolgen. Zum einen können mit Hilfe der im Gedächtnis gespeicherten Informationen und Wahrnehmungserfahrungen mentale Vorstellungsbilder generiert werden. Zum anderen kann der Mensch Informationen, die ihm in unterschiedlichen Modalitäten präsentiert werden, in den Arbeitsspeicher seines Gedächtnisses aufnehmen, mit ihnen mentale Operationen durchführen und so räumliche Vorstellungsbilder erzeugen (siehe Abschnitt 2.1.3). So kann auch aufgrund der verbalen Beschreibung eines Raumes ein mentales Vorstellungsbild davon erzeugt werden, welches die verbalen Raumausdrücke repräsentiert. Schließlich ist ein Lernender auch in der Lage, die raumbezogenen Darstellungscodes einer zweidimensionalen Darstellung zu interpretieren und sie in ein dreidimensionales Vorstellungsbild zu integrieren. Der Lernende oder Betrachter hat hier die Aufgabe, aus den dargebotenen visuellen Informationen durch mentale Operationen ein räumliches Vorstellungsbild zu entwickeln. Um diese Dreidimensionalität des dargestellten Sachverhalts erkennen zu können, muss der Betrachter die jeweiligen Darstellungscodes identifizieren und richtig interpretieren können.

Vorstellungsbilder werden nach und nach aufgebaut. Der Zeitaufwand für die Generierung eines Vorstellungsbildes nimmt mit der Anzahl und der Komplexität der Einzelelemente zu. So werden auch dreidimensionale Vorstellungsbilder in der Abfolge von nahen zu weiter entfernten Bildelementen aufgebaut. Obwohl in einer zweidimensionalen piktorialen Illustration der Aspekt der Räumlichkeit nur über Darstellungscodes (Weidenmann, 1988) vermittelt werden kann, haben Betrachter meist kaum Schwierigkeiten, einen klaren Eindruck von den räumlichen Beziehungen des dargestellten Sachverhalts zu gewinnen und ein räumliches Vorstellungsbild zu generieren.

Der Betrachter muss also über bestimmte Fähigkeiten verfügen, die es ihm ermöglichen, aufgrund von internen oder externen Informationen räumliche Vorstellungsbilder zu erzeugen. Diese Fähigkeiten, Vorstellungen systematisch und effizient einzusetzen, entwickeln sich erst mit zunehmender Erfahrung und sind individuell unterschiedlich ausgeprägt.

Es ist weiter anzunehmen, dass zwischen den Vorstellungsbildern und den jeweiligen realen Objekten oder Sachverhalten keine Übereinstimmung besteht. Zwar bieten die Objekte der Wahrnehmung dem Lernenden eine Art Vorlage für das mentale Modell, dennoch entspricht das Vorstellungsbild nicht 1:1 der Realität, sondern wird vom Betrachter auf diejenigen Aspekte reduziert, die aus seiner Sicht relevant sind.

Selbstwirksamkeitserwartung des Lernenden
Ein weiterer wichtiger Faktor für die Interpretation von Bildern ist die Selbstwirksamkeitserwartung einer Person, d.h. ihre Überzeugung, in der Lage zu sein, eine Tätigkeit erfolgreich ausführen zu können. Diese Selbstwirksamkeitserwartung ist erforderlich, um ein bestimmtes Ziel zu erreichen.

Diese individuelle Selbstwirksamkeitserwartung kann sogar entscheidend sein für die Zielgestaltung, die Wahl des Verhaltens, die Anstrengungsbereitschaft und die Persistenz des Verhaltens einer Person. Ihre Entwicklung und Aufrechterhaltung wird u.a. durch Erfahrungen und emotionale Erlebnisse beeinflusst. Beispielsweise können Erfolge oder Misserfolge in früheren Lernerfahrungen zu einer Stärkung bzw. Schwächung der eigenen Wirksamkeitserwartung führen und auch zukünftiges Verhalten beeinflussen. In der Konsequenz wird ein Lernender versuchen, Lernsituationen zu vermeiden, die er mit einer geringen Selbstwirksamkeitserwartung assoziiert und er wird nur relativ geringe Anforderungen in solchen Situationen bewältigen können.

Wichtig ist weiter, dass mit der Selbstwirksamkeitserwartung auch die Anstrengungsbereitschaft verbunden ist, die ein Lernender aufbringt, um eine Aufgabe zu lösen oder ein Ziel zu erreichen. Beispielsweise zeigte eine Untersuchung von Salomon über die Folgen der Einschätzung des Schwierigkeitsgrades von Lernmedien (Film versus Text) durch die Lernenden, dass die damit verbundene Selbstwirksamkeitseinschätzung großen Einfluss auf den mentalen Lernaufwand hat, den der Lernende zu leisten bereit ist.

In dieser Studie zum wahrgenommenen Anforderungsniveau der Lernaufgabe schätzten Schüler einer sechsten Klasse Texte als schwieriges, Film dagegen als leichtes Medium ein. Die Folge war, dass sich für das Lernen mit Texten positive Korrelationen und beim Lernen mit Filmen negative Korrelationen zwischen der Selbstwirksamkeitserwartung und dem mentalen Lernaufwand zeigten. Schüler, die den Film als leicht eingestuft hatten und der Meinung waren, dass dieser keine hohen Anforderungen an sie stellen würde und die daher eine höhere Selbstwirksamkeitserwartung hatten als die Text-Lerner, setzten sich nur oberflächlich mit der Filminformation auseinander. Sie unternahmen kaum mentale Anstrengungen bei dessen Bearbeitung. Dies führte dann auch zu einem signifikanten Unterschied in der Lernleistung, indem schlechtere Ergebnisse erzielt wurden.

4.5.4 Einfluss von Darstellungs- und Gestaltungsaspekten auf die Lernleistung

Eine Vielzahl von Untersuchungen hat den Einfluss von Variablen der Bildgestaltung auf die Lernwirksamkeit von Illustrationen untersucht. Zu den untersuchten Gestaltungsparametern gehören die Realitätsnähe, der Abstraktheitsgrad, die Komplexität, der Anregungsgehalt, die Darstellungsqualität, die Platzierung der Illustration im Lernmaterial sowie der Text-Bild-Bezug.

Komplexitätsgrad und Realitätsnähe als Darstellungselemente
Eine wichtige Frage im Hinblick auf das Lernen mit Bildern ist die Frage, welche Komplexität und Realitätsnähe einer Darstellung zu empfehlen ist.

Komplexere, detaillierte und realitätsnahe Abbildungen, wie zum Beispiel Fotos, konnten von den Lernenden dann besonders gut genutzt werden, wenn die Ansichtszeiten vom Lernenden selbst bestimmt werden konnten (Dwyer, 1978). Wenn hingegen nur begrenzte Lernzeit zur Verfügung steht, dann erleichtert der Verzicht auf irrelevante Information und die Verdeutlichung der zentralen und vor allem auch räumlichen Zusammenhänge den Lernenden die Orientierung im Lernmaterial. So kommt Fleming (Fleming, 1987) zu dem Schluss, dass durch ein mittleres Maß an Komplexität, das wichtige Bildelemente hervorhebt, eine hohe Effektivität des Lernprozesses erreicht werden kann.

Die Untersuchungen legen weiter den Schluss nahe, dass die optimale Gestaltung von Bildern immer in Relation zu Lernereigenschaften zu setzen ist. Zu diesen Lernereigenschaften gehört die „visual literacy" des Lernenden, d.h. von seiner Fähigkeit, eine Illustration effektiv zu nutzen. Zu diesen Lernereigenschaften gehört weiter, welche Einschätzung der Lernende gegenüber dem Schwierigkeitsgrad des Lernens aus Bildern mitbringt. So werden einfach erscheinende Bilder, die nur einen geringen Komplexitätsgrad aufweisen, von den Lernenden als leicht verständlich eingestuft und deshalb nur oberflächlich betrachtet. Diese persönliche Einschätzung des Bildgehalts durch den Lernenden setzt sich auch in Bezug auf die Behaltensleistungen im Langzeitgedächtnis fort. So zeigte sich, dass die Langzeitspeicherung von Illustrationen im Gedächtnis unter anderem auch durch den individuell wahrgenommenen Anregungsgehalt („arousal") der Bilder bestimmt wird.

Hervorhebungen als Darstellungselemente
Die visual literacy der Lernenden spielt auch für die semantische Deutung von Bildelementen eine wesentliche Rolle. Der Einsatz von visuellen Hervorhebungen, wie zum Beispiel Pfeilen, scheint nur dann effektiv zu sein, wenn der Lernende diesen Hinweis interpretieren kann.

Andere Untersuchungsergebnisse weisen darauf hin, dass die Integration von Schlüsselwörtern in Bildern für die Verknüpfung von verbalen und piktorialen Inhalten für die Lernenden hilfreich sein kann (siehe auch Abschnitt 4.4.1, dort Abschnitt „Duale Kodierung und SOI-Modell"). So zeigten Studien, dass bei Schülern die Integration von verbalen Hinweisreizen in Bildern zu signifikant besseren Lernleistungen führte als der Einsatz von Pfeilen zur Hervorhebung einzelner Bildelemente oder anderen Arten von Hervorhebungen für Bildelemente.

Platzierung der Bildelemente als Darstellungselement
Eine sinnvolle Platzierung von Bildelementen kann dazu beitragen, dass der Lernende die einzelnen Bildelemente in der richtigen Reihenfolge wahrnimmt und deren Folge versteht.

Dabei kann erstens die relative Platzierung von Bildelementen die Extraktion der visuellen Information aus den Illustrationen erleichtern. Zum Beispiel kann die parallele Anordnung von zwei Objekten den Betrachter dazu veranlassen, diese miteinander zu vergleichen.

Zweitens ist auch die Reihenfolge der Bilder bzw. der Bildelemente ein wichtiger Faktor für die effektive Informationsextraktion. So haben Untersuchungen mit Flussdiagrammen gezeigt, dass Lernende die Bilder meist im Sinne der Leserichtung von links oben nach rechts unten betrachten.

4.6 Faktoren der Bildgestaltung

Ein weiterer Aspekt, der im Hinblick auf die kognitive Informationsverarbeitung eine wichtige Rolle spielt, ist die Bildgestaltung. Generell scheint es sinnvoller zu sein, weniger realistische Abbildungen solchen Abbildungen mit photorealistischer Realität vorzuziehen (siehe auch Abschnitt 4.4.3, dort Abschnitt „Darstellende Bildfunktion").

4.6 Faktoren der Bildgestaltung

So zeigte Dwyer (Dwyer, 1978) in einer empirischen Studie anhand von vier Darstellungsvarianten (einfache Strichzeichnung, schattierte Strichzeichnung, Fotografie eines Herzmodells, Fotografie eines anatomischen Schnittes eines menschlichen Herzens), dass die schattierte Strichzeichnung die besten Lernergebnisse brachte. Denn die weniger realistische Abbildung gibt zwar immer noch die Realität wieder, akzentuiert und strukturiert aber gleichzeitig den Lerngegenstand und nimmt damit eine wichtige Vermittlungsrolle zwischen der Realität und dem kognitiven Konzept ein. Allerdings ist diese Studie, die einen Vorteil für den reduzierten Realitätsgehalt von Abbildungen im Vergleich zur photorealistischen Realität belegte, noch nicht mit Bildern repliziert worden, wie sie mit neuen multimedialen Techniken erstellt werden können (Krapp & Weidenmann, 2001: 442).

Generell sollte die lernförderliche Wirkung von Bildern nicht überschätzt werden (siehe auch Abschnitt 4.5.3). Dafür gibt es mehrere Gründe, von denen einige bereits erwähnt wurden. Wichtig ist im Hinblick auf die Lernwirksamkeit von Bildern auch, dass man bedenken sollte, dass Bilder zuerst angesehen werden. Wenn sie als leicht verständlich empfunden werden, kann dies dazu führen, dass ihnen wenig Aufmerksamkeit gewidmet wird (siehe auch Abschnitt 4.5.3, dort vor allem Abschnitt zur Wirkung der Selbstwirksamkeitserwartung). Wenn Bilder aus irgendeinem Grund vom Lerner in ihrem Informationsgehalt unterschätzt werden, dann investiert er nur wenig Verarbeitungsintensität und verarbeitet den Bildinhalt nur oberflächlich (Krapp & Weidenmann, 2001: 442).

Ein anderer Aspekt, der hilft, die tatsächliche Lernwirksamkeit von Bildern einzuschätzen, ist die Frage ihrer Aufgabenangemessenheit. Denn wenn die Form der Visualisierung nicht aufgabenadäquat ist, dann haben Bilder eher eine negative Wirkung auf den Lernerfolg (Schnotz & Bannert, 1999).

Darüber hinaus belegen Studien, dass der Lernerfolg bei Text-Bild-Darbietungen auch von individuellen Kenntnissen und Fähigkeiten abhängt. Für Personen mit geringem Vorwissen im Anwendungsbereich ist die Text-Bild-Kombination besser geeignet als für Personen mit hohem Vorwissen (siehe auch Abschnitt 4.5.3, dort die Abschnitte zur Wirkung des räumlichen Vorstellungsvermögens und des darstellungsspezifischen Wissens des Lerners). Denn Lerner mit einem hohen Vorwissen in dem betreffenden Anwendungsbereich können auch mit der ausschließlich verbalen Darbietung hohe Lernerfolge erzielen. Sie können auch eventuelle Lücken in der Präsentation durch ihr Vorwissen ergänzen (Mayer & Gallini, 1990; Mayer, Steinhoff, Bower & Mars, 1995). Auch gibt es Hinweise darauf, dass Personen mit hohem räumlichem Vorstellungsvermögen die synchrone Verbindung von Text und Bild besser verarbeiten können als Personen mit geringem räumlichem Vorstellungsvermögen. Denn Letztere müssen mehr kognitive Ressourcen in die Konstruktion mentaler Bilder investieren, so dass sie kaum in der Lage sind, Verbindungen zwischen Wörtern und Bildern herzustellen (Mayer & Sims, 1994).

4.7 Gestaltung dynamischer Visualisierungen

Dynamische visuelle Medien (Bewegtbilder), wie Film, Video, Streaming Video, Animation oder virtuelle Realitäten, nehmen eine wichtige Rolle für die Gestaltung von Lernmaterialien ein. Sie basieren auf verschiedenen Symbolsystemen (Darstellungscodes), die in unterschiedlicher Weise zur Vermittlung verschiedener Gegenstandsbereiche geeignet sind. Beispielsweise sind abstrakte Sachverhalte gut durch Texte darstellbar, während die Veranschaulichung raumzeitlicher Abläufe, dreidimensionaler Verhältnisse oder komplexer Bewegungsabläufe besser durch Bewegtbilder möglich ist.

Eine Animation besteht aus einzeln zusammengesetzten Bildern. In einer Animation können verschiedene visuelle Merkmale eines Objektes (z.B. Form, Farbe, Textur, Position), Lichtverhältnisse (Lichtintensität, Lichttemperatur, Beleuchtungswinkel) oder der Standpunkt der Kamera verändert werden (Rada, 2002). So haben Animationen ein höheres Darstellungspotenzial als statische Bilder.

Darstellungspotenzial von Animationen
Animationen bieten grundsätzlich vielfältigere Darstellungsmöglichkeiten als statische Bilder. Ihr Darstellungspotenzial liegt in den im Folgenden aufgeführten Aspekten. Viele dieser Aspekte helfen auch dem Lerner beim Aufbau eines mentalen Modells des betreffenden Sachverhaltes oder Objektes und können auch wie Bilder im Sinne der Supplantation verstanden werden (siehe Abschnitt 4.4.3).

- *Raumdarstellung und Perspektivenwechsel:* Im Gegensatz zur festgelegten Perspektive in statischen Bildern erlauben Animationen eine Veränderung des Blickwinkels auf ein Objekt und die Darstellung von räumlichen Relationen zwischen verschiedenen Objekten. Durch Zoomen können Details und deren Platzierung im Gesamtkontext hervorgehoben und damit beispielsweise verdeutlicht werden.

  Es können auch Aspekte eines Sachverhaltes oder Gegenstandes gezeigt werden, die ohne die Animation nicht darstellbar oder direkt beobachtbar wären (z.B. Blutkreislauf, Ökosystem etc.).

- *Veränderungen und Bewegungsdarstellung:* Mit Hilfe von Animationen können Veränderungen, Bewegungen im Zeitverlauf und Bewegungsbahnen dargestellt werden. Beispielsweise könnte der Beschleunigungsverlauf physikalischer Körper visualisiert werden (Reif, 1987).

  Animierte Bewegungsbahnen ersetzen Pfeile, Nummerierungen oder Bewegungslinien und Geschwindigkeitsangaben mittels symbolischer Ergänzungen, wie sie sonst in statischen Bildern zu finden sind. Diese einfachen Darstellungen, um in statischen Bildern auch Positionsveränderungen anzeigen zu können, sind allerdings für die Darstellung von dynamischen Veränderungen, komplexen oder ungleichmäßigen Bewegungsabläufen nicht ausreichend. Für die Animation besteht dann aber die Schwierigkeit im Hinblick auf eine optimale Bewegungsdarstellung, dass die charakteristischen Merkmale eines Bewegungsablaufes so genau wie möglich in die bildliche Darstellung integriert werden müssen (Carello, Rosenblum & Grosofsky, 1986).

- *Aufmerksamkeitslenkung:* Animationen lenken durch die Bewegung von Bildelementen die Aufmerksamkeit des Lerners auf die Betrachtung der jeweils animierten Elemente (Rieber, 1990; Fleming, 1987; Strittmatter, 1994). Über die Möglichkeiten der Wahrnehmungssteuerung und Aufmerksamkeitslenkung bei stehenden Bildern, z.B. durch Pfeile oder farbige Hervorhebungen, hinausgehend, bieten Animationen weitergehende Möglichkeiten. So kann die Aufmerksamkeit des Betrachters mit Hilfe der Auswahl und Veränderung der Darstellungsausschnitte gezielt auf bestimmte Bildelemente gelenkt werden. Bei Betrachtungshinweisen, z.B. Pfeilen, kann die Position und Reihenfolge geändert und auf verschiedene Bildelemente gerichtet werden.

Allerdings stellt die zeitliche Begrenzung der Informationspräsentation in Animationen auch hohe Anforderungen an die kognitive Informationsverarbeitung der Lerner und kann leicht zur kognitiven Überlastung führen. Es kommt erschwerend hinzu, dass die Lerninhalte nicht dauerhaft präsent sind, sondern sich fortlaufend verändern. Insbesondere dann, wenn die Geschwindigkeit nicht beeinflussbar ist, besteht die Gefahr, dass der Lerner beispielsweise den Inhalt einer Animationssequenz nicht versteht und damit möglicherweise auch den weiteren Inhalten nicht mehr folgen kann. Dies ist anders bei stehenden Bildern. Dort kann der Lerner sich mit den für ihn schwer verständlichen Bildelementen so lange auseinandersetzen, bis er glaubt, diese verstanden zu haben.

Eng verwandt mit dem Begriff der Animation ist der Begriff der Visualisierung, d.h. Sichtbarmachung eines Sachverhaltes, eines Prozesses oder eines Objektes, die ohne Visualisierung nicht beobachtbar wären (für Grundlagen der Visualisierung von Information für das Grafikdesign, siehe Tufte, 1990, 1997).

Animationen werden häufig im Zusammenhang mit Simulationen eingesetzt. Darunter ist ein Modell eines dynamischen realen Systems gemeint. Simulationen werden beispielsweise eingesetzt, damit Lerner mit komplexen Systemen oder Experimenten interagieren können, die in der Realität zu gefährlich, zu teuer oder zu aufwändig wären (z.B. Flugsimulatoren, Prozesskontrollsysteme etc.).

Der Lerner kann anhand der Simulation durch Interaktion mit dem System (z.B. durch Eingabe von Parametern) die Gesetzmäßigkeiten und Wirkungszusammenhänge des realen Systems kennen lernen. Deshalb sind Simulationen besonders für exploratives Lernen geeignet, bei dem der Lerner das System selbständig erkunden und eigene Hypothesen über dessen Eigenschaften bilden soll.

Häufig werden Simulationen im Rahmen eines virtuellen Labors zur Verfügung gestellt. Die Funktion von Simulationen und virtuellen Laboren liegt insbesondere darin, dass der Lerner in einer komplexen und realitätsnahen Umgebung, die den eigenen Wissenskonstruktionsprozess unterstützt, Erfahrung sammeln kann (siehe auch Abschnitt 1.3.3). Simulationen und virtuelle Labore haben damit auch einen gewissen Übungswert für den Lernenden.

4.7.1 Lernwirksamkeit von Animationen

Wie bereits im vorausgehenden Abschnitt erläutert, können mittels Animationen vor allem solche Lerninhalte dargestellt werden, bei denen Veränderungen, Bewegungen oder Bewegungsbahnen in ihrem zeitlichen Verlauf dargestellt werden sollen (Reif, 1987; Rieber, 1989; Rieber, 1990). Animation als eine schnell ablaufende Folge von Bildern auf dem Monitor vermittelt dem Beobachter die Vorstellung der Bewegung. Durch Animationen können auch Bewegungsabläufe dargestellt und dreidimensionale Objektansichten visualisiert werden (siehe Abschnitt 5.3). Animationen sind besser geeignet als statische Bilder, um Bewegung und Räumlichkeit zu visualisieren.

Außerdem kommt das bewegte Bild den Gewohnheiten des visuellen Systems des Menschen mehr entgegen als ein statisches Bild. Denn es ist evolutionsbiologisch eher an die Aufnahme bewegter als statischer Bilder angepasst (Marmolin, 1991). Auch das Symbolsystem von Film bzw. Video kommt der alltäglichen Erfahrung am nächsten und erfordert daher vom Betrachter eine geringere visual literacy als beim stehenden Bild (Krapp & Weidenmann, 2001: 443).

Hier kommt es aber auch auf die Einhaltung von Darstellungskonventionen an, die der Lernende ja letztendlich enkodieren und verstehen (Weidenmann, 1988) muss (siehe auch Abschnitt 4.5.4). Allerdings sind Animationen auch mehr und mehr verbreitet, vor allem für technische Anwendungsfelder und naturwissenschaftliche Lerninhalte, so dass immer mehr spezielle Features mit neuen Darstellungsmöglichkeiten auftreten, wie Quicktime Virtual Realities oder animierte Flüge.

Effektivität und Behaltensleistung
Ebenso wie für Bilder kann man auch für Animationen annehmen, dass sie die Lerneffektivität gegenüber der reinen Textdarbietung des Lernstoffes erhöhen (Levin, Anglin & Carney, 1987).

Weiter sind für Animationen in neueren kognitionspsychologischen Studien signifikant bessere Lernleistungen als für statische Bilder belegt. So wurde bei der Darbietung von 30 Bildern pro Sekunde (in der Animation) eine Behaltensleistung von 89 % festgestellt, während es bei der Darbietung von 4 Bildern pro Sekunde (Standbild) nur 71% Behaltensleistung war (Christel, 1994). Aufgrund solcher empirischer Belege kann man davon ausgehen, dass Animationen eine effektive Hilfestellung für die Encodierung und den Abruf von Informationen aus dem Gedächtnis bieten. Ihr Einsatz kann aus diesem Grunde sinnvoll sein.

Wie bereits im vorausgehenden Abschnitt erwähnt, bietet die Supplantationstheorie (Salomon, 1979), wonach ein äußeres Medium einen inneren Prozess ersetzen kann, eine Erklärung für diese offensichtliche Unterstützung des Lernprozesses. Die Animation regt die automatisierte Fähigkeit des visuellen Systems des Lernenden zur Herstellung einer scheinbaren Bewegung an und entlastet gleichzeitig das Kurzzeitgedächtnis (siehe Abschnitt 4.4.3).

Allerdings ist auch der Aufwand für die Erstellung von Animationen hoch, weshalb schon aus diesem Grund abgewogen werden sollte, ob sich Animationen lohnen oder nicht. Zunächst stellt sich natürlich die Frage, welche Inhalte durch die Animation dargestellt werden sollen und ob dafür eine Animation überhaupt notwendig und geeignet ist.

Trotz einiger Vorteile von Animationen gegenüber statischen Bildern kann die Lernwirksamkeit von Animationen nicht allgemein bestimmt werden. Die tatsächliche Effektivität von Animationen hängt ähnlich wie bei statischen Bildern auch vom Lernziel und von persönlichen Merkmalen des Lerners (wie beispielsweise seinem Erfahrungshorizont) ab. So führten Animationen im Vergleich zu Bildern zumindest zu einer geringen Verbesserung der Lernleistung und zwar bei bestimmten Aufgabenstellungen, z.B. beim Lernen von Faktenwissen, bei Verständnis- und Problemlöseaufgaben (Rieber, 1989).

Randbedingungen und Personenmerkmale für die Lernleistung
Weiter ist zu bedenken, dass Animationen nur unter bestimmten Randbedingungen wirksam werden. Zu diesen Randbedingungen gehören genauso wie bei statischen Bildern vor allem die spezifischen Lernermerkmale, wie Vorwissen, Motivation und verschiedene andere kognitive Merkmale.

So wurde festgestellt, dass Animationen helfen können, Vorwissensdefizite bei Lernenden auszugleichen. Animationen führten zu deutlicher Annäherung der Lernleistung bei den Lernenden mit unterschiedlichem Vorwissensniveau; dies trifft in geringem Ausmaß auch für das räumliche Vorstellungsvermögen der Lernenden zu.

Im Hinblick auf die Motivation der Lernenden können Animationen den Lernenden darin bestärken, seine Selbstwirksamkeitserwartung hinsichtlich des Verständnisses des Lernstoffes zu erhöhen (siehe Abschnitt 4.4.3).

Grenzen für die Lernwirksamkeit von Animationen bestehen insbesondere aufgrund der Wahrnehmungsfähigkeit der Lernenden. Denn es werden nur diejenigen Informationen wahrgenommen und interpretiert, die mit den Erwartungen und Hypothesen übereinstimmten. Es kann deshalb für Lernende mit geringem Vorwissen hilfreich sein, im Vorfeld der Präsentation auf die relevanten Aspekte der Animation aufmerksam gemacht zu werden (Rieber, 1989; Rieber, 1990), und somit ein Wissen über die Aussage der Animation mitzubringen. Beispielsweise wurde anhand von Lernmaterialien aus der Physik festgestellt, dass Veränderungen der Bewegungsbahnen, die für Experten offensichtlich sind, für Novizen kaum zu erkennen sind. Sie übersehen oft die Geschwindigkeitsveränderung eines Objekts und richten ihre Aufmerksamkeit auf andere, unwichtige Aspekte eines Objekts.

Weiter gibt es empirische Belege dafür, dass die Lernwirksamkeit von Animationen auch von den räumlichen Vorstellungsfähigkeiten der Lernenden abhängt. Vor allem Lernende mit niedrigem räumlichem Vorstellungsvermögen können Animationen beim Erlernen dreidimensionaler Sachverhalte und Bewegungsabläufe unterstützen. Sie helfen, ein dreidimensionales mentales Vorstellungsbild zu erstellen oder dessen mentale Transformation durchzuführen. In diesem Zusammenhang können Animationen die Funktion übernehmen, Lernende beim Erwerb von räumlichen Wahrnehmungs- und Vorstellungsfähigkeiten zu unterstützen, indem der Transformationsprozess so vollständig wie möglich visualisiert und modellhaft präsentiert wird. Dem Lernenden wird auf diese Weise das Modell des kognitiven Visualisierungsprozesses, den er andernfalls alleine ausführen müsste, anhand der Animation demonstriert (siehe Supplantation, Salomon, 1979). So müssen im Umgang mit Animationen die Zusammenhänge nicht mehr vor dem inneren Auge stattfinden, sondern können durch Animation visualisiert werden (siehe Schnotz, 2001: 29).

Diese positiven Effekte von Animationen auf den Lernerfolg werden allerdings von den Betroffenen in ihrer Einstellung zum Lernen mit Animationen nicht geteilt. Es zeigen vielmehr diejenigen Lernenden mit hohem räumlichem Vorstellungsvermögen eher eine positive Einstellung zu dreidimensionalen Animationen als Lernende mit geringer ausgeprägtem räumlichem Vorstellungsvermögen. Diese Bevorzugung des „einfacheren" Darstellungsmodus durch die Lernenden mit dem geringeren räumlichen Vorstellungsvermögen wird auf eine mögliche kognitive Überlastung dieser Zielgruppe durch dynamische Visualisierungen wie Animationen zurückgeführt (Chandler & Sweller, 1991).

Weiter wird der Einsatz von Animationen immer dann als wichtig angesehen, wenn Fehlvorstellungen von Abläufen vermieden werden sollen (Baxter & Preece, 1999). Inwieweit allerdings bestehende fehlerhafte Konzeptualisierungen eines Lerngegenstandes durch den Lernenden (z.B. korrekte Voraussagen über den Verlauf einer Flugbahn eines Balles) durch Animationen korrigiert werden können, ist noch unzureichend erforscht. Es gibt einerseits Belege dafür, dass fehlerhafte Konzeptualisierungen Lernender mit einer dynamischen Informationsdarstellung allein nicht beeinflusst oder gar aufgehoben werden.

Eine weitere Randbedingung, die für die Effektivität von Animationen eine Rolle spielt, ist der Komplexitäts- und Schwierigkeitsgrad des Lerninhalts. Insbesondere für einfache Aufgaben konnten keine signifikanten Unterschiede für das Lernen mit Animationen im Vergleich zum Lernen mit statischen Bildern festgestellt werden (Faber, Meirs, Ruschin & Seyferth, 1991). Stattdessen erwies sich in Lernsituationen mit geringem Schwierigkeitsgrad der Lerninhalte das themenspezifische Vorwissen der Lernenden als entscheidender Faktor für den Lernerfolg. In Bezug auf komplexere Aufgaben allerdings zeigte sich die Supplantationsfunktion der Animation als lernförderlich und geeignet, um fehlerhafte Konzeptualisierungen zu vermeiden.

Mögliche negative Wirkungen beim Einsatz von Animationen im Lernprozess
Neben den positiven Wirkungen auf den Lernerfolg können Animationen auch negative Wirkungen auf den Lernerfolg haben. Animationen bergen die Gefahr einer geringeren semantischen Verarbeitungstiefe als das Lernen mit statischen Bildern (Krapp & Weidenmann, 2001: 443f; Schnotz, 2001: 28). Weil die Lerninhalte nicht vollständig präsentiert werden, haben die Lernenden bei statischen Bildern die fehlenden Inhalte mittels mentaler Modelle zu ergänzen. Dies ist bei Animationen anders. Denn im Sinne der Supplantationstheorie ersetzt die Animation zumindest teilweise diesen Prozess, den andernfalls der Lernende selbständig zu leisten hat. Die geringere Anforderung der Animation in Bezug auf die mentale Modellbildung, kann den Lernenden leicht dazu verleiten, sich weniger intensiv mit den Inhalten der Animation zu beschäftigen, um sie zu verstehen.

Egal ob die Wirkung von Animationen auf Effizienz und Lernerfolg aus dem einen oder anderen der genannten Gründe positiv oder negativ ist, kann man sagen, dass sie zur Lernerzufriedenheit beitragen. Denn sie werden als signifikant einfacher, interessanter und spannender als Standbilder empfunden (Faber, Meirs, Ruschin & Seyferth, 1991).

Animation und textuelle Erläuterungen: Kontiguitätsprinzip (contiguity effect)
Wenn Animationen eingesetzt werden, dann bedürfen sie einer textuellen Erläuterung. Wichtig ist dabei, dass Text und Animation durch synchrone Darbietung der bildlichen und der verbalen Information aufeinander abgestimmt sind (Kalyuga, Chandler & Sweller, 1999; Kalyuga, Chandler & Sweller, 2000; Mayer, 1999; Mayer, 2001; Mayer & Moreno, 1998; Moreno & Mayer 1999). Denn durch die räumliche und zeitliche Kontiguität von Text und Bild (Kontiguitätsprinzip – „contiguity effect") kann der Split-Attention-Effekt, der als Text-Bild-Schere (d.h. der Lerner wird seine Aufmerksamkeit entweder nur auf das Bild oder nur auf die Erläuterungen richten) wirkt, vermieden werden (Mayer, 1997). Diese Ergebnisse entsprechen dem Kontiguitätsprinzip (siehe Abschnitt 4.2).

So zeigten in empirischen Studien die Nutzer einer Lernumgebung, in der textuelle Erläuterungen und Animation synchron statt sukzessive dargeboten wurden, deutlich bessere Lernergebnisse (Mayer, 1989; Mayer, Steinhoff, Bower & Mars, 1995). Allerdings scheint hier auch die Größe der dargebotenen Informationseinheiten eine Rolle zu spielen. So konnten Mayer et al. (Mayer, Moreno, Boire & Vagge, 1999) zeigen, dass bei hinreichend kleinen Informationseinheiten der sukzessive Wechsel zwischen Präsentation von Text und Animation zu gleich guten Ergebnissen führt.

Im Hinblick darauf wird die Frage, inwieweit die Reihenfolge der Präsentation von visueller und verbaler Information einen Einfluss auf den Lernerfolg hat, von der Forschungsliteratur widersprüchlich beantwortet. In einer Studie von Rieber (Rieber, 1989; Rieber, 1990) war Animation nur dann erfolgreich, wenn sie gezielt mit dem Lerntext verknüpft und in das umgebende Lernmaterial eingebunden war.

4.7.2 Video und Film

Video wie auch Film verbinden die Basismedien Ton und Bild. Sie können deshalb als multimedial bezeichnet werden (siehe Abschnitt 4.1). Allerdings sind viele gestalterische Möglichkeiten von Video und Film für Lernumgebungen noch nicht ausreichend untersucht (Maier, 1998).

Beispiel für den Einsatz von Video in einer didaktischen Funktion sind die Abenteuer des Jasper Woodbury (siehe Anchored Instruction-Ansatz im Abschnitt 1.4.2), die im Rahmen eins Blended Learning-Ansatzes verwendet werden. Blended Learning bedeutet, dass Phasen des E-Learnings sich mit Phasen des gemeinsamen Lernens im Klassenzimmer abwechseln.

Video und Film zeichnen sich durch eine Reihe von Besonderheiten in Bezug auf die Gestaltung von Lernumgebungen aus (Schwan, 2000).

- *Informationsdichte und Realitätsnähe:* Videosequenzen haben in der Regel eine große Informationsdichte. Denn die Kamera erfasst alles, was aus ihrem Blickwinkel erscheint. Dadurch ist Video die beste Möglichkeit, Realität abzubilden und Authentizität sicherzustellen. So ergab beispielsweise ein Vergleich der Lerneffizienz von TV- und Radio-Präsentationen einen klaren Vorteil für die visuell-akustische TV-Variante (Hayes, Kelly & Mandel, 1986).

- *Zeitbezug:* Video als Bewegtmedium besitzt Darstellungscodes, die den Vorteil haben, dass sich damit Ereignisse und Vorgänge in der Zeit in authentischer Weise veranschaulichen lassen.

  Die Anwendungsbeispiele für den Einsatz von Videos reichen von Herstellungs- und Produktionsabläufen über Besichtigungstouren durch Städte oder Gebäude, Demonstrationen von Sportbewegungen, Produktpräsentationen bis hin zu Mitarbeitergesprächen oder Therapiesitzungen. D.h. Video eignet sich besonders zur Veranschaulichung raumzeitlicher Abläufe, dreidimensionaler Verhältnisse, komplexer Bewegungs- und Interaktionsverläufe bei konkreten Sachverhalten (Unz, 1998).

- *Interaktionsmöglichkeiten:* Vor allem durch die Möglichkeit, Videosequenzen auch auf dem Speichermedium CD-ROM bzw. DVD und damit auf einem Computermonitor darzubieten, können verstärkt auch Interaktionsmöglichkeiten für den Benutzer eingebaut werden. Beispielsweise kann der Nutzer die Informationsaufnahme an sein persönliches Lerntempo und eigene Lernziele anpassen, etwa mit Funktionen wie Stopp, Pause, Wiederholung, Zeitlupe oder die Auswahl bestimmter Frames, die wiederholt oder nacheinander angesehen werden sollen. Dadurch wird eine intensivere und detailliertere Auseinandersetzung mit dem Lernstoff möglich und die Filminhalte können gezielt an die mentalen Voraussetzungen und Bedürfnisse der Zuschauer angepasst werden.

Aufgrund dieser Charakteristika kann man sagen, dass Videoeinsatz sich besonders eignet, um komplizierte und realitätsnahe Zusammenhänge zu zeigen, die sich nur schwer in Worte fassen lassen. Auch lassen sich räumliche Perspektiven gut darstellen.

Bei Videosequenzen besteht außerdem die Möglichkeit der Schrifteinblendung oder mündlichen Kommentierung, um komplizierte Teile zu erklären. Damit ist die Möglichkeit zur Verwendung unterschiedlicher Symbolsysteme und auch zur Förderung multipler, mentaler Repräsentationen gegeben (siehe Duale Kodierung, Abschnitt 2.1.2). Allerdings sollte hier darauf geachtet werden, dass die jeweiligen Erläuterungen gut zu dem dargestellten Bild passen und synchron dazu gegeben werden (Kontiguitätsprinzip, siehe Abschnitt 4.2). Denn wenn dies nicht der Fall ist, dann muss der Lerner sich entscheiden, ob er seine Aufmerksamkeit den Erläuterungen oder den Bildern zuwenden will (Text-Bild-Schere, siehe Abschnitt 4.4.1, dort unter „Duale Kodierung und SOI-Modell"). Erfahrungsgemäß wird er mehr den Bildern als den Erläuterungen folgen.

Neben dem Auftreten der Text-Bild-Schere in Fällen, in denen Text und Bild nicht synchron dargeboten wird, wurden noch weitere Effekte in solchen Situationen festgestellt. So ist z.B. die Reaktionszeit beim Lernen geringer, wenn zu den gesprochenen Lehr-Lerntexten unpassende Bilder dargeboten werden. Übereinstimmend mit dem Kontiguitätsprinzip kann eine inkongruente Text-Bild-Präsentation auch dazu beitragen, dass die auditiv dargebotene Information weniger gut erinnert wird (Hapeshi & Jones, 1992).

Das bewegte Bild birgt außerdem auch das Risiko des „Overloads" und damit einer unzulänglichen Verarbeitung durch die Rezipienten. Dieses Risiko lässt sich u.a. durch Verlangsamung des bewegten Bildes (analog bei Animationen – Verlangsamung der Animation), durch eine mentale Vorbereitung des Rezipienten („Advance Organizer"), durch Wiederholungen und Standbildverlängerungen, durch strukturierende Schrifteinblendungen, durch synchrone auditive Kommentierung und durch eine Beschränkung der Bewegtbilder auf das erforderliche Mindestmaß verkleinern (Weidenmann, 1994).

Viel stärker als Video ist Film nicht einfach nur eine getreue Abbildung der Realität, sondern er hat eine Vielzahl von weiteren Gestaltungsmöglichkeiten entwickelt (Mikunda, 2002). So gibt es typische kinematografische Codes. Sie können der Aufmerksamkeitssteuerung, Ausdruckswirkung oder Handlungsführung dienen. Auch werden Bildkomposition, Kameraführung, Farben, Ton und Schnitt eingesetzt, um den Zuschauer emotional anzusprechen.

Zu den typischen Codes der formalen Filmgestaltung gehört etwa die Entscheidung, auf welchen Elementen im Bild die Schärfe liegt, wie Licht und Schatten verteilt sind, welche Einstellungsgröße der Kameramann wählt und ob die Kamera statisch oder bewegt ist. Andere wichtige Codes ergeben sich etwa durch die Anordnung von Objekten und Schauspielern im Bild, durch die Obersicht und Untersicht der Kamera, durch Bildgeschwindigkeit (z.B. Zeitlupe, Zeitraffer) oder durch die Kamerabewegung (z.B. langsamer Kameraschwenk oder ruckartig schnellender Reißschwenk oder vertikale Kamerafahrt). Solche Codes verschlüsseln Aussagen, die unsere Wahrnehmung und Interpretation steuern.

Weiter haben sich auch dramaturgische Codes entwickelt. So verleiht beispielsweise die Untersicht der Kamera (Low Angle) dem abgebildeten Objekt den Charakter des Dominierenden, Mächtigen. Extremes Seitenlicht wiederum wirkt besonders dramatisch und expressiv. Auch kann gezielte Lichtführung Schatten erzeugen, die sich über die abgebildeten Gegenstände legen. Wenn diese Schatten die Figuren nur teilweise überdecken, entsteht eine visuelle Spannung, die eine Ergänzung des verdeckten Anteils erfordert. Wie viele Gestaltungsstrategien des emotionalen Designs hat diese Form der Lichtführung im expressionistischen Stummfilm ihren Ursprung.

Ein anderer typischer dramaturgischer Code ist beispielsweise der Establishing Shot (Eirführungseinstellungen, meist Totale, die mit Ort und Situation der jeweiligen Szene vertraut machen) und der Montagecode von Schuss und Gegenschuss (Monaco, 1980).

Die Filmsemiotik differenziert verschiedene Erzählformen in der Filmmontage (Metz, 1973). Es hat sich hier eine Art System von Syntagmenformen herausgebildet, das beispielsweise die Möglichkeiten beschreibt, wie Kameraeinstellungen einander folgen können und welcher Art die Beziehungen zwischen ihnen sind. Diese Regeln bilden keine feststehende Grammatik, sie sind offene Systeme, die einer ständigen organischen Veränderung unterworfen sind. Gemeinsam ist allen Strukturen der narrative Charakter. Sie dienen dazu, die Filmhandlung zu erzählen.

Mit den Mitteln der Filmsprache und ihren Möglichkeiten der emotionalen Filmgestaltung lassen sich also bestimmte emotionale Zustände (Stimmungen) beim Zuschauer erzeugen. Allerdings ist beim Einsatz solcher filmischer Mittel im Rahmen von Lernumgebungen zu beachten, dass nach Szenen mit ausgeprägtem emotionalem Charakter eine Aufmerksamkeitslücke folgt (Maier, 1998; Zillmann, 1989). Die Informationsaufnahme in einem Lernprozess ist während dieser Phase kaum möglich. Nach dieser Phase nimmt die Aufmerksamkeit wieder zu und die Lernleistung steigt an. Deshalb sollte bei der Nutzung von Filmsequenzen mit emotionalem Gehalt die Sequenzierung von Filminhalten und Lerninhalten besonders genau bedacht werden.

4.8 Musik- und Soundelemente

Zu den auditiven Elementen, die in Lernumgebungen zum Einsatz kommen können, gehört neben gesprochener Sprache auch Musik.

Das Design von Audioelementen ist ebenso wie das didaktische Design von Audioelementen noch nicht sehr weit gediehen. Allerdings gibt es seit kurzer Zeit vereinzelte Ansätze, die sich auch mit dem Sounddesign beschäftigen. So nennt Flender (Flender, 2002) einige Funktionen von Musik, die sich für das didaktische Design einsetzen lassen. So sieht er als Möglichkeiten für den Einsatz von Musik die Motivierung des Lerners, Aufmerksamkeitssteuerung, Rückmeldungen, Übergänge zwischen zwei Lernteilen oder auch Aktivierung von Vorwissen (z.B. als Motiv, um ein bestimmtes Wissenselement, z.B. Schauplatz, Zeitabschnitt, Charaktere oder Ereignisse etc. einzuführen und wiederzuerkennen).

Allerdings sollten in jedem Falle die Musikelemente zu den Lerninhalten passen (z.B. Komponist des betreffenden Landes in einer geographischen oder landeskundlichen Lernumgebung). Musik sollte in keinem Falle aber als ständige Geräuschkulisse eingesetzt werden, denn dies wäre eine zusätzliche kognitive Belastung für den Lerner im Sinne des Kohärenz-Prinzips, wonach das Anreichern von Lerninhalten mit interessantem Material das Lernen beeinträchtigen kann (siehe Abschnitt 4.2).

4.9 Zusammenfassung

Multimedia wird zwar immer zugeschrieben, motivierend zu wirken, allerdings stellt sich deswegen eine Lernwirksamkeit nicht von selbst ein. Das Lernen mit Multimedia stellt spezifische Anforderungen im Hinblick auf die kognitive Informationsverarbeitung des Lerners und die Belastung des Arbeitsgedächtnisses. Diese Aspekte werden in den Multimediaprinzipien (Multimediaprinzip, Prinzip der räumlichen Nähe, Prinzip der zeitlichen Nähe, Kohärenzprinzip, Modalitätsprinzip, Redundanzprinzip und Personalisierungsprinzip) empirisch begründet zusammengefasst.

Im Einzelnen ergeben sich für die verschiedenen Medien folgende Empfehlungen. Im Hinblick auf den Einsatz von geschriebenen oder gesprochenen Texten treten Modalitätsunterschiede auf, wenn Text begleitend als Erklärung zu Bildern verwendet wird. Dann sollte besser gesprochener Text verwendet werden (Modalitätsprinzip). Dies lässt sich durch die

4.9 Zusammenfassung

Aufteilung der menschlichen Informationsverarbeitung in einen auditiven und einen visuellen Kanal erklären. Zwei Inhalte im gleichen Kanal verarbeiten zu müssen, bedeutet bei gleichzeitiger Darbietung von geschriebenem und gesprochenem Text als Erläuterung zu einem Bild eine höhere Belastung für einen Kanal und damit eine Beeinträchtigung der Lernleistung (Redundanzprinzip).

Allerdings kann die gleichzeitige Darbietung von gesprochenem und geschriebenem Text durchaus zu einer besseren Lernleistung führen, wenn keine zusätzliche Belastung für den visuellen Kanal durch Bildinformation vorhanden ist.

Ähnlich wie der visuelle Kanal sollte allerdings auch der auditive Kanal nicht zu stark belastet werden. Deshalb sind zusätzliche und nicht relevante auditive Elemente, wie Hintergrundmusik oder Soundelemente, nicht zu empfehlen. Dies lässt sich aus dem Kohärenzprinzip ableiten.

Die Illustration von Text (sofern es sich um textbezogene und relevante Bilder handelt) kann lernwirksam sein, weil Illustrationen unter bestimmten Bedingungen ein schnelleres Verständnis und eine höhere Behaltensleistung in Bezug auf den Lerngegenstand fördern (Multimediaprinzip). Dies lässt sich durch das SOI-Modell erklären, wonach gesprochene Erläuterungen und zugehörige Illustrationen in unterschiedlicher Weise kodiert werden.

Außerdem können Bilder den Aufbau mentaler Modelle im Sinne der Supplantation unterstützen. Sie fungieren als „externe Modelle", die Sachverhalte des Lerngegenstandes abbilden, veranschaulichen und konkretisieren. Durch die Veranschaulichung verringern sie den kognitiven Verarbeitungsaufwand von komplexer Information für den Lernenden.

Illustrationen können weiter auch eine Strukturierungshilfe (Advance Organizer, Pictorial Organizer) sein oder zur Aufmerksamkeitslenkung verwendet werden. Je nach Absicht (Erinnern, Wiedererkennen, visuelle Orientierungshilfe etc.) werden sie dem zugehörigen Text voran- oder nachgestellt.

Allerdings setzt eine Lernwirksamkeit von Illustrationen weiter voraus, dass Bild- und Textinhalte gut aufeinander abgestimmt sind. Auch sollten zusammengehörige Bilder und Erläuterungen (sofern als geschriebener Text) so nah wie möglich beieinander platziert werden (Kontiguitätsprinzip) oder zeitlich so nah wie möglich aufeinander folgen (Prinzip der zeitlichen Nähe, Prinzip der räumlichen Nähe). Denn die physikalische Trennung von Text und Bild erfordert zusätzlich kognitive Ressourcen, um mentale Verknüpfungen aufzufinden.

Weiter muss die behauptete Lernwirksamkeit von Bildern auch insofern eingeschränkt werden als auch hier individuelle Faktoren des Lerners eine wichtige Rolle spielen, z.B. das bereichsspezifische Vorwissen, visual literacy oder Selbstwirksamkeitserwartung.

Die genannten Bildvorteile lassen sich weitgehend auch auf dynamische Visualisierungen (Animationen, Video und Film) anwenden. In Teilbereichen haben Animationen sogar eine höhere Lernwirksamkeit als statische Bilder, denn sie bieten die Möglichkeit zur Raumdarstellung, zum Perspektivenwechsel und zur Interaktion, um beispielsweise Gesetzmäßigkeiten und Wirkzusammenhänge zu erkunden.

Im Hinblick auf Video und Film gibt es noch zusätzliche mediale Besonderheiten. Sie liegen vorwiegend in der Informationsdichte, Realitätsnähe und im Zeitbezug. Außerdem bietet speziell Film noch die Möglichkeit dramaturgische Codes zur emotionalen Filmgestaltung einzusetzen.

5 Virtuelle Realität als Lernraum

Viele bisherige Entwicklungen im Bereich der virtuellen Realität sind stark vom technisch Machbaren geprägt. Gleichwohl gibt es unterschiedliche User Interfaces, die dem Benutzer Zugang zu virtuellen Realitäten geben.

Vielfach verbergen sich hinter virtuellen Realitäten eigentlich Computersimulationen (siehe Abschnitt 5.1). Damit verbunden sind multimodale Ausgabetechniken, die komplexe Sachverhalte visualisieren und sogar künstliche Welten entstehen lassen können, in die ein Betrachter eintreten kann.

Vielfach wird virtuellen Realitäten aber auch vorgehalten, dass die Gefahr der zunehmenden Immersion (siehe Abschnitt 5.2) das Eintauchen in die virtuelle Welt zwar glaubhafter mache, aber gleichzeitig auch die Gefahr einer zunehmenden Abkopplung von der realen, physischen Welt berge.

Gerade der Simulationsbegriff und die Möglichkeit des Eintauchens in die virtuelle Welt machen unter bestimmten Umständen virtuelle Realitäten auch als Lernräume interessant. Denn es steht der Weg offen, Vorgänge und Sachverhalte durch Visualisierung zugänglich zu machen, die sonst überhaupt nicht der menschlichen Wahrnehmung zugänglich wären. Dies kann ein großer Vorteil sein, wenn die Eigenschaften von VR-Räumen in sinnvoller Weise in Lehr-Lern-Prozessen eingesetzt werden (siehe Abschnitt 5.3).

5.1 Virtuelle Realität

Seit einigen Jahren haben virtuelle Realitäten (VR) als Lernräume eine zunehmende Verbreitung gefunden. Virtuelle Realität kann als eine Technologie verstanden werden, die Echtzeit-Interaktion mit dreidimensionalen Computerdaten ermöglicht und im Benutzer das Gefühl des Eintauchens (Immersion) und Teil-Werdens in bzw. mit der virtuellen Welt erzeugt (siehe auch Herczeg, 2004).

Virtuelle Realitäten als Lernräume unterscheiden sich von anderen medial organisierten Lernräumen insbesondere durch die Möglichkeit, Objektdarstellungen räumlich dreidimensional zu organisieren und den Lerngegenstand auf diese Weise zu situieren. Dies geschieht auf der Basis objektbeschreibender Datensätze, wie sie bei der dreidimensionalen Digitalisierung von Gegenständen, Räumen oder Bewegungsformen entstehen. Diese Datensätze lassen sich mit Hilfe von Computerprogrammen in Form von Grafik umsetzen und als dreidimensionale Datenobjekte simulieren. Auf dieser Basis sind virtuelle Realitäten als eine Klasse von Benutzungsschnittstellen aufzufassen, die durch den Einsatz dreidimensionaler, stereoskopischer Computergrafik dem Benutzer die Möglichkeit der dreidimensionalen räumlichen Wahrnehmung der Darstellungen geben.

Somit kann virtuelle Realität als eine vom Computer geschaffene, interaktive, dreidimensionale Umwelt aufgefasst werden, in die ein Lernender eintaucht. Das Besondere ist vor allem, dass der Nutzer diese computergenerierte Umgebung mit seinen Sinnen als real erlebt und dass er mit ihr interagieren kann.

In enger Verbindung mit dieser räumlichen Situierung bieten virtuelle Realitäten je nach Gestaltung der Ein-Ausgabeschnittstelle die Möglichkeit, dass sie vom Lernenden aktiv und selbstgesteuert erkundet werden können. Dabei passt sich die visuelle Präsentation dynamisch dem Explorationsverhalten des Lernenden an, z.B. durch die Veränderung des Standortes oder des Blickwinkels. Dieses dynamische Anpassungsverhalten der VR-Umgebung bewirkt, dass sich der Lerner nicht mehr als externer Betrachter empfindet, sondern als Teil der virtuellen Welt. Er kann in diese Welt eintauchen, in der er sich frei im dreidimensionalen Raum bewegen, mit Objekten interagieren, sie drehen, von allen Seiten und Blickwinkeln betrachten kann. Erst durch das Eintauchen in die Datensätze entspricht das virtuelle Modell der räumlichen Wahrnehmung. Ähnlich dem Eintauchen in ein anderes Element, wie dem Wasser, ist dafür eine „Maske" erforderlich, die in diesem Fall die Wahrnehmung adaptiert.

Aufgrund dieser charakteristischen Kombination von räumlicher Situierung und interaktiver Nutzbarkeit des dargestellten Lerngegenstandes werden virtuellen Realitäten eine Reihe von wissenserwerbsbezogenen Funktionen zugeschrieben, die andere mediale Lernräume nicht übernehmen können (Witmer & Singer, 1998):

- Unmittelbares Engagement (user involvement),
- Direktes visuelles (eventuell auch taktiles) Feedback,
- Immersion,
- Telepräsenz,
- Selbststeuerung.

Aufgrund dieser medialen Besonderheit in Verbindung mit den daran gebundenen Interaktionsmöglichkeiten wird VR-Lernräumen eine besondere Eignung zugeschrieben, wichtige Ansprüche erfüllen zu können, die konstruktivistische Lerntheorien an eine angemessene Lernumgebung stellen (siehe Abschnitt 1.3.3).

Inwieweit allerdings dieser Anspruch eingelöst wird, ist eine andere Frage. Denn in vielen VR-Anwendungen muss zum Teil aufgrund mangelnder Rechenleistung auf Interaktivität verzichtet werden. Außerdem lässt die charakteristische Kombination von räumlicher Situierung und interaktiver Nutzbarkeit eine Reihe von Konsequenzen für die Prozesse der Informationsverarbeitung und des Wissenserwerbs beim Lernenden erwarten. Damit wiederum werden besondere Anforderungen an die lernergerechte Gestaltung und instruktionale Aufbereitung des Lernstoffes gestellt (Schwan & Buder, 2002).

5.2 User Interfaces zu VR-Räumen

Im Hinblick auf die Immersivität sind verschiedene Grundtypen von VR-Systemen zu unterscheiden:

- Immersive Systeme bilden den Idealtypus der VR-Systeme. Hier ist der Nutzer unmittelbar an die virtuelle Umgebung gekoppelt. Er ist von der computergenerierten Welt komplett eingeschlossen und kann sich nur durch Schließen der Augen entziehen. Bedingungen für die Immersion sind die Abschottung gegenüber der Außenwelt, eine umfangreiche Sensorik, eine panoramische Sicht und eine hohe Auflösung der Sinnesdaten.

  Bei Immersion handelt es sich um einen psychologischen Prozess der Modifikation von Wahrnehmungsinhalten, in dem die physikalische Umgebung an Eindrucksqualität verliert oder ganz verschwindet und stattdessen die simulierten Inhalte zu realen Eindrücken werden. Es handelt sich dabei nicht nur um eine sensorische Qualität, sondern um erlebnisbezogene Anteile bei der Nutzung von VR-Systemen.

  Dieses Gefühl des Eintauchens in die virtuelle Umgebung wird durch ein Head-Mounted Display (HMD) mit Stereooptik und einem Sichtfeld größer als 45 Grad sowie die Möglichkeit der Audioausgabe (Kopfhörer) erreicht. Alternativ wird heute häufiger auch eine CAVE verwendet.

  Voraussetzung für die Begehung von Datenräumen sind Sensoren (Tracking-System) zur Feststellung der Raumposition des Betrachters, dessen Bewegung und Blickrichtung. Mit entsprechenden Rechnergeschwindigkeiten muss jede Veränderung der Raumposition, der Blickrichtung und der Fingerbewegung unmittelbar berechnend in Bilder umgesetzt werden. Diese als Echtzeit bezeichnete Reaktionszeit des Rechners ist abhängig von dessen Leistungsfähigkeit, der zu bewegenden Datenmenge und der Bewegungsgeschwindigkeit durch den Benutzer.

- Telepräsenz-Systeme verbinden Remote-Sensoren (wie Video, Druck, Wärme) in der realen Welt (z.B. an einem vom Nutzer ferngesteuerten Roboter angebracht) mit den Sinnesorganen eines menschlichen Operators. Hierzu gehören beispielsweise Telerobotics-Anwendungen in der Raumfahrt oder in der medizinisch-invasiven Chirurgie.

- Augmented Reality Systeme ist die Bezeichnung für eine Mischung aus VR- und Telepräsenz-Systemen. Solche Systeme mischen computergenerierte Daten mit der realen Weltsicht des Nutzers. Beispiele finden sich in vielen Anwendungsbereichen, z.B. in der Medizin, wo die Operation durch eine spezielle Kamera betrachtet werden kann, wobei die Bilder mit Computerdaten (z.B. Ultraschallanzeigen) überlagert werden. Hier handelt es sich um eine Art Einbettung von digitalen Medien in die physikalische Welt, die auch als Tangible Media bezeichnet wird (siehe auch Herczeg, 2004). Sie haben den Anspruch, virtuelle Objekte mit der Sensomotorik und damit der Körperlichkeit des Menschen zu verbinden.

- Fish-Tank VR-Systeme: Diese 3D-Anwendungen ähneln in ihrem Erscheinungsbild einem großen Aquarium. Der Nutzer sieht durch stereoskope Bildausgabe und eine Liquid Crystal Display-Brille (LCD-Brille) auf dem Monitor räumliche Bilder, wobei seine Position durch so genannte Tracking-Systeme bestimmt wird. Der Nutzer kann in solchen Systemen sozusagen über ein Fenster in die virtuelle Welt schauen und mit den dortigen Objekten interagieren.

- Eine weitere Unterscheidung für VR-Systeme ist darüber möglich, ob dem Nutzer Erlebnisse in der ersten oder in der dritten Person vermittelt werden. Bei der first-person Perspektive erlebt der Nutzer das Geschehen direkt aus der Sicht der Spielfigur (Johnson, Moher, Olsson & Gillingham, 1999). Bei der third-person Perspektive hingegen überträgt der Nutzer seine Aktionen auf eine (Spiel-) Figur oder eine Videoprojektion seiner selbst, die stellvertretend in der VR-Welt agiert.

5.3 Wissenserwerb in VR-Lernräumen

In virtuellen Realitäten sind Lernende mit einem Lernraum konfrontiert, der dreidimensional räumlich organisiert ist, der aktiv und selbstgesteuert erkundet werden kann und dessen visuelle Erscheinung sich dynamisch der Interaktion mit dem Benutzer anpasst. Diese Eigenschaften tragen vorwiegend dazu bei, virtuelle Realitäten grundlegend von anderen Medien zu unterscheiden.

5.3.1 Realitätsnähe und Abbildungstreue

Virtuelle Realitäten haben mit anderen medialen Darstellungsformen (Foto, Bewegtbild) gemeinsam, dass sie einen hohen Anschaulichkeitsgrad und eine hohe Realitätsnähe haben. So bieten virtuelle Realitäten die Möglichkeit, gegenständliche Sachverhalte realitätsgetreu abzubilden. Durch die Möglichkeit der dreidimensionalen Verräumlichung gehen sie aber einen Schritt weiter als die analogen Bildmedien. Denn durch die Dreidimensionalität ist ein höherer Detaillierungsgrad, eine Perspektivierung und Situierung des Lerngegenstandes verbunden.

Dreidimensionalität und Situierung des Lerngegenstandes
Durch die dreidimensionale Darstellung in virtuellen Realitäten kann ein höherer Detail- und Realismusgrad der Abbildung erreicht werden als bei zweidimensionalen Darstellungen. Damit ist häufig eine höhere Eindeutigkeit und Klarheit in der Darstellung verbunden. Beispielsweise können Punkte innerhalb eines zweidimensionalen Raumes nicht in gleicher Weise eindeutig interpretiert werden wie im dreidimensionalen Raum der virtuellen Realität (Schwan & Buder, 2002).

5.3 Wissenserwerb in VR-Lernräumen

Aufgrund der dritten Dimension hat der Lerner auch neue Interaktionsmöglichkeiten, insbesondere kann er den Gegenstand drehen und von verschiedenen Perspektiven aus betrachten und inspizieren.

Beispiele für VR-Lernräume mit hoher Realitätsnähe und Abbildungstreue sind:

- Organvisualisierungen in der medizinischen Ausbildung.

- Museumsanwendungen zur Gestaltung interaktiver Ausstellungen. Ein Beispiel ist „The Virtual Habitat" (Bowman, Wineman, Hodges & Allison, 1998), der als Gestaltungsraum organisiert ist, in dem Lernende in eine virtuelle Zoo-Ausstellung eintauchen und virtuelle Designtools verwenden können. Sie können damit das Terrain verändern, die Platzierung von Felsen und Bäumen variieren und die Örtlichkeiten von verschiedenen Blickwinkeln aus betrachten.

- In den Bereichen Technik, Architektur und Design gehört VR mittlerweile zu den Standardverfahren, die bei der Entwicklung und Konstruktion zum Einsatz kommen. Dazu gehört beispielsweise die Rekonstruktion historischer Gebäude oder die prospektive Konstruktion von zu erstellenden Gebäuden. Die durch VR simulierten Räume können „begangen" werden, so dass die baulichen Besonderheiten unmittelbar aus der Perspektive der Bewohner erfahren werden können.

- Mit Flugsimulatoren und Pilotentraining begann die Nutzung von VR in Ausbildung und Training.

- Auch bei Simulationen ist VR ein wichtiges Visualisierungsmittel, z.B. Steuerungszentrale eines Atomkraftwerkes (Rose, Attree, Brooks, Parslow, Penn & Ambihaipahan, 2000).

- Virtuelle Labore sind Microwelten, innerhalb derer der Lerner Experimente durchführen und die Ergebnisse beobachten kann (Dede, Salzman & Loftin, 1996a, 1996b). Solche virtuellen Labore sind insbesondere dann hilfreich, wenn die entsprechenden Experimente in der realen Laborumgebung entweder zu teuer, zu gefährlich oder nicht durchführbar wären, z.B. in Anwendungsgebieten wie Aerodynamics oder Nuklearphysik.

Dabei existieren allerdings unterschiedliche Ansätze für die Realisierung des Konzepts Labor. Sie beginnen bei 2D-Ansätzen, innerhalb derer die Interaktion auf HTML-Java-Elementen basiert. Andere Ansätze gehen von einem 3D VRML-Modell aus, welches die eigentliche Laborumgebung repräsentiert, innerhalb derer die Labornutzer Experimente ausführen und mittels cgi-scripts und durch Java-Applikationen erweiterten HTML-Seiten mit Elementen der Laborumgebung interagieren. Wieder andere Labore haben eine vollständig dreidimensionale Umgebung, in die der Lernende durch Immersion eintauchen kann, um mit den 3D-Objekten zu interagieren.

Interaktion und Perspektivierung

Zum Realismus solcher VR-Umgebungen gehört, dass perzeptuelle Invarianten (Gibson, 1979) der Umgebung erhalten bleiben, z.b. dreidimensionale Raumverhältnisse oder dynamische Veränderungen aufgrund der Eigenbewegung des Benutzers. VR erlaubt somit nicht nur Daten als Modelle und Objekte in einem abbildungstreuen, situierten dreidimensionalen Format zu betrachten, sondern auch mit diesen Modellen zu interagieren. Dazu gehört beispielsweise die relative Größe des Objektes zu verändern oder die Perspektive zu wechseln, aus welcher der Lerner das Modell erkundet.

Durch die VR-Technologie lassen sich also auf dem Rechner dreidimensionale Umgebungen simulieren, die man in ihren einzelnen Abschnitten durch aktive Exploration selbständig erfahren kann. Der Grad, mit welchem sich dem Nutzer allerdings der Eindruck vermittelt, sich im realen Raum zu bewegen, hängt vom jeweiligen User Interface ab (siehe Abschnitt 5.2). Dabei lässt sich zwischen der so genannten „Desktop-Virtual-Reality" und der „Immersive-Virtual-Reality" differenzieren. Im Unterschied zur Desktop-VR, in der man zwar die dreidimensionale Umgebung wahrnehmen aber nicht in sie eintauchen kann, stehen bei der immersiven VR besondere Ausgabegeräte zur Verfügung. Sie ermöglichen ein Eintauchen in den virtuellen Raum, so dass die Außenreize der natürlichen Umgebung nicht mehr wahrgenommen werden können. (Roussos, Johnson, Moher, Leigh, Vasilakis & Barnes, 1999).

Eine Vielzahl von potenziellen Handlungsmöglichkeiten gibt den Lernern einerseits einen großen Spielraum zur Exploration. Andererseits ist die Offenheit bezüglich der Handlungsmöglichkeiten auch mit zusätzlichen kognitiven Belastungen verbunden, denn es müssen vielfältigere Handlungsmöglichkeiten selektiert, realisiert und memoriert werden. Dies wiederum kann aber die elaborierte Verarbeitung des eigentlichen Lernstoffes verringern und damit die kognitive Belastung erhöhen (siehe Abschnitt 2.1). Deshalb erfordert die Gestaltung von Lernerfahrungen in der virtuellen Welt eine Festlegung von Anzahl und Art der Handlungsmöglichkeiten, die dem Lernenden zur Verfügung gestellt werden.

Ein besonderes Problem stellen die Betrachtungsperspektiven dar, die dem Lernenden angeboten werden. Im Hinblick auf die mit den Explorationsmöglichkeiten verbundenen Betrachtungsperspektiven hat sich bewährt, dem Lernenden sowohl die Außensicht auf den Sachverhalt (exocentric frame of reference) als auch die Innensicht (egocentric frame of reference) auf einen Gegenstand zu ermöglichen (Salzman, Dede & Loftin, 1999). Dies schließt ein, dass der Lernende zwischen beiden Perspektiven hin und her wechseln kann, wobei jedoch Lernende, die mit dem egocentric frame nicht vertraut sind, Probleme mit der Wissensanwendung in dieser Sicht haben (Schwan & Buder, 2002).

Diese unterschiedlichen Betrachtungsperspektiven schließen auch ein, dass in der virtuellen Welt Betrachtungsmöglichkeiten gegeben werden, die in der realen Welt in dieser Form nicht möglich sind, z.B. aus der Sicht der beteiligten Objekte (Dede, Salzman & Loftin, 1996). Eine völlig freie Wahl des Blickwinkels kann aber gerade bei dynamischen Geschehensabläufen dazu führen, dass der Lernende eine suboptimale Betrachtungsperspektive wählt und dadurch einen unzutreffenden Eindruck vom Lerngegenstand bekommt. Dieses Vorgehen könnte wiederum auch mit einer Beeinträchtigung des Wissenserwerbs verbunden sein. Deshalb finden sich zunehmend virtuelle Realitäten, bei denen der Lernende durch expertengesteuerte Wahl von Blickwinkeln unterstützt wird.

5.3 Wissenserwerb in VR-Lernräumen

Neben der Betrachtungsperspektive sind auch die Verhaltensformen, die in dem VR-Lernraum angeboten werden, ein wichtiger Faktor, um die kognitive Belastung des Lernenden durch das User Interface möglichst gering zu halten. Eine Reihe von empirischen Studien hat gezeigt, dass ein positiver Transfer des motorischen und prozeduralen Wissens auf reale Situationen erreicht werden kann, wenn Handlungsfolgen der virtuellen Welt mit solchen der realen Welt übereinstimmen, d.h. möglichst „natürlichen Verhaltensformen" entsprechen (Rose, Attree, Brooks, Parslow, Penn, & Ambihaipahan, 2000). Sie schließen aber Interaktionsmöglichkeiten aus, die durch die spezifischen Eigenschaften virtueller Realitäten möglich wären. Dazu gehören beispielsweise „metaphorische" Handlungen (in der NICE-Umgebung können Kinder beispielsweise eine Wolke ergreifen und über eine Pflanze ziehen, um sie zu bewässern (Roussos, Johnson, Moher, Leigh, Vasilakis & Barnes, 1999). Dazu gehören auch die Positionierung „virtueller Geräte" (z.B. Videorekorder, um ein Geschehen in der VR protokollieren zu können) oder textbasierte bzw. ikonische Menüs, die ein Nutzer in sein Blickfeld einblenden und aus deren Handlungen er auswählen kann (Dede, Salzman & Loftin, 1996b).

Vor- und Nachteile im Hinblick auf die Unterstützung des Lernprozesses
Wie bereits im Abschnitt 4.5 für bildlich-analoge Präsentationsformen festgestellt, sind im Hinblick auf die Lernwirksamkeit Vorteile von abbildungstreuen Darstellungen (im Vergleich zu nur textuell dargebotenem Material) zu erwarten (Clark & Paivio, 1991). Die Lernvorteile resultieren aus unmittelbar wahrnehmungsbasierten Inferenzen und aus der Erhaltung perzeptueller Invarianten. Während Inferenzen in Texten in kognitiv aufwändiger Weise gebildet werden müssen, erlaubt die analoge Darstellung von Sachverhalten, aufgrund von Wahrnehmungsgegebenheiten diese Inferenzen zu bilden (Larkin & Simon, 1987). Dies kann man auch für VR-Umgebungen annehmen.

Andererseits sind, wie für andere abbildungstreue Medien (z.B. Fernsehen, siehe Weidenmann, 1989), auch für VR-Umgebungen mit hohem Detail- und Realismusgrad der Darstellung einige Nachteile hinsichtlich der kognitiven Informationsverarbeitung des Lerners anzunehmen. In Medien mit hohem Realismusgrad werden die dargestellten Lerninhalte in geringerem Maße elaboriert und regen daher auch in geringerem Maße die reflektierte mentale Verarbeitung an.

Zudem bedingt ein hoher Darstellungsrealismus gleichzeitig die Präsentation vielfältiger, aber nicht lernrelevanter Informationen. Dadurch besteht die Gefahr, dass die Lerner die relevante Information nicht identifizieren, von wichtigen Aspekten abgelenkt werden und infolgedessen ihre Aufmerksamkeit nicht auf die lernrelevanten Merkmale der Darstellung fokussieren (Peeck, 1994).

VR-Lernumgebungen stellen aus der Sicht konstruktivistischer Lernumgebungen (Lave, 1988) geeignete Lernumgebungen dar, die Situierung, Authentizität und Kontextualisierung ermöglichen. Sie begründen dies mit der Möglichkeit zur Verräumlichung und der damit verbundenen erhöhten Präsenz, von der eine größere Unmittelbarkeit der Lernerfahrung im Sinne des „experiental learning" (erfahrungsbasiertes Lernen) erwartet wird. Darüber hinaus knüpfen verräumlichte Darstellungen unmittelbar an die perzeptuelle Alltagserfahrung (z.B. bleiben perzeptuelle Invarianzen erhalten) an, können damit authentischer vermittelt werden als dies mit anderen Medien möglich wäre. VR-Lernräume bieten damit auch größere Kontextualisierungsmöglichkeiten (Winn & Jackson, 1999). Diese größere Unmittelbarkeit der Lernerfahrung gilt graduell umso mehr, je mehr Bedingungen der Immersion erfüllt sind (siehe Abschnitt 5.2).

5.3.2 Vereinfachung und Abstraktion

Wie im vorausgehenden Abschnitt bereits erwähnt, ist eine fotorealistische Darstellung des Lerngegenstandes nicht immer von Vorteil. In bestimmten Situationen kann es didaktisch sinnvoller sein, irrelevante Details des Lerngegenstandes auszublenden und stattdessen lernrelevante Details hervorzuheben, um die Aufmerksamkeit des Lerners zu fokussieren. Unter solchen Voraussetzungen können vereinfachende Darstellungen als „kognitive Werkzeuge" wirken, um bestimmte Abstraktionsprozesse vorzuführen, die der Lernende ohne diese Abbildung alleine vornehmen müsste (Schwan & Buder, 2002). Durch solche Darstellungen werden mentale Verarbeitungsprozesse im Sinne der Supplantationstheorie (Salomon, 1979) extern modelliert, die dann vom Lerner internalisiert werden können (siehe Abschnitt 4.4.3).

Neben der Möglichkeit zur fotorealistischen Abbildung bieten virtuelle Realitäten aber auch die Möglichkeit der abstrahierenden Abbildung (Schwan & Buder, 2002). Ein Beispiel für eine solche Darstellungsform wäre eine dreidimensionale interaktive Veranschaulichung des menschlichen Gehirns, welches nicht fotorealistisch, sondern grafisch vereinfacht dargestellt wird. Dies kann insofern als Abstraktionsprozess verstanden werden als Objekte bzw. Sachverhalte dargestellt werden, die den menschlichen Sinnen in der Realität nicht unmittelbar zugänglich sind. Auf diesem Gebiet steckt in VR-Lernumgebungen ein hohes didaktisches Potenzial.

Ein wichtiges Vereinfachungsprinzip ist die Skalierung. Skaliert werden können Größenverhältnisse oder zeitliche Vorgänge. Größenskalierungen sind dann sinnvoll, wenn der Lerngegenstand zwar gegenständlich ist, aber zu groß oder zu klein, um vom Auge wahrgenommen zu werden, z.B. Sonnensystem oder menschliche Zelle. Der Lerner kann in VR-Lernräumen sogar ein Atom oder ein Elektron „begehen". Die Skalierung zeitlicher Vorgänge bietet sich an, wenn diese gedehnt oder gerafft dargestellt werden sollen.

Auch schließen sich abbildungstreue und schematisierende Veranschaulichungen nicht notwendigerweise aus. Sie können sich beispielsweise in Form von Überlagerung oder Überführung der einen Form in die andere ergänzen, z.B. indem sich ein schematischer Grundriss vor den Augen des Lerners sukzessive in ein dreidimensionales Gebäude verwandelt (Schwan & Buder, 2002). Solche multiple Darstellungsformate können zum besseren Verständnis, zu einer tieferen Verarbeitung und damit zu einem besseren Behalten des betreffenden Sachverhaltes führen.

5.3.3 Konkretisierung

Während abbildungstreue und schematisierende Veranschaulichungen gegenständliche Sachverhalte darstellen, beziehen sich konkretisierende Veranschaulichungen auf die Darstellung abstrakter Sachverhalte (Schwan & Buder, 2002). Es handelt sich dabei häufig um für den Menschen in der realen Umgebung nicht wahrnehmbare Sinnesdaten oder Theorien. Diese werden durch Sinneskalierung (transduction) oder Verdinglichung (reification) in Objektform überführt und dadurch für den Lernenden sichtbar, hörbar oder tastbar gemacht.

Beispiele finden sich insbesondere in mathematisch-naturwissenschaftlichen Lernkontexten, z.B. zur Darstellung von physikalischen Konzepten wie Beschleunigung oder elektrischen Feldern (siehe VR-Umgebung „Newton World, Maxwell World", siehe Salzman, Dede, Loftin & Chen, 1999) oder zur Darstellung mathematischer Funktionen als dreidimensionalen Landschaften. Ohne die Darstellungsmöglichkeit in der VR-Lernumgebung müsste der Lerner von dem betreffenden Vorgang oder Sachverhalt selbständig ein mentales Modell generieren, anhand dessen er dann die abstrakte Information manipulieren könnte, um anhand dieser Modellvorstellung den Lerngegenstand zu verstehen. Ob dieser Vorgang gelingt oder nicht gelingt, hängt sehr stark von der Vorstellungskraft und der Fähigkeit des Lerners ab, solche mentale Vorstellungsbilder zu erzeugen.

Der mentale Aufwand, um konkretisierende Veranschaulichungen zu verstehen, ist im Vergleich zu symbolischen Darstellungen wie Texten oder Formeln relativ gering. Es sind insbesondere perzeptuelle Prozesse der Mustererkennung und Mustervervollständigung notwendig.

Allerdings stellen konkretisierende Veranschaulichungen andererseits höhere Anforderungen an die Vorkenntnisse der Lernenden. Denn sie erfordern zusätzliche Übersetzungsschritte zwischen dem zugrunde liegenden abstrakten Sachverhalt, seiner analog-räumlichen Darstellung und dem resultierenden mentalen Modell. Um diese Übersetzungsschritte zu unterstützen, bedarf es einer Kopplung der konkretisierenden Veranschaulichung an ein interaktives Handlungsrepertoire. So kann das Verständnis einer mathematischen Funktion insbesondere dadurch gefördert werden, dass der Lernende den Wert einer Funktion eingeben kann und anschließend das Ergebnis visualisiert wird. Der Lernende kann dadurch seine Hypothesen testen, iterativ verifizieren und die Ergebnisse anhand von Veränderungen in der Visualisierung betrachten.

5.3.4 Metaphorisierung

Eine weitere Möglichkeit zur Darstellung abstrakter Sachverhalte ist die metaphorische Veranschaulichung in virtuellen Realitäten.

Eine Metapher (siehe auch Abschnitt 6.1) stellt die zu lernenden semantischen Relationen zwischen abstrakten Konzepten dar, indem sie auf reale und dem Lernenden vertraute Objekte und deren semantische Relationen zurückgreifen. Die Beziehungen, die bei dem vertrauten Modell in einem dem Lerner bekannten Wirklichkeitsbereich bestehen, werden als Analogiemodell genutzt, um den neuen und abstrakten Sachverhalt zu beschreiben (Schwan & Buder, 2002).

Ein Beispiel ist die VR-Umgebung WhizLow (Lester, Stone & Stelling, 1999), welche die Funktionsweise eines Motherboards visualisiert. Hierzu wird eine Metapher benutzt. Der

Zielbereich, nämlich das Motherboard zu erklären, wird durch eine Analogie aus dem Basisbereich der realen Welt erklärt. Die Analogie basiert auf der Darstellung einer virtuellen Person, die Datenpakete zwischen verschiedenen Häusern hin- und herträgt. Diese Tätigkeit soll Prozesse wie die Kompilierung oder das Zwischenspeichern in Registern verdeutlichen.

Durch die Nutzung von Analogiemodellen in metaphorischen Veranschaulichungen werden die perzeptuellen und kognitiven Verarbeitungsprozesse der Lernenden gezielt beeinflusst. Dies hat einerseits Vorteile, wie kognitionspsychologische Untersuchungen über die Mächtigkeit von Analogien und Metaphern beim Erwerb von konzeptuellem Wissen belegen (Gick & Holyoak, 1980). So fördert die Verwendung von Metaphern die Bildung von Inferenzen und ermöglicht analogen Transfer.

Allerdings liegt eben darin auch ein großes Problem bei der Verwendung von Metaphern, nämlich die Auswahl geeigneter Metaphern und die konkrete Gestaltung der Metapher. Eine Metapher ist zwar ein Analogiemodell, bei dem Elemente, deren Beziehungen und Attribute aus dem Basisbereich (bekannter Bereich) in den Zielbereich (zu lernender Bereich) übertragen werden. Allerdings ist die Metapher kein reines Analogiemodell. Es wird nur ein Teil der Eigenschaften und Relationen aus dem Basisbereich in den Zielbereich übertragen. Dadurch kann es leicht zu Fehlkonzepten oder Übergeneralisierungen seitens des Lernenden bei der Interpretation der Metapher kommen (Winn & Jackson, 1999). Denn die Eigenschaften und Relationen, die der Erfinder der Metapher übertragen hat, müssen nicht unbedingt dem entsprechen, was der Interpret der Metapher auch meint. Er kann beispielsweise annehmen, dass auch die eine oder andere Eigenschaft oder Relation übertragen wurde, an die er denkt und die er für wichtig hält. Dadurch können Schwierigkeiten im Verständnis der Metapher und damit der Erklärung auftauchen.

Darüber hinaus kann die Metapher auch den Blick auf anderes verstellen, weil sie vielleicht nur zur Erklärung bestimmter Eigenschaften und Relationen des Zielbereiches geeignet ist. Andere Eigenschaften und Relationen, die auch im Zielbereich vorhanden wären, kann sie aber nicht erfassen, da dies im Basisbereich nicht angelegt ist. So kann es passieren, dass eine Metapher nicht mächtig genug ist, um alle wichtigen Eigenschaften des Zielbereiches zu erklären, und damit andere Erklärungsmodelle bzw. Darstellungsmodelle notwendig werden.

5.4 Lerntheoretische Grundlagen im Zusammenhang mit VR

Die Möglichkeiten der Virtual Reality Technologien scheinen aus der Sicht konstruktivistischer Lerntheorien einige Anforderungen an Lernumgebungen zu erfüllen (siehe Abschnitt 1.3.3). Dazu gehören

- Situiertes Lernen (Lave & Wenger, 1991; Mandl, Gruber & Renkl, 2002).
- Transferorientiertes Lernen (Cognition and Technology Group at Vanderbilt, 1997) und damit die Vermeidung trägen Wissens.

- Selbstgesteuertes Lernen und kooperatives Lernen (Hesse, Garsofsky & Hron, 2002).

Beim Wissenserwerb mit herkömmlichen Medien, z.B. einer Vorlesung zuhören, wird meist durch Assimilationsprozesse gelernt. Neuere konstruktivistisch-orientierte Lerntheorien gehen aber davon aus, dass Lernprozesse erfolgreicher verlaufen, wenn die Lerner ihr Wissen in learning-by-doing Situationen durch entdeckendes Lernen aktiv konstruieren müssen.

5.4.1 Unterstützung des situierten Lernens

Im Hinblick auf diese konstruktivistische Forderung haben VR-Umgebungen Eigenschaften, die eine Unterstützung des entdeckenden Lernens und der aktiven Wissenskonstruktion erwarten lassen.

Dazu gehört, dass dem Lerner eine Erfahrungs- und Explorationsumgebung geboten werden kann, in die er physisch und perzeptuell eingebunden ist und in der er auch physisch und perzeptuell Erfahrungen machen kann. Dies ist insbesondere in immersiven Umgebungen der Fall, wenn die ganze Bandbreite des sensorischen Inputs gegeben ist. Eine Lernwirksamkeit wird insbesondere dann erwartet, wenn das Erkunden einer solchen virtuellen Welt an spezifische, möglichst authentische Aufgabenstellungen geknüpft ist. Denn dadurch wird den Lernenden eine integrative und elaborative Verarbeitung der in der Lernumgebung verfügbaren Information abverlangt (Cognition and Technology Group at Vanderbilt, 1997).

Neben dieser physischen und perzeptuellen Eingebundenheit in die Lernumgebung bieten VR-Welten als Erfahrungswelten noch weitere Besonderheiten, die in der realen Welt nicht möglich wären:

- Veränderung der Größenverhältnisse (size) zwischen dem Lernenden und dem virtuellen Objekt. Beispielsweise kann ein Lernender die relative Größen und Relationen von Planeten im Sonnensystem verändern, was er ohne diese Modellbildung nicht könnte. Oder ein Lernender kann ein Atom begehen und dort Elektronen in ihren Umlaufbahnen betrachten. Er kann weiter die Valenz der Atome verändern und deren Fähigkeit zu Molekülverbindungen.

- Umwandlung (transduction): VR bietet die Möglichkeit, Information sichtbar zu machen, die andernfalls nicht sichtbar und den menschlichen Sinnen nicht zugänglich wäre. Beispielsweise kann Farbgebung in der virtuellen Realität verwendet werden, um die Bewegung von Sauerstoff durch die Umwelt zu visualisieren.

- Reification: VR bietet die Möglichkeit, wahrnehmbare Repräsentationen von Objekten zu erzeugen, die keine physikalische Erscheinung in der realen Welt haben, z.B. mathematische Gleichungen.

VR bietet auch für solche Gegebenheiten die Möglichkeit des learning-by-doing, wo sonst aufgrund physikalischer Beschränkung, aufgrund von Sicherheitsbeschränkungen oder anderer Beschränkungen Grenzen gesetzt wären. Sie schafft damit Zugänge, die sonst nicht gegeben wären, z.B. zu einem Kernkraftwerk, chemischen Prozessen etc. (Schwan & Buder, 2002).

Aufgrund der oben genannten Besonderheiten, können VR-Welten die Möglichkeit des „guided inquiry" und „experiental learning" (Erfahrungslernen) anbieten. D.h. Lerner können schwierige Konzepte selbst erkunden, indem sie Experimente ausführen oder Parameter eingeben, die Ergebnisse beobachten und daraus eigene Rückschlüsse bilden.

5.4.2 Unterstützung des transferorientierten Lernens: Cognitive Flexibility

Weiter wird virtuellen Realitäten als Lernumgebungen auch zugeschrieben, dass sie zum transferorientierten Lernen (Cognition and Technology Group at Vanderbilt, 1997) und damit zur Vermeidung trägen Wissens in besonderem Maße beitragen können. Hierzu müssen allerdings die Aufgabenstellung und die Strukturierung der Lernerfahrung in der VR-Welt geeignet modelliert sein.

Wichtig ist vor allem, dass die Lerner sich nicht ziellos in der VR-Welt bewegen, sondern Lernziele verfolgen, die entweder explizit oder implizit durch eine Aufgabenstellung spezifiziert sind. Im Sinne der Cognitive Flexibility Theory (Spiro & Jehng, 1990) sollen die Aufgabenstellung beim Erkunden einer VR-Umgebung und damit die Lernerfahrung in verschiedene Abschnitte oder Lernepisoden gegliedert sein. Auf diese Weise erhält der Lerner für den Prozess des Wissenserwerbs überschaubare und bewältigbare Einheiten, die ihn kognitiv entlasten (Schwan & Buder, 2002).

Wesentlich für die Strukturierung der Lernaufgabe ist weiter auch die Anordnung der Lernepisoden. Häufig anzutreffen ist die Anordnung verschiedener Lernbereiche durch aufsteigende Komplexität. Ein Beispiel dafür bietet die VR-Anwendung „Design-a-Plant", in der der Lernende Pflanzen aus vorgegebenen Teilelementen bauen kann, die optimal an die in der jeweiligen Realität herrschenden Umweltbedingungen angepasst sind. Die Lerner beginnen dabei mit Welten, bei denen nur wenige Umweltparameter zu berücksichtigen sind und schreiten nach deren erfolgreicher Bewältigung zu komplexeren Welten mit mehr Umweltparametern fort (Lester, Towns & Fitzgerald, 1999).

Eine andere Möglichkeit, die Lernwelt zu strukturieren, ist eine thematische oder ähnlichkeitsbezogene Anordnung des Lehrstoffes, wie sie beispielsweise in virtuellen Museen durch die Raumteilung erreicht wird (Spiro & Jehng, 1990). Eine sinnvolle Abfolge der Lerneinheiten könnte in diesem Kontext beispielsweise durch die Verbindung der Räume gewährleistet sein (Schwan & Buder, 2002).

Wiederum eine andere Strukturierungsmöglichkeit wäre, den Lernenden in eine fortschreitende Erzählung (siehe Abschnitt 6.3.1) einzubinden. Lerninhalte werden in diesem Fall durch einzelne erzählerisch miteinander verknüpfte Szenen vermittelt. Ein Szenenwechsel erfolgt immer dann, wenn der Lernende in einer Szene bestimmte Handlungen und Aufgaben vollzogen hat (Mallon & Webb, 2000). Die Einbettung in eine solche Erzählstruktur liefert ein übergeordnetes Schema zur Integration einzelner Wissenskomponenten. Darüber hinaus besteht die Chance, dass die Geschichte Interesse weckt und zur Auseinandersetzung mit dem Lernstoff anregt (Cognition and Technology Group at Vanderbilt, 1997).

Wissenserwerb in interaktiven Welten erfordert nicht nur eine angemessene Handlungsführung, sondern braucht auch angemessene Handlungspläne, Reflektion und Elaboration von Erfahrungen. Lernende sind diesbezüglich allerdings häufig überfordert, wie v.a. aus der Forschung zu Simulationswelten bekannt ist. Ein großer Anteil von Lernern hat Schwierigkeiten prüfbare Hypothesen zu generieren, hypothesenangemessene Prüfverfahren zu entwickeln, und die Daten angemessen zu interpretieren. Der Lernprozess in virtuellen Simulations- und Konstruktionswelten sollte deshalb angereichert werden mit angemessenen Hilfestellungen sowie Mechanismen der Wissensdiagnose.

Solche wissenserwerbsbezogenen Hilfestellungen müssen nicht notwendigerweise direkt in die virtuelle Welt eingebunden sein, sondern können auch in einen vor- und nachbereitenden Unterrichtskontext (im Sinne von Blended Learning) eingebettet sein (Bowman, Wineman, Hodges & Allison, 1999) oder durch zusätzliche Hilfefunktion in kontextsensitiver Weise innerhalb der VR-Welt angeboten werden. In einer Umgebung von Lester et al. (Lester, Towns & FitzGerald, 1999) wird der Lerner beispielsweise von einem animierten pädagogischen Agenten (siehe Abschnitt 6.2.1) begleitet, der ihm auf der Grundlage des gegenwärtigen Standes der Problemlösung und seiner bisher erfolgten Handlungen bei Bedarf Hilfestellungen und Rückmeldung gibt.

Hilfestellungen sind außerdem auch besonders wirksam in gestufter Form (von Hinweisen auf allgemeine Prinzipien des Problemlösens bis hin zu konkreten Lösungsvorschlägen) und in multimodaler Form (je nach Situation als gesprochener Kommentar, als geschriebener Text oder als Animation). Außerdem können Agenten in die Umgebung integriert werden, die die Prinzipien des Scaffolding und des Fading anwenden, wie sie aus dem Ansatz des Cognitive Apprenticeship (siehe Abschnitt 1.4.1) bekannt sind (Collins, Brown & Newman, 1989).

5.5 Zusammenfassung

In virtuellen Realitäten sind Lernende mit einem Lernraum konfrontiert, der dreidimensional räumlich organisiert ist, der aktiv und selbstgesteuert erkundet werden kann und dessen visuelle Erscheinung sich dynamisch in der Präsentation dem Blickwinkel oder dem Standort des Benutzers anpasst.

Virtuelle Realitäten bieten eine hohe Realitätsnähe im Hinblick auf die Detaillierung, die Perspektivierung und die Situierung des Lerngegenstandes. Damit kann einerseits eine höhere Eindeutigkeit und Klarheit der Darstellung erreicht werden, bei der auch perzeptuelle Invarianten (z.B. dreidimensionale Raumverhältnisse, dynamische Veränderungen aufgrund der Eigenbewegung des Betrachters) erhalten bleiben. Damit ist eine Anknüpfung der dreidimensionalen Welt an die perzeptuelle Alltagserfahrung des Lerners gegeben, die auch eine Unmittelbarkeit der Lernerfahrung im Sinne des „experiental learnings" ermöglicht.

Andererseits aber bergen gerade die potenziellen Handlungsmöglichkeiten des Lerners in der dreidimensionalen Welt die Gefahr der zusätzlichen kognitiven Belastung. Dabei stellt insbesondere die perspektivische Freiheit ein besonderes Problem dar. Denn beispielsweise können in einer virtuellen Welt auch Betrachtungsperspektiven gegeben sein, die in der realen Welt nicht vorhanden sind. Um die kognitive Belastung für den Lerner durch diese und ähnliche Besonderheiten möglichst gering zu halten, wird empfohlen, dass Verhaltensformen angeboten werden, die dem normalen und nahe liegenden Verhalten möglichst nahe kommen.

Zudem hat ein hoher Detaillierungsgrad auch insofern einen Lernnachteil als häufig die dargestellten Inhalte in geringem Maße elaboriert werden. Außerdem besteht die Gefahr der Ablenkung von den wesentlichen Aspekten des Lerngegenstandes durch unwichtige Details.

Dennoch bergen virtuelle Realitäten ein hohes didaktisches Potenzial. Denn neben der Möglichkeit zur hohen Detailgenauigkeit besteht auch die Möglichkeit zur Ausblendung unwichtiger Details und damit zur Vereinfachung und Abstraktion. Dies kann für den Lerner auch eine Hilfestellung im Sinne der Supplantation bedeuten.

Weitere didaktische Möglichkeiten bestehen in VR-Räumen durch Skalierung von Größenverhältnissen und zeitlichen Vorgängen. Es können außerdem für den Menschen in seiner realen, physischen Umgebung nicht wahrnehmbare Sinnesdaten oder Theorien konkretisiert werden. Auch dies kann eine Hilfe für den Lerner darstellen, ein mentales Modell für die Manipulation sonst sehr abstrakter Information zu bilden.

Außerdem geben virtuelle Realitäten auch die Möglichkeit zur metaphorischen Veranschaulichung. Sie fördern damit die Bildung von Inferenzen und Transferleistungen. Aber es besteht hier auch die Gefahr der Übergeneralisierung und der Verstellung des Blickes auf andere Eigenschaften.

Generell scheinen zumindest die Möglichkeiten der VR-Technologien einige Anforderungen konstruktivistischer Lerntheorien an lernförderliche Lernräume zu erfüllen. Dazu gehört die Unterstützung des situierten Lernens, weil sie aufgrund physischer und perzeptueller Einbindung eine Explorationsumgebung für physische und perzeptuelle Erfahrungen bieten. Dazu gehört auch, dass virtuellen Realitäten eine Unterstützung für das transferorientierte Lernen bieten und damit trägem Wissen vorbeugen können. Allerdings bedarf es hier einer geeigneten Aufgabenstellung und Strukturierung des Lernstoffes in Episoden oder einer Einbindung in eine fortschreitende Geschichte.

Diese Eigenschaften tragen vorwiegend dazu bei, virtuelle Realitäten grundlegend von anderen Medien zu unterscheiden.

6 Gestaltung des User Interfaces

Das User Interface stellt als Schnittstelle zwischen Nutzer und System den Interaktionskontext dar, von dem aus die System-Funktionen zugänglich sind und der durch die verfügbaren Objekte gleichzeitig die Handlungsmöglichkeiten des Benutzers widerspiegelt. Es ist eine Art „contact surface" (Laurel, 1993). Deshalb kommt ihm eine wesentliche Bedeutung auch innerhalb von Lernräumen zu.

Die Aufgabe des User Interface-Designs ist es, durch die Gestaltung der Benutzungsschnittstelle die Interaktion mit dem Computer so transparent wie möglich zu gestalten, um die kognitive Last für den Benutzer zu minimieren. Gerne werden zu diesem Zweck Metaphern eingesetzt (siehe Abschnitt 6.1), weil der Benutzer aufgrund von Analogien deren Bedeutung und damit die Funktionalität des Systems erschließen kann.

Eine Klasse von Schnittstellen, deren Benutzung aus der Sicht der Benutzer besonders einfach erscheint, sind direktmanipulative User Interfaces (Shneiderman, 1987; Hutchins, Hollan & Norman, 1986) (siehe auch Herczeg, 2004). Sie visualisieren die Objekte der Anwendung und ermöglichen es, diese Objekte mittels physischer Aktionen zu manipulieren. Dies erscheint dem Benutzer auf erwartungskonforme Weise einfach. Diese direktmanipulativen Schnittstellen sind stark visuell orientiert und sprechen vor allem den visuellen Sinn des Menschen an. Dies ist in seiner Bedeutung nicht zu unterschätzen, denn der visuelle Sinneskanal wird von vielen Menschen subjektiv als wichtigster eingeschätzt. Außerdem ermöglichen direktmanipulative User Interfaces, dass der Benutzer die Ergebnisse seiner Aktionen unmittelbar beobachten kann, was ihm den Eindruck der Kontrolle über das System und von Involviertheit vermittelt.

Ein weiterer Aspekt, Schnittstellen so einfach und natürlich wie möglich zu machen, ist es, weitere Sinne des Menschen einzubeziehen. So gibt es akustische Schnittstellen (Spracheingabe, Sprachausgabe), die teilweise mit Spracherkennung und Sprachsynthetisatoren arbeiten. Sie sprechen den Hörsinn an. Eine weitere Möglichkeit sind haptische Schnittstellen (z.B. mit Datenhandschuhen). Sie tragen vielfach dazu bei, den visuellen Eindruck zu unterstützen (z.B. in virtuellen Realitäten) (siehe Abschnitt 5.1). Grundsätzlich ist für den Menschen der taktile Eindruck im Hinblick auf die Erfahrung seiner Umwelt wichtig. Kleinkinder lernen die Wahrnehmung ihrer Umwelt parallel visuell und über den Tastsinn. Allerdings sind haptische Schnittstellen in der Praxis wenig verbreitet. Mixed-Reality-Umgebungen sind ein Versuch, Umwelteindrücke nicht nur über den visuellen Sinn präsent sein zu lassen (Kritzenberger, Winkler & Herczeg, 2002).

Mittlerweile gewinnen auch andere Gestaltungsparadigmen an Bedeutung. Dazu gehören Benutzungsoberflächen, die den Benutzer in emotionaler Weise ansprechen. Zu dieser Klasse von Benutzungsoberflächen gehören anthropomorphe Benutzungsschnittstellen und Storytelling-Benutzungsschnittstellen.

6.1 User Interface-Metaphern

Die Aufgabe des User Interface-Designs ist es, durch die Gestaltung des User Interfaces die Interaktion mit dem Computer so transparent wie möglich zu gestalten, um die kognitive Last für den Benutzer zu minimieren. Gerne werden zu diesem Zweck Metaphern eingesetzt.

Metaphern basieren auf Analogschlüssen und machen sich verschiedene Grundtatsachen des menschlichen Denkens zunutze. Beim Denken herrscht kognitive Ökonomie. Sachverhalte werden so kodiert, dass sie möglichst aus den Grundmodellen abgleitet werden können. Erinnern und Nachdenken ist ein Vorgang der Rekonstruktion von Wissen aus möglichst einfachen Grundmodellen. Neue Informationen werden – solange es irgendwie möglich ist – in bereits bestehende Strukturen und mentale Modelle eingeordnet, um die aufwändige Bildung neuer Modelle zu vermeiden (siehe Abschnitt 2.1.3). Im Sinne der kognitiven Ökonomie werden mentale Modelle auch aus einem Wissensbereich in einen anderen Wissensbereich übertragen.

Diese Grundtatsache menschlichen Denkens macht man sich bei Metaphern zunutze. Metaphern basieren auf einem Analogiemodell. Elemente aus einem Bereich, der dem Nutzer bekannt ist (Basisbereich oder Quellbereich in der realen Welt) werden in einen Bereich übertragen, den der Benutzer erlernen soll (Zielbereich in der virtuellen Welt) (Carroll, Mack & Kellogg, 1988).

Das bekannteste Beispiel dafür ist die Desktopmetapher, bei der die einzelnen Objekte auf dem Bildschirm aussehen und so ähnlich funktionieren wie die Gegenstände auf dem Schreibtisch, die der Benutzer kennt. Aufgrund dieser Kenntnis kann er die Funktionen ableiten, die ihm auf dem Bildschirm angeboten werden. Der Hintergrund für den Gebrauch dieser Metapher war es, dass der Benutzer die angebotenen Funktionen auf der Benutzungsschnittstelle ohne großen Aufwand lernen kann, da er die angebotenen Gegenstände aus dem Basisbereich der Metapher (Schreibtisch) durch Analogieschluss ableiten kann.

Metaphern wie die Desktopmetapher sollen dem Benutzer helfen, die Interaktion mit dem Computer-System möglichst leicht und schnell zu verstehen. Indem er auf bekanntes Wissen zurückgreifen kann, um die Eigenschaften und das Verhalten des Systems zu begreifen, kann er sich die Analogie zunutze machen, um sich in der Anwendungswelt leicht und schnell zurecht zu finden.

Grundsätzlich kann man verschiedene Typen von Analogien bei Metaphern unterscheiden:

- *Funktionale Analogien*: Metaphern, die auf funktionalen Analogien basieren, korrespondieren in ihrer Ähnlichkeit den Aufgaben und den Methoden zwischen Zielbereich und Basisbereich. Die Aussage dazu könnte lauten: „das funktioniert so ähnlich wie ...". Ein Beispiel hierfür wurde mit der Desktopmetapher oben bereits erklärt.

- *Strukturelle Analogien*: Die strukturelle Analogie bezieht sich auf den Aufbau eines Objektes. Die Aussage dazu könnte lauten: „das ist so organisiert wie ... (eine Gegebenheit aus der realen Welt)".

- *Visuelle Analogie*: User Interface-Metaphern, die auf visuellen Analogien basieren, korrespondieren in ihrem Erscheinungsbild mit dem Basisbereich. Die Aussage dazu könnte lauten: „das sieht so ähnlich aus wie ..."

- *Sprachliche Analogien*: Die sprachlichen Analogien beziehen sich auf die Semantik eines Begriffes. Beispielsweise sprechen wir davon, dass wir im Internet „surfen" oder „navigieren" oder wir „versenden E-Mails".

So einfach User Interface-Metaphern auf den ersten Blick erscheinen mögen, das Problem, das mit dem Gebrauch von Metaphern verbunden ist, besteht darin, dass nicht alle Eigenschaften, Relationen und Attribute aus dem Basisbereich in den Zielbereich übertragen werden (siehe auch Abschnitt 5.3.4). Deshalb besteht für den Rezipienten der Metapher immer das Problem, dass er herausfinden muss, was übertragen wurde und was nicht. Die größten Schwierigkeiten tauchen dabei erfahrungsgemäß immer bei den Attributen auf. Wenn der Benutzer Eigenschaften, Relationen oder Attribute im Zielbereich der Metapher sucht, an die der Gestalter nicht gedacht hat und die er nicht übertragen hat, dann treten Benutzungsprobleme auf. Ein weiteres Problem beim Metapherngebrauch kann auftreten, wenn Metaphern Eigenschaften aufweisen, die im Basisbereich nicht vorhanden waren. Dann liegt ein Metaphernbruch vor, der ebenfalls zu Benutzungsproblemen führen kann, aber nicht führen muss, wenn der Benutzer den Metaphernbruch beispielsweise gar nicht als solchen zur Kenntnis nimmt. Metaphernbrüche treten zwangsläufig auf, da die Metapher eben kein reines Analogiemodell ist.

Im Bereich der Mensch-Computer-Interaktion sind seit langem vor allem funktionale und strukturelle Analogien verbreitet. In neuerer Zeit werden Lehr-Lern-Umgebungen gerne mit animierten pädagogischen Agenten, die unter anthropomorphen Benutzungsoberflächen (siehe Abschnitt 6.2) und der Dialog-Partner-Metapher subsumiert werden können. Damit wird dem Lerner eine soziale Situation suggeriert (siehe Abschnitt 6.2.1).

Im Edutainment-Bereich (Edutainment: Education und Entertainment) ist vor allem die Raummetapher zu finden. Sie wird häufig benutzt, um Aufgabenbereiche abzugrenzen. In einer Art Entdeckerstruktur erforscht der Lerner ein Areal, löst Aufgaben, sammelt Gegenstände und besteht Abenteuer. Wenn er alle Räume erfolgreich durchlaufen und damit alle Rätsel, die dort auf ihn warten, gelöst hat, dann hat er seine Mission erfüllt. Das Spielerlebnis liegt hier häufig in der Inszenierung der Räume.

6.2 Affektive und anthropomorphe Benutzungsschnittstellen

Da heute Computer nicht mehr nur als Werkzeuge von geschulten Experten genutzt werden, tritt das Werkzeugparadigma für die Gestaltung von Benutzungsoberflächen in den Hintergrund und andere Paradigmen gewinnen an Bedeutung. Dazu gehören affektive Benutzungsoberflächen, die den Benutzer in emotionaler Weise ansprechen. Eine Unterklasse der affektiven Benutzungsoberflächen sind die anthropomorphen Benutzungsoberflächen.

Anthropomorph ist aus dem Griechischen abgeleitet und bedeutet soviel wie „in menschlicher Gestalt". Eine solche anthropomorphe Benutzungsoberfläche versucht eine möglichst große Annäherung an den zwischenmenschlichen Dialog. Von diesen anthropomorphen User Interfaces verspricht man sich eine möglichst intuitive Nutzung der Informations- oder Kommunikationstechnologien, weil sie eine Analogie zur zwischenmenschlichen Kommunikation suggerieren, die jeder kennt. Dies ist im Sinne der User Interface-Metapher zu verstehen (siehe Abschnitt 6.1).

Im Zusammenhang mit anthropomorphen User Interfaces gewinnen vor allem auch anthropomorphe Interface-Agenten an Bedeutung. Generell handelt es sich bei Agenten um Software-Komponenten, die im Rahmen einer Anwendung als Assistenz fungieren und den Benutzer unterstützen, beispielsweise indem sie in einer bestimmten Umgebung und einem bestimmten Kontext eine Reihe von Zielen verfolgen. In diesem Zusammenhang kann es eine charakteristische Eigenschaft eines Agenten sein, dass er für den Benutzer in erreichbaren Datenquellen selbständig nach relevanten Informationen sucht. Da Interface-Agenten in diesem Sinne die Funktion von Assistenten übernehmen, werden sie häufig auch als persönliche Assistenten oder als embodied conversational agents (siehe auch Herczeg, 2004) bezeichnet.

Benutzungsoberflächen mit anthropomorphen Agenten haben große strukturelle Ähnlichkeit mit zwischenmenschlicher face-to-face Kommunikation. Diese Ähnlichkeiten werden durch die Übertragung von Merkmalen zwischenmenschlicher Kommunikation auf die Interaktion mit dem Agenten erzeugt und bestärkt. Dies kann den Effekt verstärken, dass der Computer als sozialer Interaktionspartner angesehen wird und dementsprechend soziale Verhaltensnormen angewendet werden (Reeves & Nass, 1996).

Da der Agent visuell vorhanden ist, stellt sich zunächst die Frage, mit welchen Eigenschaften der visuellen Präsenz der pädagogische Assistent ausgestattet sein soll, die vom Benutzer als soziale Hinweisreize interpretiert werden können, z.B. Bild des gesamten Körpers oder nur Gesichtsbild, cartoonähnliche Figur etc. Dabei hat sich ein naturgetreues menschliches Erscheinungsbild allerdings als wenig bedeutsam erwiesen (Moreno, Mayer, Spires & Lester, 2001).

Um die Ähnlichkeiten von zwischenmenschlicher Kommunikation und Interaktion mit dem Agenten zu erzeugen, wird versucht, sprachliches und non-verbales Verhalten, das dem Nutzer aus der zwischenmenschlichen Kommunikation bekannt ist, zu modellieren (Cassell & Thorisson, 1999). Um dieses Verhalten möglichst glaubhaft zu machen und damit die Akzeptanz durch den Nutzer zu erhöhen, wird versucht, das Verhalten der Agenten nach linguistischen und psychologischen Modellen zu modellieren. Allerdings unterliegen gegenwärtige Implementierungen noch vielen Restriktionen (André, Rist & Müller, 1999; Lester, Converse, Kahler, Barlow, Stone & Bhogal, 1997).

Durch die Modellierung struktureller Ähnlichkeiten dieser Schnittstellen mit der zwischenmenschlichen face-to-face Kommunikation wird von solchen Benutzungsschnittstellen aufgrund der vertrauten Kommunikationsform eine einfachere Handhabung, größere Effizienz und Akzeptanz erwartet. Darüber hinaus gibt es Hinweise darauf, dass die soziale Situation motivierend auf die Nutzer wirkt und zu einer Leistungssteigerung und Arbeitserleichterung beitragen kann (Rickenberg & Reeves, 2000).

So haben empirische Studien eine Wirkung anthropomorpher Interface Agenten auf Einstellung und Verhalten von Nutzern nachgewiesen. Das Vorhandensein eines animierten Gesichtes lässt eine Anwendung unterhaltsamer erscheinen (Lester, Converse, Kahler, Barlow, Stone & Bhogal, 1997; van Mulken, André & Müller, 1998) und erhöht das Vertrauen in die Applikation (Rickenberg & Reeves, 2000). Allerdings spielen auch weitere Eigenschaften wie das konkrete (verbale und auch non-verbale) Verhalten des Agenten sowie sein Erscheinungsbild (Dehn & van Mulken, 2000) im Hinblick auf die Nutzerakzeptanz eine Rolle (Bente & Krämer, 2001).

Bei der Entwicklung von anthropomorphen Interface Agenten sind sowohl auf der Eingabeseite (Spracherkennung, Motion-Capture, Face-tracking, Eye-tracking etc.) als auch auf der Ausgabeseite (Dialogmodellierung, Echtzeitausgabe, realistische verbale und non-verbale Verhaltensmuster) sicherlich noch eine Reihe technischer und ergonomischer Probleme zu lösen. Darüber hinaus sind für die Modellierung des face-to-face Kommunikationsverhaltens weitere Befunde aus der Sozial- und Kommunikationspsychologie notwendig, um neben der Verwendung natürlicher Sprache auch die non-verbalen Verhaltensweisen, wie Körperbewegung, Mimik, Gestik, Körperhaltung, Blickverhalten usw., angemessen entsprechend dem zwischenmenschlichen Kommunikationsverhalten zu modellieren.

Im Sinne des Verstehens von Metaphern ist allerdings fraglich, ob Benutzer die Interaktion mit Computer Persona tatsächlich als soziale Interaktion verstehen oder ob die sozialen Verhaltensweisen lediglich Aufforderungscharakter haben, um soziale Verhaltensweisen zu triggern (siehe Abschnitt 2.1.3). In diesem Falle gehen diese Reaktionen aber nicht über das „als ob" hinaus und sind lediglich durch Hinweisreize (cues) ausgelöst, die bestimmte Skripte aufrufen und damit Erwartungen und eine Fokussierung bestimmter Aspekte bedingen, die als Slots in dem Skript auftreten.

6.2.1 Animierte pädagogische Agenten

Interface Agenten in multimedialen Lernräumen werden „animated pedagogical agents" (animierte pädagogische Agenten) genannt. Sie fungieren als virtuelle Tutoren oder Peers, die mit dem Lernenden in Interaktion treten (Johnson, Rickel & Lester, 2000).

Die visuelle Repräsentation solcher synthetischer Charaktere kann unterschiedlich sein, d.h. es kann sich um eine Comic-Figur, ein Tier, eine Fantasiefigur oder um eine menschlich anmutende Figur handeln. Diese Figuren treten mit dem Nutzer unter Verwendung von menschlicher Sprache (häufig gesprochen) und z.T. auch non-verbaler Kommunikation (Mimik, Gestik, Körperhaltung) über den Bildschirm in Kontakt. Sie führen mit dem Lerner einen Dialog, der einem Dialog mit einem Tutor in der zwischenmenschlichen face-to-face Kommunikation vergleichbar ist. Wobei damit noch nicht gesagt ist, welchen Lehrstil der Agent vertritt.

Beispiele für animierte pädagogische Agenten
In den letzten Jahren sind vermehrt animierte pädagogische Agenten in Lernräume integriert worden. Einige wichtige Beispiele solcher Agenten werden im Folgenden aufgeführt:

Herman-the-Bug: (Lester, Stone & Stelling, 1999) ist ein Alien (eine Art Käfer) mit menschenähnlichen Bewegungen und Gesichtsausdruck, der mit den Lernern verbal und nonverbal durch gesprochene Sprache, Mimik und Gestik interagieren kann. Herman lebt in einem Lernraum namens „design a plant", der Wissen zur Botanik zur Verfügung stellt. Herman fliegt zu Pflanzen, um dem Lerner die Pflanzenbestandteile sowie die Beziehungen zwischen Pflanzenmerkmalen und Merkmalen der Umwelt zu erklären. Er ermutigt und unterstützt die Lerner situationsbezogen bei Schwierigkeiten und gibt Feedback zu studentischer Aufgabenbearbeitung. Er kann darüber hinaus seine Darbietung von Inhalten und seine Unterstützung den Leistungen des jeweiligen Lerners anpassen.

Cosmo (Lester, Towns & FitzGerald, 1999) ist ein animierter pädagogischer Agent, der in einer Internet-Lernumgebung für die Domäne „Internet-Packet-Routing" lebt. Er unterrichtet Lerner in Bezug darauf, wie Datenpakete durch das Netzwerk zu spezifizierten Zielen geschickt werden. Cosmo agiert dabei als Coach, der den Lernenden Erklärungen zum Inhalt und zu Problemlösungsschritten gibt. Dies kann sowohl nach Anfrage des Lerners als auch auf Eigeninitiative des Agenten Cosmo geschehen.

WhizLow (Johnson, Rickel & Lester, 2000), ein mit gesprochener Sprache und Gestik ausgestatteter Agent, lebt in der CPU City. Dies ist ein 3D-Lernraum, der ein Motherboard mit seinen drei Hauptbestandteilen, RAM, CPU und Festplatte (hard drive) darstellt. Die Lernenden müssen in dieser Umgebung Programmanweisungen schreiben, die WhizLow ausführt. Er übernimmt damit eine Supplantationsfunktion (siehe Abschnitt 4.4.3), die den Lernenden helfen soll, ihre etwaigen unzutreffenden Konzeptualisierungen zu korrigieren. Dabei geht die Initiative zunächst von WhizLow aus, der adaptiv zu den erkannten Fehlkonzepten berät.

PPPersona (André, Rist & Müller, 1999) ist ein animierter pädagogischer Agent für die Präsentation von Online-Instruktionen, der die Lerner durch web-basiertes Lernmaterial führt und mit Hilfe von Zeigegesten die Aufmerksamkeit des Lerners auf den jeweils relevanten Informationsausschnitt lenkt.

Der animierte pädagogische Agent namens Jacob (Evers & Nijholt, 2000) unterstützt die Lerner bei der Aufgabenlösung in einer virtuellen Umgebung (z.B. Turm von Hanoi). Jacob gibt dem Lerner während seiner Aufgabenausführung (er bewegt in dieser Lernumgebung Objekte) ein Feedback. Alternativ demonstriert Jacob die Tätigkeit selbst. Dabei verständigt er sich per Text mit dem Lerner. Jacob kann den Gesichtsausdruck verändern während er die Tätigkeiten des Lerners begleitet und benutzt Gestik, wenn er selbst Tätigkeiten ausführt.

Gandalf (Cassell & Thorisson, 1999) ist ein mit natürlicher Sprache und Gestik ausgestatteter animierter pädagogischer Agent, der als Experte für die Erklärung des Sonnensystems auftritt. Lerner können ihm Fragen zu bestimmten Planeten stellen, zu denen Gandalf dann reist und Erklärungen gibt.

AutoTutor (Graesser, Wiemer-Hastings, Wiemer-Hastings & Kreuz, 1999) ist ein Agent, der mit den Lernern über die Domäne Hardware, Betriebssysteme und Internet einen textbasierten pädagogisch-basierten Frage-Antwort-Dialog im Hinblick auf die Computerkompetenz der Lernenden führt. Dazu benutzt er einfache Dialogmuster und tutorielle Strategien, wie sie typischerweise auch menschliche Tutoren benutzen. Dabei werden auch linguistische Verfahren zum Dialogverstehen eingesetzt, z.B. Analyse von Sprechakten oder eine Form der semantischen Inhaltsanalyse. Die Ergebnisse der Analyse benutzt AutoTutor, um dem Lerner Feedback basierend auf seinen vorausgehenden Beitrag zu geben. Weiter wird das sprachliche Verhalten des AutoTutors begleitet durch non-verbale Kommunikationsmittel, vor allem durch Gesichtsausdruck und Kopfnicken. Im Hinblick auf die Organisation der Lerninhalte und Themen, die im tutoriellen Dialog behandelt werden, greift AutoTutor auf ein Curriculum-Skript zurück, das die Themen zusammen mit Erwartungen bezüglich des Lernerverhaltens, der Fehlkonzepte und notwendigen Korrekturen organisiert.

Steve (Johnson, Rickel & Lester, 2000) ist ein verbal und non-verbal mit dem Lerner interagierender Agent, der für das Training im dreidimensional gestalteten Maschineninnenraum eines Marinebootes in der US-Marine-Ausbildung eingesetzt wird. Er bewegt sich mit dem Lernenden in diesem virtuellen Lernraum und demonstriert dabei verschiedene Fertigkeiten und Handlungsschritte. Durch Zeigegesten und Blickrichtung lenkt er die Aufmerksamkeit der Lernenden, z.B. verfolgt er bewegte Objekte mit der Blickrichtung und beobachtet den Lernenden bei der Navigation durch den virtuellen Maschinenraum. Dem Lernenden steht dabei offen, die demonstrierte Tätigkeit aus verschiedenen Blickwinkeln zu beobachten oder die Tätigkeit auch gänzlich oder nur teilweise selber auszuführen. Darüber hinaus verfügt Steve über ein mimisches und gestisches Repertoire (Mimik, Gestik, Körperhaltung), um Zustimmung oder Ablehnung auszudrücken. Steve übernimmt Lehraufgaben sowie das Demonstrieren und Erklären im Sinne des Cognitive Apprenticeship (siehe Abschnitt 1.4.1). Er passt seine Hilfestellung bezüglich der Aufgabenausführung und Problemlösung an den Wissensstand des jeweiligen Lerners an.

Adele (Johnson, Rickel & Lester, 2000) ist eine verbal und non-verbal mit dem Lerner interagierende, animierte pädagogische Agentin in einer Fernlernumgebung für die Domänen Medizin und Zahnmedizin. Sie kann in drei Interaktionsmodi mit dem Lerner kommunizieren: Erstens im Beratermodus, in dem sie die Lerner bei der Ausführung einer Tätigkeit beobachtet und eingreift bzw. ein anderes Vorgehen vorschlägt, wenn die Aktion bzw. ihre Ausführung inadäquat ist. Zweitens im Ausführungsmodus (practice mode) berät Adele nur auf Anfrage des Lerners ohne ihn zu unterbrechen. Im dritten Modus, dem Prüfungsmodus (examination mode), gibt Adele nur Feedback, nachdem der Lerner die Aufgabenbearbeitung beendet hat.

Wie im vorausgehenden Abschnitt für Agenten beschrieben, können auch animierte pädagogische Agenten als Metapher verstanden werden. Sie impliziert, dass die Interaktion mit dem Computer als sozialer Handlungsraum zu verstehen ist und der Umgang mit dem pädagogischen Agenten analog wie in vergleichbarer zwischenmenschlicher Kommunikation funktioniert. Damit gelten aber auch alle im Abschnitt über User Interface-Metaphern genannten Probleme, die mit der Interpretation von Metaphern durch den Benutzer verbunden sind (siehe Abschnitt 6.1).

Wie für das Konzept der Metapher generell, so stellt sich auch für die Modellierung der Dialog-Partner-Metapher im Speziellen ebenfalls die Frage, welche Attribute aus dem Basisbereich der Metapher (der bekannte zwischenmenschliche Kommunikationsbereich) in welcher konkreten Ausprägung notwendig sind für die Modellierung des Zielbereiches (die Interaktion mit dem Agenten im virtuellen Lernraum), so dass die Metapher konsistent ist und vom Benutzer verstanden und akzeptiert werden kann. Daher zieht auch die Modellierung des Lernraums als sozialen Handlungsraum eine Reihe von Fragen nach sich, die damit zusammenhängen, welche Eigenschaften der synthetische Charakter haben muss, damit er als sozialer Handlungspartner vom Lerner akzeptiert werden kann.

Funktionen von animierten pädagogischen Agenten
Im vorausgehenden Abschnitt wurden anhand der Beispiele zu animierten pädagogischen Agenten bereits implizit einige Funktionen dargestellt, die jene im Kontext eines Lernraumes erfüllen können. Diese Funktionen werden im Folgenden noch mal explizit erläutert.

Animierte pädagogische Agenten können dafür eingesetzt werden, in einem simulierten Mock-up einer realen Umgebung den Lerngegenstand zu demonstrieren. Vor allem bei physischen Tätigkeiten, wie etwa das Betreiben oder Reparieren von Anlagen, Maschinen oder Geräten, ist die Demonstration effektiver als die Beschreibung der Tätigkeit (z.B. Steve).

Weiter können Agenten auch als Führer durch komplexe Lernräume fungieren. Studien mit immersiven VR-Räumen haben gezeigt, dass Lerner dort sehr leicht desorientiert werden können. Animierte pädagogische Agenten können Lernern in solchen Lernumgebungen helfen, ein räumliches Modell über den Lernraum aufzubauen. Beispiele sind Steve, Whiz-Low und CAETI. Steve führt durch die mehrräumig organisierte Lernumgebung eines Schiffes mit Maschinenraum, Turbinen und Antriebsmaschinen. Da er über eine interne Repräsentation der räumlichen Aufteilung des Lernraumes Schiff verfügt, kann er Pfade zu und um die einzelnen Maschinen herum suchen und den Lerner sowohl durch die Räumlichkeiten führen als auch gleichzeitig dazu Erklärungen geben. WhizLow führt die Lerner durch die CPU-City-Umgebung. Der CAETI Center Associate (Murray, 1997) fungiert als Führer durch eine Sammlung von Projekten mit intelligenten tutoriellen Systemen, wobei jedes Projekt als eigener Raum in die Metapher eingebunden ist.

Vor allem Gestik, Mimik und Körperhaltung sind wichtige und effiziente Kommunikationsmittel der face-to-face Kommunikation. So wird für die Kommunikation mit animierten pädagogischen Agenten versucht, Blickrichtung und Gestik für die Aufmerksamkeitslenkung einzusetzen. Gestik kann durch Zeigen auf das Objekt eingesetzt werden, von dem die Rede ist. Steve schaut auf das Objekt kurz bevor er es benutzt oder erklärt. Deixis wird genutzt, um kontextspezifische Referenzen herzustellen. Dafür verfügen animierte pädagogische Agenten über Deixis-Planer (z.B. Cosmo) und über ein räumliches Modell, um Motorik (Bewegung) Gestik und Sprachverhalten aufeinander abzustimmen (z.B. Cosmo).

Mimik, Gestik und Körperhaltung können darüber hinaus auch eine Motivations-, Feedback- und Verstärkungsfunktion haben, wenn der Charakter beispielsweise richtige Antworten mit glücklicher Miene belohnt und falsche Antworten mit trauriger oder wütender Miene bestraft. Körpersprache kann helfen, dem Lerner zu signalisieren, dass er einen Fehler gemacht hat. Diese Verhaltensweisen des animierten pädagogischen Agenten helfen gleichzeitig, dass der Lerner eine emotionale Beziehung zum Charakter und damit zur Lernumgebung aufbaut, welche für die Vermittlung des Lehrinhaltes funktionalisiert werden kann. So gibt Steve beispielsweise dem Lernenden verbales und begleitendes non-verbales Feedback. Er nickt mit dem Kopf oder schüttelt ihn als Zeichen der Zustimmung oder Ablehnung. Adele nickt oder lächelt zustimmend, zeigt einen verwirrten Ausdruck, wenn der Lerner einen Fehler macht und zeigt sich angenehm überrascht, wenn der Lerner die Aufgabe erfolgreich beendet. Seine Fähigkeit zum nicht-verbalen Feedback erlaubt dem animierten pädagogischen Agenten, Feedback mit geringerer Aufdringlichkeit zu geben, weil es den Lerner nicht notwendigerweise unterbricht oder vorschnell korrigiert. Außerdem ist der Lerner diese Verhaltensweise aus der vergleichbaren zwischenmenschlichen Kommunikationssituation gewohnt und erwartet sie deshalb in bestimmten Situationen.

In face-to-face Dialogsituationen benutzen Menschen außerdem eine Reihe von nicht-verbalen Signalen, um den Dialog zu steuern oder ihre Beiträge zu koordinieren. Im Hinblick auf die Modellierung und Übertragung dieser Signale aus der zwischenmenschlichen face-to-face Kommunikation spielt die Synchronisierung von verbalem und non-verbalem Signal eine wesentliche Rolle. Beispielsweise wird dies bei verschiedenen Agenten modelliert, indem bei starker Betonung von Satzelementen die Augenbrauen nach oben gezogen werden, um die Betonung dieser Elemente nochmals zu unterstreichen. Andere Beispiele für die Dialogsteuerung sind Backchannel-Signale, wie beispielsweise ein Kopfnicken, um dem Gesprächspartner seine Zustimmung zu signalisieren, oder Blickkontakt, um den Sprecherwechsel anzukündigen.

6.2.2 Persona Effekt

Aufgrund der strukturellen Ähnlichkeiten dieser Schnittstellen mit zwischenmenschlicher Kommunikation übertragen Benutzer bestimmte Verhaltensweisen aus der zwischenmenschlichen Kommunikation auf die Interaktion mit dem Computer und schreiben ihm menschliche Züge zu.

Die Präsenz des anthropomorphen Agenten und das Vorhandensein menschlicher Attribute verstärkt die Wahrnehmung des Nutzers bezüglich des Computers als sozialen Partner und beeinflusst sein Verhalten. Dabei scheint es weniger auf das menschenähnliche Aussehen anzukommen. Moreno et al. (Moreno, Mayer, Spires & Lester, 2001) haben festgestellt, dass die Art der Darstellung (menschenähnlich vs. Cartoon) keinen Einfluss auf den Lernerfolg hat. Als wichtig haben sich vor allem die Stimme (gesprochene Sprache) und ein persönlicher Sprachstil erwiesen.

Effekte eines animierten pädagogischen Agenten
Die visuelle Präsenz eines anthropomorphen Agenten kann dazu beitragen, die Glaubwürdigkeit des Systems zu erhöhen (Rickenberg & Reeves, 2000) und das Vertrauen des Benutzers zu stärken. Der Eindruck einer zwischenmenschlichen face-to-face Kommunikationssituation erhöht außerdem die Bereitschaft des Nutzers zur natürlichsprachlichen Eingabe und fördert kooperative Verhaltensweisen.

Die Ähnlichkeiten der Interaktion mit einem animierten pädagogischen Agenten zur zwischenmenschlichen Kommunikation zeigt eine soziale Wirkung (social facilitation) in Bezug auf den Lerner. Dies konnte in empirischen Untersuchungen nachgewiesen werden. Diese Wirkung wird als Persona-Effekt bezeichnet (Lester, Converse, Kahler, Barlow, Stone & Bhogal, 1997) und in verschiedenen Aspekten deutlich.

Die Anwesenheit eines animierten pädagogischen Agenten kann die Motivation des Lerners erhöhen und zu einer positiven Wahrnehmung der Lernsituation beitragen (Lester, Converse, Kahler, Barlow, Stone & Bhogal, 1997). Dazu gehört, dass der Agent Interesse am Fortschritt des Lerners signalisiert und dadurch den Lerner zum höheren Lernerfolg anspornt. Weiter kann ein Agent auch Begeisterung für einen Lerngegenstand transportieren und dadurch wiederum eine ähnliche Begeisterung für den Lerngegenstand beim Lerner anregen.

Die positive Wahrnehmung der Lernsituation kann zu einer verbesserten Lernleistung führen, z.B. schneiden Personen, die mit einem menschenähnlich antwortenden Computer interagieren, bei gestellten Quizfragen besser ab, verbringen mehr Zeit damit, über eine Frage nachzudenken und nutzen mehr Zeit zum Reflektieren, wenn die Antwort falsch war. Moreno et al. (Moreno, Mayer, Spires & Lester, 2001) stellten insofern eine höhere Lernwirksamkeit bei der Anwesenheit eines animierten pädagogischen Agenten fest, als die Probanden 24–48 % mehr Lösungen lieferten. Sie hatten diese Versuche mit Herman-the-Bug durchgeführt (siehe Abschnitt 6.2.1).

Außerdem kann ein Agent mit einer reichen und interessanten Persönlichkeit die Lernsituation interessanter machen. Ein Lerner, dem die Interaktion mit dem Agenten Freude bereitet, kann eine positivere Einstellung und Wahrnehmung des Lernraumes und damit auch der Lernerfahrung entwickeln und wird konsequenterweise auch mehr Zeit mit dem Lernen in dieser Umgebung verbringen. Hier wird ein Aspekt angesprochen, nämlich die Emotionen (umgangssprachlich „Gefühle"), die bislang in Lehr- und Lernumgebungen stark vernachlässigt worden sind. Allerdings darf man nicht vergessen, dass sie ein wichtiger Faktor menschlicher Handlungsregulation sind.

Als Gegengewicht zu dieser affektiven Wirkung der animierten pädagogischen Agenten, liegt aber andererseits die Annahme nahe, dass man durch Bild und Bewegung des Agenten eine geteilte Aufmerksamkeit beim Lernenden und damit im Sinne des Split-Attention-Effektes (siehe Abschnitt 2.2) eine höhere Belastung des Arbeitsgedächtnisses erwarten könnte. So wird in der Literatur eine Behebung dieses vermeintlichen Problems durch Aufmerksamkeitslenkung auf die relevante Inhaltsdarstellung mit Hilfe von Zeigegesten (Johnson, Rickel & Lester, 2000) oder Animation vorgeschlagen.

Entgegen der Annahme, dass die Lerner von einem animierten pädagogischen Agenten abgelenkt und sich in ihrer Konzentration gestört fühlen könnten, scheint dies nicht zwingend der Fall zu sein. In einer empirischen Studie fragten van Mulken et al. (van Mulken, André & Müller, 1998) die Probanden, ob sie sich von dem animierten Agenten abgelenkt fühlten und ob er ihnen geholfen hätte, sich zu konzentrieren. Allerdings scheint hier auch der Lerninhalt eine Rolle zu spielen. Die Autoren verglichen eine Situation mit einem mehr technischen Lerninhalt und eine Situation mit einem nicht-technischen Inhalt. Im Falle des technischen Lerninhaltes fühlten die Probanden sich signifikant konzentrierter und empfanden die von einem animierten pädagogischen Agenten präsentierte Information als weniger schwierig und leichter verständlich als die ohne animierten pädagogischen Agenten präsentierte Information. Man darf also annehmen, dass der animierte pädagogische Agent dem Lernenden hilft, sich auf relevante Information zu konzentrieren und eine positive Einstellung zum Lerngegenstand herzustellen.

Diese positive Wirkung scheint allerdings sehr stark auf der Ebene der Einschätzung durch den Lerner zu liegen. Denn in derselben Studie konnte kein objektiver Einfluss auf die Verstehensprozesse (Problemlösefähigkeit) und auf Erinnerungsprozesse der Lernenden nachgewiesen werden (van Mulken, André & Müller, 1998). Die Zahl der Fehler in den Antworten, die auf Fragen zu den Präsentationen mit und ohne animierten pädagogischen Assistenten gegeben wurden, unterschied sich ebenfalls nicht signifikant.

Andererseits aber kann der Persona-Effekt auch negative Wirkung zeigen, vor allem wenn Lerner komplexe Aufgaben bearbeiten müssen, mit denen sie nicht oder nur wenig vertraut sind. Rickenberg & Reeves (2000) stellten fest, dass Probanden, die einen animierten Charakter auf dem Bildschirm sehen, größere Angst erlebten und mehr Fehler machten, weil sie glaubten, dass der Agent sie beobachtet.

Wie empirische Untersuchungen zeigen, bewirkt die Anwesenheit eines animierten Charakters einen sozialen Verstärkungseffekt für die Interaktion im jeweiligen Lernraum. Allerdings kann sich dieser soziale Verstärkungseffekt schnell verlieren, wenn die tatsächliche Leistungsfähigkeit des Systems im Verlauf der Interaktion hinter den Erwartungen des Nutzers zurückbleibt.

Split-Persona-Effekt
Im Hinblick auf die kognitive Informationsverarbeitung scheint es für den Lerner einfacher zu sein, wenn verschiedene didaktische oder inhaltliche Funktionen auch jeweils unterschiedliche Agenten übernehmen, beispielsweise in der Rolle eines inhaltlichen Experten oder in der Rolle eines Motivators. Ein inhaltlicher Experte wird Sachverstand zeigen und inhaltlichen Rat geben und im Sinne des Cognitive Apprenticeship (Collins, Brown & Newman, 1989) die Tätigkeiten des Modellierens, Coachens und Scaffoldings übernehmen können (siehe Abschnitt 1.4.1). Ein Motivator übernimmt dann beispielsweise Tätigkeiten wie Loben oder Feedback zu geben.

Durch eine solche Rollenverteilung wird der Lerner nicht mit der Aufgabe (im Sinne des Cognitive Load, siehe Abschnitt 2.2) belastet, die unterschiedlichen Beitragstypen, die von einem Agenten kommen (Mentor), nach deren Bedeutung sortieren zu müssen.

Evidenz für positive Effekte bei funktionaler Trennung mehrerer Assistenten zeigen beispielsweise Studien mit dem ETOILE-System mit fünf Agenten, die jeweils einen anderen Lehrstil verkörpern, oder das SCI-Wise-System, bei dem verschiedene Agenten verschiedenen metakognitiven Prozessen entsprechen. Weiter ist auch eine Rollenverteilung für Agenten in Form eines „Sokratischen Dialoges" versucht worden, d.h. eine Gruppe von animierten pädagogischen Agenten führt einen dramaturgisch inszenierten Lehrer-Schüler-Diskurs, um komplexe Konzepte oder Theorien zu erörtern.

6.3 Narrative User Interfaces

Narrativ bedeutet in erzählender Form. Unter Narrativität sind alle Formen des Geschichtenerzählens zu verstehen, z.B. literarische Gattungen wie Roman, Kurzgeschichte, Märchen etc. Jede dieser literarischen Gattungen hat ihre eigene Form und eigene Stilmittel, um Spannung zu erzeugen und ihre Inhalte darzubieten (Dramaturgie).

6.3.1 Storytelling

Storytelling, das Erzählen von Geschichten, gewinnt in der psychologischen und pädagogischen Literatur zunehmend an Bedeutung. Storytelling ist ein Kommunikationsverfahren, das auf der emotional engagierten Darstellung eines für den Erzähler bedeutungsvollen Geschehens beruht, an dem er selbst beteiligt war, von dem er gehört oder gelesen hat oder das er sich in seiner Vorstellung ausmalt.

Nach Laurel (Laurel, 1993) bietet eine Geschichte vor allem einen Kontext, innerhalb dessen gewisse Handlungen oder Aktionen durch Charaktere ausgeführt werden. Durch die Erzählung der Geschichte werden Raum und Zeit manipuliert, um beim Empfänger der Geschichte gewisse kognitive Prozesse in Gang zu setzen.

Erfahrungsorganisation durch Geschichten
Geschichten sind eine wesentlich Form, um unsere Erlebnisse als Erfahrungen zu organisieren, und damit grundlegend für unsere Interpretation der Welt und die Organisation von Erfahrungen und Ereignissen im Langzeitgedächtnis. Man kann beispielsweise wissen, dass Melbourne die zweitgrößte Stadt in Australien ist. Aber vielleicht ist diese Tatsache in unserer kognitiven Struktur verbunden mit einer Erfahrung, einem Ereignis und damit im episodischen Gedächtnis verankert (siehe Abschnitt 2.1.3).

Die Bedeutung von Geschichten für unser Verständnis, unsere Organisation von Ereignissen im Gedächtnis und für das Erinnern dieser Ereignisse ist unumstritten. Dabei müssen diese

Erfahrungen nicht unmittelbar selbst gemacht worden sein oder diese Ereignisse unmittelbar selbst erlebt worden sein. Sie können auch über Geschichten vermittelt worden sein.

Wir müssen deshalb grundlegend zwischen Primär- und Sekundärerfahrungen unterscheiden. Die grundlegendste und unmittelbarste Art von Erfahrung (Primärerfahrung) bildet die Sinneswahrnehmung (Reiz – Reaktion), die Verknüpfung einer bestimmten Gegebenheit mit einem Sinneseindruck. Eine solche Erfahrung wird umso komplexer, je mehr Sinneseindrücke und Gefühle an ihr beteiligt sind, weil dadurch hochkomplexe Verknüpfungen von bestimmten Gegebenheiten und Situationen in Handlungen, Sinneseindrücken und Gefühlen entstehen.

Die Vielzahl der Sinneseindrücke, die von den verschiedenen Sinnesorganen kommen, wird vom Gehirn zu einem Gesamtbild der jeweiligen Situation zusammengefügt, das mit den bestimmenden Gefühlen der Situation verknüpft ist. Dieses „Bild" wird als solches im Gedächtnis je nach Intensität und subjektiver Bedeutung gespeichert. Die Erinnerung funktioniert dann über innere Bilder, da nur Bilder die Vielzahl der flüchtigen Sinneseindrücke und Gefühle für längere Zeit als Erfahrung konservieren können.

Neben dieser Art von Primärerfahrung existiert aber auch die Sekundärerfahrung, wenn wir sozusagen durch die vermittelte Erfahrung anderer lernen. Das geschieht häufig in Form von Geschichten. Sie bauen mittels Verknüpfungen auf dem Netzwerk der Primärerfahrungen auf. Primär- und Sekundärerfahrungen stehen miteinander in Wechselwirkung. Denn der Mensch erfährt und beurteilt etwas von anderen immer auf dem Hintergrund seiner eigenen Erfahrung. Diese strukturiert seine Wahrnehmung, leitet seine Aufmerksamkeit und bildet so den individuellen Interpretationsrahmen, innerhalb dessen die neuen Erfahrungen bewertet und organisiert werden. Die Verarbeitung der neuen Eindrücke und deren Vergleich mit seinen Erfahrungen regen wiederum die eigenen Gefühle, Gedanken und Ideen an, die nach Ausdruck und Mitteilung verlangen.

Dieser Komplex von Erfahrungen ist für das Erzählen konstitutiv. Die daraus resultierende schöpferische Tätigkeit des Erzählens, das Formen und Umgestalten von Erfahrungen in Geschichten, ist das zentrale Moment, welches Geschichten erfinden und erzählen mit Erziehung und Pädagogik verknüpft.

Erzählen betont außerdem auch den Zusammenhang von Erfahrungen. Denn in einer Geschichte gibt es den bekannten roten Faden des Erzählers, auf dem die Episoden der behandelnden Figuren wie auf einer Perlenkette aufgereiht werden können. Erst dieser Zusammenhang bildet die charakteristische Form einer Geschichte aus und erzeugt ein Gefühl von Geschlossenheit und Ganzheit, da sich hier auch Ereignisse gegenseitig bedingen und zeitlich auseinander hervorgehen. Dies ist kompatibel mit Schanks Idee des Goal-Based Scenarios (siehe Abschnitt 1.4.3), das eine Rahmenhandlung mit Episoden benutzt, um Konzepte zu illustrieren und als Elemente einer Geschichte in besser erinnerbarer Form zu verbinden (Schank, 1998).

Ein wichtiger Aspekt für das Geschichten Erzählen ist das Storytelling in multimedialen Umgebungen. Hier tritt die Frage auf, wie sich Erzählstrukturen, die den traditionellen Medien Inhalt und Kontext verleihen, in einem interaktiven Medium realisieren lassen. In Film,

Theater und Literatur ist unbestritten, dass die Qualität der Erzählung für den Erfolg eines Werkes entscheidend ist. Doch die Bedeutung des Erzählens beschränkt sich nicht auf diese Bereiche.

So wurde beispielsweise im MENO-Projekt (Multimedia, Education and Narrative Organisation) versucht, die Form und Funktion von Narrativem in interaktiven multimedialen Umgebungen zu verstehen. Einige haben versucht, Dramaturgie (z.B. aristotelisches Handlungsschema) und eine Theorie des Kinos zu integrieren, teilweise gepaart mit der Implementierung von Story-Engines, die auf die Interessen, das Wissen und die Lerngeschichte der Lerner reagieren können (Hoffmann & Herczeg, 2003). Weiter ist auch versucht worden, über eine Kombination von realem physischen Raum und digitalem Raum in Mixed-Reality-Umgebungen eine Einbeziehung der Lerner nicht nur über kognitive Prozesse und Aufgaben, sondern auch durch physische und mimetische Interaktion mit der Umgebung zu ermöglichen (Kritzenberger, Winkler & Herczeg, 2002).

6.4 Nicht-kognitive Aspekte des Lernens: Emotion und Motivation

Emotionen und Motivation stehen in vielfältigen Zusammenhängen mit Vorgängen des Lernens. Motivation und Emotion sind im Erleben und Verhalten eng miteinander verbunden. Sie lassen sich tendenziell nicht voneinander trennen.

Gefühle als Faktoren der Handlungsregulation
Emotionen sind Erlebenszustände wie Freude, Angst, Trauer, Wut etc. Sie können durch einfache Sinneswahrnehmungen ausgelöst oder durch kognitive Interpretationen vermittelt werden. Emotionen sind das Ergebnis unterschiedlicher komplexer Reizbewertungen und signalisieren die motivationale Bedeutsamkeit innerer und äußerer Reize relativ zu aktuellen Zielen und Bedürfnissen.

Die Hirnregionen, die die Gefühlszustände erzeugen, liegen in der Mehrzahl zwischen den phylogenetisch sehr alten Strukturen des Stammhirns und den neokortikalen Hirnhälften. Man muss nach den heutigen Erkenntnissen der Hirnforschung davon ausgehen, dass an kognitiven Prozessen (wie logischen Entscheidungen) nicht nur der äußere Bereich des Gehirns beteiligt ist, wie man lange Zeit angenommen hatte. Vielmehr ist an kognitiven Prozessen auch der innere Hirnbereich beteiligt, nämlich derjenige Bereich, der für Emotionen (also Gefühle) zuständig ist.

Aufgrund dieser hirnphysiologischen Ergebnisse wird verständlich, dass Gefühle nicht nur ein integraler Bestandteil bei allen kognitiven Tätigkeiten einer Person sind, sondern auch wesentliche Faktoren für die menschliche Handlungsregulierung.

Durch die Gefühlssysteme wird mehr oder weniger dem Organismus „gesagt", was gut oder schlecht für ihn ist (hedonistischer Wert eines Reizes). In der Verbindung mit den Triebsys-

6.4 Nicht-kognitive Aspekte des Lernens: Emotion und Motivation

temen (Stammhirn) wird moderiert, mit welcher allgemeinen Verhaltenstendenz und Aktivierung (Flucht, Verteidigung, Annäherung oder Vermeidung) das Individuum reagiert. Während quasi im Vordergrund die bewusste Informationsverarbeitung in den beiden Gehirnhälften stattfindet, bestimmen Gefühle unsere Aufmerksamkeit und das Einprägen von Gedächtnisinhalten entscheidend mit.

Bereits bei der Informationsaufnahme beeinflussen affektive Einstellungen wie Angst oder Freude die Wahrnehmung des Lernobjekts. So besagt das Phänomen der Stimmungskongruenz, dass solche Informationen besser behalten werden, deren Valenz mit der Stimmung des Individuums kongruent ist. Untersuchungen belegen, dass positive Gefühle das Erinnern von positiver Information begünstigen, während bei schlechter Stimmung nur negative Informationen einen Gedächtnisvorteil erlangen. (Jerusalem & Pekrun, 1999). Aufgrund dieser Interdependenz von Emotion und Gedächtnis muss auch die bislang traditionell auf rein kognitive Prozesse der Gedächtnispsychologie fixierte Lehr- und Lernforschung um emotionale, affektive und attitudinale Faktoren ergänzt werden (Schürer-Necker, 1994).

Multimediale Lernumgebungen geben Gestaltungsmittel an die Hand, die auf den Nutzer eine emotionale Wirkung haben. So wurde bereits darauf hingewiesen, dass sich mit den Mitteln der Filmsprache und ihren Möglichkeiten der emotionalen Filmgestaltung (beispielsweise Bildkomposition, Kameraführung, Farben, Ton und Schnitt) bestimmte Emotionen beim Zuschauer erzeugen lassen (siehe Abschnitt 4.7.2). Es wurde allerdings auch darauf hingewiesen, dass beim Einsatz emotional aktivierender Mittel (z.B. Filmszenen mit ausgeprägtem emotionalem Charakter) eine Aufmerksamkeitslücke folgt, in der eine Informationsaufnahme für den Lerner nicht möglich ist. Infolgedessen sollte dies auch bei der Sequenzierung von Lehrinhalten berücksichtigt werden.

Motivation
Unter Motivation ist eine aktivierende Ausrichtung auf ein Ziel hin zu verstehen, das von der betreffenden Person als positiv bewertet wird. Vielfach wird zwischen intrinsischer Motivation (Person führt eine Handlung um ihrer selbst Willen aus) und extrinsischer Motivation (die Motivation kommt von einem außerhalb der Sache liegenden Ziel, z.B. Note, Belohrung etc.) unterschieden.

Im Hinblick auf die Motivation der Lerner gibt es wenig brauchbare Modelle, die für die Entwicklung von multimedialen Lernräumen eingesetzt werden könnten. Eine Ausnahme hierzu ist das ARCS-Modell (Attention, Relevance, Confidence, Satisfaction) von Keller (Keller, 1983).

Das ARCS-Modell definiert die folgenden Hauptkategorien, die Motivation erzeugen sollen:

- *Attention* (Aufmerksamkeit erlangen): dazu gehört Reize zu geben, um die Neugier des Lerners zu wecken und sein Interesse zu erlangen.
- *Relevance* (die Bedeutsamkeit des Lehrstoffes vermitteln): Der Lerner soll einsehen, warum der Lernstoff für die Erreichung bestimmter Ziele wichtig ist und was er damit im Hinblick auf die zukünftige Anwendung des Lernstoffes tun kann.

- *Confidence* (Erfolgsgewissheit): dies kann dadurch geschehen, dass der Lerner seine Kompetenz, den möglichen Erfolg und seine Einflussmöglichkeiten darauf wahrnimmt.

- *Satisfaction* (Zufriedenheit): der Lerner muss wahrnehmen können, dass die Folgen seines Tuns mit seinen Erwartungen übereinstimmen.

Keller hat auch einige konkrete Anregungen, wie dies in multimedialen Lernumgebungen realisiert werden könnte, auf die hier allerdings nicht weiter eingegangen wird.

6.5 Zusammenfassung

Kognitive Tätigkeiten sind auch mit Gefühlen verbunden. Gefühle sind ein wichtiger, aber oft übersehener Faktor der Handlungsregulation. Ein Lernraum sollte deshalb den Lerner nicht nur auf der rein rationalen Ebene ansprechen. Multimediale Lernräume eröffnen eine Reihe von Gestaltungsmöglichkeiten, die auf den Lerner eine emotionale und motivierende Wirkung haben. Dazu gehören nicht nur die Mittel der Filmsprache (siehe Abschnitt 4.7.2), sondern auch animierte pädagogische Agenten (siehe Abschnitt 6.2.1) und Storytelling (siehe Abschnitt 6.3.1).

Die Metapher des animierten pädagogischen Agenten impliziert, dass die Interaktion mit dem Computer als sozialer Handlungsraum zu verstehen ist und der Umgang mit dem animierten pädagogischen Agenten ähnlich wie in analoger zwischenmenschlicher Kommunikation funktioniert. Eine strukturelle Annäherung zur zwischenmenschlichen Kommunikation wird in der Kommunikation mit dem animierten Agenten vor allem durch die Modellierung von sozial- und kommunikationspsychologischen Verhaltensmodellen versucht. Zu den wesentlichen strukturellen Ähnlichkeiten gehören:

- verbales und non-verbales Verhalten: Dialogsteuerung,
- Zeigegesten, Blickrichtung: werden eingesetzt zur Aufmerksamkeitssteuerung,
- Körperhaltung, mimisches und gestisches Repertoire: haben Motivations-, Feedback- und Verstärkungsfunktion.

Die Anwesenheit eines animierten pädagogischen Agenten zeigt soziale Wirkung (Persona-Effekt), die sich äußert in:

- einer positiven Wahrnehmung der Lernsituation und Aufbau einer emotionalen Beziehung zu der Persona (subjektive Empfindung),
- Begeisterung kann auf Lerner übertragen werden,
- bessere Lernleistungen.

Negative Erwartungen in Bezug auf den Gebrauch animierter pädagogischer Agenten in Lernräumen haben sich nicht erfüllt, wenn die Lernumgebung richtig gestaltet ist. Dazu

6.5 Zusammenfassung

gehört, dass der Agent die Aufmerksamkeitslenkung übernimmt (z.B. durch Zeigegesten). Außerdem hat sich auch die rollenspezifische Verteilung bestimmter Funktionen auf mehrere Agenten als positiv erwiesen (z.B. inhaltlicher Experte, Coach etc.).

Animierte pädagogische Agenten haben vor allem eine emotionale Wirkung auf den Lerner. Diese emotionale Komponente von Lernumgebungen wird gerne vernachlässigt. Dabei wird oft auch die handlungsleitende Qualität von Emotionen übersehen und vergessen, dass Emotionen auch an kognitiven Prozessen beteiligt sind. Das Thema Emotionen ist ebenso wie das Thema Motivation ein weitgehend vernachlässigtes Thema in der Gestaltung multimedialer Lernräume. In den letzten Jahren wird dies allerdings vor allem über das Thema Storytelling und dessen dramaturgische Möglichkeiten (Dramaturgie) besetzt.

7 Verteiltes Lehren und Lernen

Die Ausbreitung des Internets als Distributions- und Präsentationsmedium und die damit verbundenen Möglichkeiten, wie Telekommunikation oder Streaming Media, war seit Mitte der etwa 90er Jahre ein wesentlicher Motor für die Entwicklung des verteilten Lehrens und Lernens. Mit verteiltem Lehren und Lernen sind vor allem verschiedene Szenarien der Online-Unterstützung der Lehre gemeint. Diese Form der netzbasierten Lehre hat insbesondere traditionelle Formen des Unterrichts – wie Vorlesung oder Seminar – aufgegriffen, um sie als Fernlehrangebot über das Netz anzubieten. Es werden gelegentlich auch die Begriffe telemediales Lernen (Kerres, 1999) oder telematisches Lernen (Arnold, 2003) verwendet.

Viele der Entwicklungen, vor allem in Hinblick auf den Einsatz der neuen Medien in der Lehre, wurden etwa seit 1996 durch Stellungnahmen und Empfehlungen deutscher und internationaler Organisationen (z.B. Hochschulrektorenkonferenz, Bund-Länder-Kommission für Bildungsplanung, Europäische Union (Resolution der Bildungsminister, Bologna 1999, eEurope Initiative der Europäischen Kommission usw.) politisch vorangetrieben. Förderprogramme mit hohem Finanzvolumen (z.B. 5. Rahmenprogramm der EU, „Neue Medien in der Bildung" (Fördervolumen ca. 400 Mio. DM) des Bundesministeriums für Bildung und Forschung) haben viele Entwicklungen ermöglicht.

Vielfach ging es in diesen Stellungnahmen und Programmen darum, die Hochschulentwicklung voranzutreiben. Insbesondere sollte das Potenzial des Internets für die Bildung gefördert werden. Der Medieneinsatz sollte vor allem auf den Zugriff auf Wissensbestände, die Telekommunikation (Netzwerke und Verbünde entstehen) sowie eine Verbesserung der Lehre durch computerunterstützte Lernumgebungen zielen. Die Szenarien der Entwicklung beinhalten vor allem, dass die Hochschullehrer und Fachbereiche unterstützende elektronische Lernhilfen anbieten und eine breite Palette von Standardlernprogrammen zur Verfügung steht. Fachbereiche mehrerer Hochschulen bilden Netzwerke und Verbünde; Rechenzentren, Medienzentren und Bibliotheken kooperieren.

Auf die einzelnen Positionen und Stellungnahmen wird hier nicht weiter eingegangen. Eine detaillierte Zusammenfassung der wichtigsten Stellungnahmen und Ziele nationaler und internationaler hochschulpolitischer Organisationen sowie Prognosen und Zukunftsszenarien in Bezug auf den Multimedia-Einsatz und die Virtualisierung der Universitäten sind zu finden in Schulmeister (Schulmeister, 2001: 9–50).

Die Virtualisierung der Ausbildung ist nicht zuletzt deshalb von besonderer Wichtigkeit, da Berufsbilder mehr und mehr an Bedeutung verlieren und Arbeitnehmer in Zukunft weniger denn je eine Ausbildung und dann die lebenslange Berufstätigkeit in einem Arbeitsgebiet aufnehmen werden. Vielmehr werden Arbeitnehmer lebenslang weiterlernen, um sich aufgrund der rasanten Entwicklungen (z.B. Globalisierung der Wirtschaft, technologische Entwicklungen) in allen Wissensbereichen ausreichend zu qualifizieren. Vielleicht müssen sie im Laufe ihres Lebens sogar mehr als einmal eine grundlegend neue Ausbildung beginnen.

Das Schlagwort der Wissensgesellschaft hat sich mittlerweile für diese Vision einer lebenslangen berufsbegleitenden Aus- und Weiterbildung durchgesetzt. Universitäten und andere Bildungseinrichtungen werden bei der weiteren Entwicklung natürlich eine wichtige Rolle spielen. Sie müssen aber insbesondere darauf ausgerichtet sein, dass berufstätige Studierende ihre berufliche Tätigkeit mit der Studienorganisation vereinbaren können.

Vor diesem Hintergrund führten die politischen Ansätze und Fördermaßnahmen zur Virtualisierung der Lehre, vor allem in Form von virtuellen Vorlesungen, virtuellen Seminaren und teilweise auch virtuellen Studiengängen. Wobei in diesen Angeboten virtuell vor allem bedeutet, dass das Internet als Distributions- und Präsentationsmedium genutzt wird (siehe Abschnitte 7.1, 7.2.1) und spezielle Software für das Management der Wissensinhalte von Kursen und Vorlesungen, die Verwaltung von Studenten und zur Kommunikation zwischen Studenten und Lehrern bzw. Tutoren dafür zur Verfügung steht (Learning-Management-Systeme oder Lernplattformen).

Das Ergebnis ist, dass Lehrveranstaltungen besucht, Übungen absolviert und Prüfungsleistungen erbracht werden können, ohne dass die Lerner in der Bildungseinrichtung örtlich anwesend sein müssen und teilweise auch ohne sich an Seminarzeiten halten zu müssen, d.h. Lehre und Lernen finden zeitlich und örtlich verteilt statt. Das Problem dabei ist allerdings, dass sich die traditionellen didaktischen Methoden der Lehre, wie Vorlesung (siehe Abschnitt 7.2.1) oder Seminar (siehe Abschnitt 7.2.2) nicht einfach in unveränderter Form auf netzbasierte Formen übertragen lassen. Abgesehen von den technischen Schwierigkeiten, die derzeit nicht vollkommen gelöst sind, verändern sich auch die Kommunikations- und Kooperationsbedingungen durch den Einsatz telemedialer Kommunikations- und Kooperationsmittel. Diesen Veränderungen muss auch im Hinblick auf die eingesetzten Lehrmethoden Rechnung getragen werden, so dass ein echter Mehrwert durch den Einsatz des Internets entstehen kann. Außerdem müssen die didaktischen Methoden durch geeignete Werkzeug (d.h. Funktionen auf Lernplattformen) unterstützt werden. Auch dies ist bislang nicht in ausreichendem Maße gegeben.

7.1 Lernplattformen

Unter einer Lernplattform ist eine Lernumgebung zu verstehen, die als Learning-Management-System (LMS) eine Verwaltung und Betreuung der Lernenden im Rahmen des Online-Lernens ermöglicht (Chapman & Hall, 2001). Lernplattformen werden sowohl für die Ergänzung der Präsenzlehre durch virtuelle Komponenten genutzt (Blended Learning) als auch für vollständig virtuell (ohne Präsenzphasen) abgehaltene Lehrveranstaltungen.

Bei Lernplattformen handelt es sich um Softwarewerkzeuge, auf welche im Internet oder im Intranet zugegriffen werden kann und welche bestimmte Funktionalitäten zur Verwaltung

7.1 Lernplattformen

und Betreuung der Lernenden im Rahmen von Online-Lernen, zum Aufruf und zur Administration von Lernressourcen, Übungsaufgaben, Kommunikationstools usw. zur Verfügung stellen. Damit stellen sie eine Umgebung zur Präsentation und Organisation von Lernressourcen zur Verfügung und fungieren so als zentrale Schnittstelle zwischen den Anbietern von Lernmaterialien und den Lernern.

Um diese Aufgaben erfüllen zu können, bieten Lernplattformen typischerweise eine Reihe von Funktionen an, um Lehr- und Lernmaterialien ins Netz zu stellen und um die Kommunikation zwischen Lehrenden und Lernenden, der Lernenden untereinander und eventuell auch der Lernenden mit der Bildungseinrichtung (Verwaltung) zu ermöglichen. Lernplattformen werden deshalb vielfach auch als Learning-Management-Systeme (LMS) bezeichnet.

Zu den wesentlichen Funktionen einer Lernplattform gehören:

- Benutzerverwaltung (Anmeldung mit Verschlüsselung),
- Kursverwaltung (Kurse bereitstellen, Verwaltung der Inhalte, Dateiverwaltung),
- Rollen- und Rechtevergabe mit differenzierten Rechten,
- Kommunikationsmethoden (Chat, Foren) und Werkzeuge für das Lernen (Application Sharing mittels Electronic Whiteboard, Dokumentenaustausch, Notizbuch, Annotation, Kalender etc.),
- Darstellung der Kursinhalte, Lernobjekte und Medien in einem netzfähigen Browser.

Durch diese Funktionen unterscheiden sich Lernplattformen von bloßen Lehrskriptsammlungen und Hypertexten auf Web-Servern (häufig als Kurshomepage bezeichnet).

Architektonisch bestehen Lernplattformen aus drei Schichten. Die unterste Schicht bildet ein Repository (Datenbasis, Datenbankschicht), in dem die Dateien, Medienobjekte, Benutzerdaten usw. gehalten werden. Personen werden in einer Teilnehmerdatenbank verwaltet. Da sie verschiedene Rollen annehmen wie Lerner, Autoren, Lektoren, Tutoren, Kursleiter, Verwalter, Administratoren etc., sind rollenspezifische Sichtweisen erforderlich. Veranstaltungen beinhalten Informationen über einen Kurs wie Lehrinhalte, Lehrziele, Kursleiter, verwendete Lernressourcen, Ablaufpläne oder Kursorganisation.

Dies setzt allerdings nicht zwingend voraus, dass die Dokumente durch XML strukturiert oder dass Metadaten (siehe Abschnitt 3.3) vergeben werden können. Dies ist in vielen Lernplattformen nicht möglich. Deshalb kann man hier auch nicht von Digital Libraries reden. Idealerweise aber sollten die Lehrinhalte als eigentliche Lernobjekte in modularer Form vorhanden sein. Da das Thema der Standardisierung noch relativ neu ist, beginnen einige Hersteller von Lernplattformen erst jetzt damit, die IMS- und SCORM-Metadaten-Initiativen (siehe Abschnitt 3.3.2) wahrzunehmen, haben allerdings die Metadatendefinitionen oft noch nicht übernommen.

Lernplattformen verfügen in ihrer Architektur auf der mittleren Ebene außerdem über eine API-Schnittstelle (application programmer's interface). Sie schafft den Zugang zur Lernobjekte- und Studentenverwaltung, zur Verschlüsselung, zu den Funktionen im Management der eingestellten Dokumente und zu den Funktionen für die Bereitstellung und Konfiguration der Lernumgebung (mit Kommunikationswerkzeugen, Kursmaterialien etc.). Neben diesen Objekten gibt es in der Lernplattform auch Prozesse, in welche die oben benannten Objekte (aus der Datenbank) involviert sind. Zu den wichtigsten Prozessen, die auf einer Lernplattform ablaufen, gehören die Administration (Verwaltung von Personen und Zuordnung zu bestimmten Personengruppen, Zugangsbeschränkungen, Festlegung von Rechten etc.), die Personalisierung (dynamische Generierung einer Weboberfläche je nach Benutzer und Berechtigung), die zeitgesteuerte Ausgabe bestimmter Daten (termingestützte Freischaltung von Kursen und Kursbestandteilen, Versendung von Informationen, Lernaufgaben, Lösungen an Lernende), ein Betreuungssystem (manuelle und automatische Bildung von Lerngruppen und Zuordnung von Tutoren) und Informationen über den Lernstatus (Tracking des Lernfortschrittes und Auswertungsfunktion, Auswertung von Tests und Vergabe von Zertifikaten).

Als dritte Komponente kommt im Aufbau von Lernplattformen noch die Benutzungsoberfläche dazu. Diese Schicht präsentiert rollenspezifisch (Zugang für Dozenten bestimmter Kurse, Zugang für bestimmte Studentengruppen, Zugang für Administrator) die Inhalte, Lernressourcen und sonstige Kurs- bzw. Verwaltungsdaten. Dem Lerner wird sich diese Lernumgebung als ein bestimmtes Lernportal darstellen, wo er Zugriff zu Lehrmaterialien bekommt, ein Dokument alleine oder mit anderen zusammen bearbeiten, einen Test absolvieren, oder Fragen an den Tutor stellen kann. Dem Lehrenden oder Tutor stellt sich diese Lernumgebung zusätzlich auch als Portal dar, das ihm administrative Tätigkeiten ermöglicht, wo er seine Kursmaterialien zu einem Kurs zusammenstellen kann, wo er diesen Kurs später betreuen kann, wo er Lernfortschritte der Lernenden abfragen kann etc. Hinzu kommt oft die Bereitstellung von Kommunikations- und Kooperationswerkzeugen, wie E-Mail, Chat, Foren und Application Sharing.

Marktgängige Produkte (wie beispielsweise Blackboard 5, IBT Server eLearning Suite, Hyperwave eLearning Suite, WebCT Campus Edition 3.7, um nur einige wenige zu nennen), die sich als Lernplattformen bezeichnen und die oben beschriebenen Merkmale aufweisen, gibt es viele auf dem Markt. Eine Übersicht und eine Bewertung aktueller Produkte sind zu finden bei Schulmeister (Schulmeister, 2003).

Neben den eingangs genannten Plattformfunktionen einer Lernumgebung wäre die Möglichkeit, innerhalb der Plattform die Lehrinhalte selbst erstellen zu können, eine weitere wünschenswerte Funktionalität. Denkbar wäre die Methode der Inhaltsgenerierung mittels Autorensystem, indem Autoren ohne Programmierkenntnisse ihre Texte, Bilder und andere Lernobjekte hinzufügen könnten, die dann vom System als Lernobjekte behandelt, verwaltet und als Kursdatei sequenziert und gestaltet werden könnten. Der leichten Erstellung von Inhalten stünde dann allerdings wieder der Nachteil der fehlenden Flexibilität im Hinblick auf die Gestaltung der Lernumgebung und möglicherweise die fehlende Portierbarkeit auf andere Systeme gegenüber.

Allerdings ist der Anspruch hier so hoch, dass bislang noch keine respektable Lösung auf dem Markt ist. Vielleicht auch aufgrund des fehlenden Marktes für solche Produkte, der vielleicht nicht ausreichend groß genug wäre. Aufgrund der Schwierigkeiten koppeln viele Systeme die Lehrinhaltserstellung völlig aus.

Mit der Erstellung der Inhalte verbunden wäre die Wiederverwendbarkeit der Lernobjekte in unterschiedlichen E-Learning-Szenarien und ihre Portierbarkeit auf unterschiedliche Endgeräte, beispielsweise auch auf mobile Endgeräte. Dies würde eine geeignete Modularisierung, Klassifizierung, Archivierungsfunktion und Versionskontrolle für die erstellten Lernmaterialien bedeuten (siehe Abschnitt 3.3). Außerdem wäre es hierüber auch möglich, eine adaptive Bereitstellung von Lerninhalten für unterschiedliche Nutzergruppen und -profile anzubieten. Aber auch hier scheint der Anspruch zu hoch zu sein, denn dies ist in den gängigen Learning-Management-Systemen nicht gegeben.

7.2 Didaktische Szenarien

Ein Learning-Management-System, wie es im vorausgehenden Abschnitt beschrieben wurde, ist nur die technische und organisatorische Plattform für die Durchführung von Lehrveranstaltung und die Verwaltung von Studierenden. Die eigentliche Durchführung der Lehre, der eigentliche Lernraum für die Studierenden und die damit verbundene Didaktik sind damit noch nicht berührt. Die folgenden Abschnitte geben Auskunft über Versuche, traditionelle Lehrformen auf das Internet zu übertragen, die zu Formen wie Teleteaching oder virtuellen Seminaren geführt haben.

7.2.1 Teleteaching

Unter Teleteaching soll hier die Live-Übertragung einer Vorlesung, eines Seminars oder einer ähnlichen Art von Lehrveranstaltung über Video-Konferenzsysteme verstanden werden. Dafür werden für den Unterrichtsprozess selbst die neuen Informations- und Kommunikationstechnologien (Internet, Hochgeschwindigkeitsnetze und Übertragungstechniken) eingesetzt.

Die Grundidee des Teleteaching und Telelearning ist, dass Lehrperson und Lernende nicht mehr am gleichen Ort präsent sein müssen. Stattdessen kommunizieren sie über Netzwerke, die zur Übertragung von Vortragseinheiten dienen (Euler, 2001: 158). Dabei kann mit Teleteaching und Telelearning jegliche Art von Distanz-Lehr-Lern-Angebot gemeint sein, das mit der Nutzung von Datennetzen verbunden ist.

Grundsätzlich ist zu unterscheiden zwischen

- *synchronen Szenarien*: zeitgleiche (Internet-)Übertragung einer Veranstaltung, die gerade in einem Hörsaal oder Seminarraum am Ort 1 stattfindet in den Hörsaal oder Seminarraum am Ort 2, wo die Teilnehmer ebenfalls gerade anwesend sind (siehe Abbildung 19). Zum synchronen Teleteaching sollen hier Televorlesung und Teleseminar gezählt werden.

- *asynchronen Szenarien*: zeitunabhängiges Lernen an verschiedenen Orten mit dem Hauptaspekt der Ortsunabhängigkeit zwischen Dozent und Student, z.B. aufgezeichnete Vorlesungen werden als Web-Based Training ins Netz gestellt. Im Rahmen der asynchronen Szenarien sind beispielsweise einige so genannte virtuelle Seminare (siehe Abschnitt 7.2.2) durchgeführt worden.

Die Abbildung zeigt eine Live-Verteilung einer Vorlesung über das Internet. Die gesamte Vorlesung oder ausgewählte Vorlesungsteile, werden aus einem Hörsaal oder einem Studio in einen anderen Hörsaal an einem anderen Standort in Form von digitalem Video und Audio übertragen.

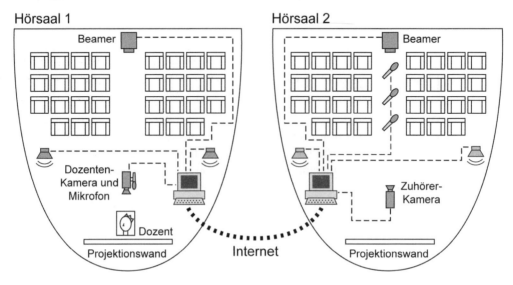

Abbildung 19: verteilte Vorlesung als synchrones Szenario des verteilten Lehrens und Lernens (Teleteaching)

Mitte bis Ende der 90er Jahre wurden vor allem Teleteaching-Pilotprojekte erzeugt. Mittlerweile sind Teleteaching-Veranstaltungen in den regulären Lehrbetrieb integriert. Dies ist vor allem in virtuellen Hochschulen (z. B. Virtuelle Hochschule Baden-Württemberg, Virtuelle Hochschule Bayern) oder bei virtuellen Studiengängen der Fall.

Eine Erweiterung des Teleteachings kann über die Aufzeichnung der Live-Übertragung und eine web-basierte Distribution über Streaming Video oder über Datenträger wie DVD geschehen. Zudem können die Aufzeichnungen bearbeitet werden. Dies hat für die Lernenden den Vorteil, dass sie die Vorlesung jederzeit und öfter betrachten können. Außerdem kann in einer geeigneten Hypermedia-Umgebung zusätzliches Lernmaterial mit den Vorlesungsthemen verbunden werden.

Technische und organisatorische Rahmenbedingungen
Die Realisierung einer Lehrveranstaltung in Form des Teleteaching stellt einige Anforderungen an die technischen, personellen und organisatorischen Rahmenbedingungen.

- *Bild- und Tontechnik:* Für die Übertragung muss jeweils die Erfassung des Tons (gesprochenes Wort des Dozenten bzw. der Studierenden, z.B. bei Rückfragen) und des Bildes des Dozenten bzw. der Zuhörer (ebenfalls bei Rückfragen, auch im ent-

7.2 Didaktische Szenarien

fernten Hörsaal 2) sichergestellt werden. Dafür stehen im Hörsaal 1 (Dozenten-Hörsaal) ein fest installiertes Mikrofon am Dozentenpult und eventuell auch drahtlose Mikrofone (Handmikrofon, Headset) zur Verfügung. Auf der Gegenseite (im Hörsaal 2 muss der Audioausgang eines Decoders für den Tonempfang aus dem entfernten Hörsaal zur Verfügung stehen. Außerdem müssen auch Mikrofone für eventuelle Rückfragen der Zuhörer im entfernten Hörsaal vorhanden sein. Analog braucht dann auch die Gegenseite (Dozentenhörsaal) Audioausgang mit Decoder.

Das Bild des Dozenten bzw. der Zuhörer wird durch fest installierte Kameras erzeugt (Dozentenkamera, Zuhörerkamera, die gegebenenfalls auch im Dozentenhörsaal und nicht nur im entfernten Hörsaal B installiert sein kann). Im entfernten Hörsaal müssen Decoder und Projektionsfläche für den Empfang des Dozentenbildes vorhanden sein.

- *Präsentationstechnik:* Die Präsentation der Vorlesungsinhalte (z.B. Power-Point-Folien, Texte, Simulationen etc.) muss durch elektronische Mittel unterstützt werden. Dazu gehören normalerweise eine Workstation und eventuell auch ein zusätzliches Dozenten-Notebook.

Wenn vom Dozenten zusätzlich eine Tafel benötigt wird, dann kann ein Electronic Whiteboard benutzt werden. Damit stehen Zeichen- (auch Feihandzeichnen oder die Nutzung vordefinierter grafischer Symbole) und Schreibfunktionen zur Verfügung. Über das Electronic Whiteboard können auch einzelne Tafelbilder abgespeichert werden. Außerdem können die Nutzungsoberfläche des PCs und die darauf laufenden Programme und Anwendungen auf das Electronic Whiteboard projiziert und dort weiter bearbeitet werden, z.B. durch Zeichnungen oder Anmerkungen.

Ein Visualizer ersetzt den üblichen Overhead-Projektor, um Papiervorlagen (Episkopfunktion), Dias oder kleine dreidimensionale Objekte darzustellen. Die Darstellung der Bildinformation erfolgt über Aufprojektionsverfahren (die Projektoren befinden sich vor der Projektionsfläche). Eine Projektion ist auch auf dem Electronic Whiteboard möglich.

Die Erzeugung von Audio-, Video- und Computersignalen stellt kein Problem beim Teleteaching dar. Problematisch ist allerdings häufig die Übertragung der anfallenden riesigen Datenmengen von Ort 1 nach Ort 2. Eine qualitativ hochwertige Bild- und Tonwidergabe, Ausfall- und Übertragungssicherheit und die Synchronisation der Medien wird erwartet, gelingt allerdings nicht immer. Notwendig ist in jedem Falle die Bereitstellung einer ausreichenden Bandbreite für die Datenübertragung.

Es ist gut, wenn dafür ein leistungsfähiges ATM-Netz (Asynchron Transfer Mode) im Gigabit-Bereich zur Verfügung steht. Damit wird eine Datenrate für die Übertragung von 155 MB/sec möglich. Zusätzlich sollten auch mehrere Kanäle zur Verfügung stehen, damit die Übertragung nicht auf nur ein Videosignal (z.B. Dozentenbild der Kamera) beschränkt bleibt, sondern die Videosignale mehrerer Präsentationen (z.B. Kamerabild des Dozenten plus Power-Point-Präsentation) gleichzeitig übertragen werden können. Um möglichst viele Kanäle zur Verfügung zu haben, wird häufig neben der Übertragung über das ATM-Netz auch die zusätzliche Übertragung der PC- und Electronic Whiteboard-Daten (z.B. über Net-Meeting) über das Internet genutzt.

Neben der genannten technischen Infrastruktur braucht das Teleteaching auch personelle und organisatorische Bedingungen. So müssen auch relativ personalintensive, organisatorische Probleme (z.B. die Herstellung einer Netzwerkverbindung zwischen den Standorten, die Sicherung und Stabilität der Übertragung für die Dauer des Übertragungszeitraumes, Absprache bezüglich der Einstellungen etc.) im Vorfeld gelöst werden. Gegebenenfalls ist neben den genannten technisch notwendigen Verbindungen auch noch eine Telefonverbindung zwischen den beiden Standorten zur Metakommunikation, z.B. für Regieanweisungen, notwendig.

Didaktische Überlegungen
Die 1:1-Abbildung traditioneller Lehrformen allein, wie Vorlesung, Seminar oder Übung ist für das Online-Lernen nicht optimal, von den hohen Kosten einmal ganz abgesehen.

Eine Voraussetzung, um zeitlich flexibles, individualisiertes und bedarfsorientiertes Lernen durch konsequente Nutzung neuer Medien zu ermöglichen, ist auch die Aufarbeitung der Lehrmaterialien im Hinblick auf die Online-Nutzung (Kritzenberger & Herczeg, 2002; Kritzenberger & Herczeg, 2001). So sollten beispielsweise die Vorlesungsskripte nicht einfach nur nach HTML konvertiert werden, sondern die multimedialen und telekooperativen Möglichkeiten des Internets einbezogen werden. Denkbar sind beispielsweise in JAVA programmierte interaktive Programme, die den behandelten Sachverhalt visualisieren und damit verständlicher machen (siehe Abschnitt 4.7, Abschnitt 5.2). Weitere Möglichkeiten bieten auch Hypertextstrukturen, durch die das Lehrmaterial flexibler zugänglich, besser strukturiert (siehe Abschnitt 3.1) und individualisierbar gemacht werden kann (siehe Abschnitt 3.2). Hypermedia ermöglicht auch die Einbindung kontinuierlicher Medien, wie beispielsweise Audio (siehe Abschnitt 4.3.2), Video (siehe Abschnitt 4.7.2) oder Animationen (siehe Abschnitt 4.7.1).

Durch den Einsatz netzbasierter Informations- und Kommunikationstechnologien entstehen aber auch weitere Kommunikationsmöglichkeiten, die über den Hörsaal oder Seminarraum hinausgehen. Hier bietet die Virtualisierung der Lehre die Möglichkeit, nach neuen Lehrformen für räumlich und zeitlich flexibles, individualisiertes und bedarfsorientiertes Lernen zu suchen.

Außerdem stellt sich die Frage, wo ein Mehrwert durch die personal- und kostenintensive Übertragung der sehr umfangreichen Datenmengen erzielt werden kann. So können in synchronen Szenarien verteilten Lehrens und Lernens den Lernenden auch Videokonferenzen und Videokonferenzsysteme zur Verfügung stehen. Solche Konferenzen können die Studierenden beispielsweise individuell dazu nutzen, einem Tutor Fragen zum erarbeiteten Lernstoff zu stellen, oder eine Konferenzschaltung kann auch dazu dienen, um einen Experten auf einem Fachgebiet in eine aktuell laufende Präsenzvorlesung zu übertragen, um ihn beispielsweise zu befragen (siehe Abbildung 20 einer telekooperativen Vorlesung).

7.2 Didaktische Szenarien

Ein solches Szenario könnte für verschiedene Arbeitsgebiete sehr hilfreich sein, beispielsweise könnte eine Operation, die im entfernten Operationssaal stattfindet, live vom Hörsaal aus verfolgt werden (einschließlich der Rückfragemöglichkeit). Weitere telekooperative Szenarien ließen sich auch für andere Anwendungsgebiete finden.

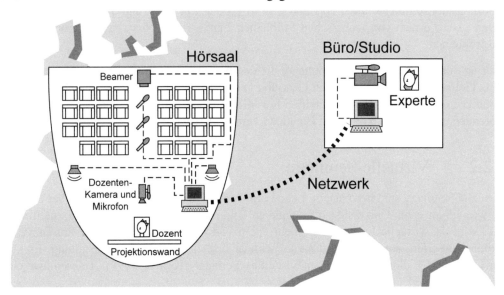

Abbildung 20: Telekooperation in einer Vorlesung

Während vor einigen Jahren nur wenige Teleteaching-Projekte anzutreffen waren, gibt es mittlerweile eine Vielzahl von Aktivitäten mit unterschiedlicher Ausprägung in diesem Bereich. Viele dieser Projekte versuchen, Strukturen aufzubauen, didaktische Unterstützung für Szenarien zu erarbeiten, Werkzeuge zu evaluieren und vieles mehr.

Grenzen und Forschungsbedarf
Trotz aller Versprechungen und Euphorie gegenüber den neuen Möglichkeiten des Teleteachings gibt es viele Kritikpunkte, die deutlich die Grenzen des Teleteachings zeigen. Aus der Sicht der Teilnehmer werden die Teleteaching-Situationen eher als negativ empfunden. Viele der Negativpunkte gehen auf die Einschränkung der Kommunikationsmöglichkeiten zurück.

Die Studenten in Teleteaching-Veranstaltungen zeigen weniger Interesse am Studienfach und haben weniger den Eindruck an einer lohnenden Vorlesung teilgenommen zu haben, in der etwas Sinnvolles und Wichtiges gelernt wurde. Die Studierenden fühlen sich in der Telesituation weniger vom Dozenten wahrgenommen als in der Präsenzsituation.

Derartige Kommunikationsprobleme führen nicht zuletzt zu einer geringeren Interaktivität und geringer Kommunikation zwischen Lehrenden und Studierenden. Auch fällt die Konzentration in der Televeranstaltung schwerer als in der Präsenzveranstaltung. Dies geht aus Evaluationen von Teleteaching-Veranstaltungen (z.B. der Universität Mannheim) hervor und spiegelt die Tendenz in vielen Veranstaltungen dieser Art wieder.

Darüber hinaus ist in Bezug auf viele Teleteaching-Situationen die relativ geringe Übertragungsqualität für Videobilder zu beklagen, die zwangsweise zu Qualitätseinbußen führt. Hinzu kommt, dass die Synchronisation des Video- und Tonsignals nicht immer gelingt, was ebenfalls zu Qualitätsproblemen im Hinblick auf die Verständlichkeit führt. So scheinen Konzentrationsprobleme auch vorzugsweise in Phasen mit Bild- und Tonproblemen aufzutreten. Alle Formen von technischen Problemen führen natürlicherweise zu Kommunikationsproblemen.

Dies ist nur eine Auswahl der Probleme, die deutlich die Grenzen des Teleteachings aufzeigen. Vielfach ist man deshalb auch dazu übergegangen, Vorlesungen aufzuzeichnen und als Konserve anzubieten. Allerdings fehlen hier die Rückkopplungsmöglichkeiten für die Studierenden und muss deshalb durch Blended Learning-Konzepte ergänzt werden.

7.2.2 Virtuelle Seminare

Virtuelle Seminare sind netzbasierte Lehr-Lern-Formen, die anstelle herkömmlicher Seminare, wie sie an einer Universität oder anderen Bildungseinrichtung üblich sind, stattfinden. Hier wird das virtuelle Lernen nicht mehr ergänzend oder begleitend in eine Präsenzveranstaltung integriert, sondern das virtuelle Seminar ersetzt die Präsenzveranstaltung. Es konkurrieren häufig die Bezeichnungen virtuelles Seminar (Kerres, 1999), Teleseminar oder Online-Seminar.

Prinzipiell sind virtuelle Seminare zwar in ihrer Organisationsform stark an Präsenzseminaren orientiert. Aber vielen asynchronen Lehr-Lern-Szenarien steht die Bereitstellung von Lernmaterialien (häufig auch als interaktive Übungs- und Praktikumsmaterialien) via Internet zur Offline-Nutzung im Vordergrund. Solche Angebote eröffnen Studierenden häufig dann auch die zusätzliche Möglichkeit, Aufgabenlösungen online vom System auswerten zu lassen statt sie gegebenenfalls mit Medienbruch an den Dozenten versenden zu müssen. Durch eine Lernplattform (siehe Abschnitt 7.1) haben die Studierenden gleichzeitig den Vorteil, ein unmittelbares Feedback des Dozenten bekommen zu können. Häufig soll aber mit der Bereitstellung von Lernmaterialien auf einer Lernplattform lediglich die Präsenzlehre durch die Abbildung geeigneter Teilprozesse eines Seminars auf Internetkomponenten ergänzt werden.

Im Hinblick auf das Angebot von Übungs- und Praktikumsmaterialien werden gelegentlich vor allem in den Natur- und Ingenieurswissenschaften auch virtuelle Labore im Netz zur Verfügung gestellt, die häufig die betreffenden Gegenstände als VRML-Animationen zur Verfügung stellen, z.B. Virtual Control Lab (Ruhr-Universität Bochum) oder das virtuelle Sequenzierlabor ViSeL zur DNA-Sequenzierung (Universität Bielefeld, Biologie).

Kennzeichnend für ein virtuelles Seminar ist, dass sich die Lehrenden und Lernenden während der Seminarzeit an unterschiedlichen Orten aufhalten und gegebenenfalls auch zu unterschiedlichen Zeiten ihre Beiträge zu dem Seminar und zu einzelnen Seminarthemen leisten. In asynchronen Szenarien des verteilten Lehrens und Lernens befinden sich die Teilnehmer nicht nur an verschiedenen Orten, sondern Lehren und Lernen können auch zu unterschiedlichen Zeiten stattfinden, so dass Studenten und Dozenten auch zeitunabhängig sind.

In anderen Punkten aber unterscheiden sich virtuelle Seminare grundlegend von Präsenzseminaren. Denn es steht in erster Linie der Lerngegenstand im Mittelpunkt. Im Präsenzseminar dagegen befinden sich die Teilnehmer in einer sozialen Umgebung, in der ein Austausch zwischen den Teilnehmern durch Diskussion und gemeinsame Reflexion ohne weiteres möglich ist. Gelegentlich nimmt die Diskussion im Rahmen eines Seminars auch einen breiteren Raum ein als die frontale Vermittlung von Wissensstoff. Dies ist bei face-to-face Kommunikation im Seminarraum ohne Probleme möglich und ergibt sich häufig ganz natürlich.

Beim virtuellen Seminar hingegen müssen die Kommunikation der Teilnehmer ebenso wie die Kooperation, um an einem gemeinsamen Lerngegenstand zu arbeiten, explizit durch geeignete Werkzeuge der Informations- und Kommunikationstechnologie unterstützt werden. Eventuell ist die Unterstützung sogar mit einer Lernplattform (siehe Abschnitt 7.1) nötig, die über Groupware-Komponenten, Application Sharing, Dokumentenaustausch, Chat oder Foren verfügt.

Die Seminare sollten dann aber nach den Konzepten von CSCL (siehe Kapitel 8) (Wessner, 2001: 195–220) durchgeführt werden. Wenn nicht mehr nur die administrative Funktion und die Funktion des Informationsaustausches im Vordergrund steht, sondern das gemeinsame Arbeiten am Wissenserwerb bzw. an einem gemeinsamen Produkt, dann bedarf es aber auch der Unterstützung geeigneter didaktischer Methoden für die Gruppenarbeit beim kooperativen Lernen (siehe Abschnitt 8.2.3).

Kennzeichnend für ein virtuelles Seminar ist auch, dass die Lehrenden und Lernenden hauptsächlich nur noch virtuell aufeinander treffen. Die Kommunikation zwischen den Teilnehmern erfolgt daher medienbasiert, zumeist durch computervermittelte Kommunikation. Dabei lassen sich virtuelle Seminare asynchron (z.B. E-Mail, Foren etc.) aber auch synchron (z.B. Screen-Sharing oder Chat) realisieren. In der Praxis sind sie häufig textbasiert, also im Wesentlichen schriftlich (z.B. KOALAH, siehe Nestor, 2000). Sie können aber auch auditiv und/oder visuell (Videokonferenz) realisiert werden, wie im vorausgehenden Abschnitt beschrieben wurde (siehe Abschnitt 7.2.1).

Dem deutlichen Vorteil der Orts- und Zeitunabhängigkeit von virtuellen Seminaren stehen auch deutliche Nachteile gegenüber. Der wichtigste Nachteil, der den Berichten über virtuelle Seminare zu entnehmen ist, liegt darin, dass sie von den Teilnehmern ebenso wie vom Dozenten einen erhöhten Zeitaufwand erfordern (nicht zuletzt wegen vieler technischer Probleme und wegen des hohen Kommunikationsaufwandes) und einer effektiven Moderation und didaktischen Methode bedürfen (Nestor, 2000; Schulmeister, 2001).

Eine Zusammenfassung zu den Gestaltungsmöglichkeiten und zu Evaluationsergebnissen von Online-Seminaren ist zu finden bei Schulmeister (Schulmeister, 2001: 255–308).

7.2.3 Betreuungsangebote durch Tele-Tutoren

Ein besonderes Potenzial des telemedialen Lernens liegt darin, dass gezielt eine begleitende Betreuung und damit verbundene Kommunikationsangebote bereitgestellt werden können (Rautenstrauch, 2001). Dafür sollte ein Tele-Tutor zur Verfügung stehen, der die Moderation und Betreuung der Lernenden, vor allem für die Arbeit in Gruppen, übernimmt. Er begleitet die angebotenen E-Learning-Maßnahmen dadurch, dass er die Kommunikations- und Handlungsoptionen der Lerner in der virtuellen Lernumgebung unterstützt.

Dies wird häufig mit den Begriffen „E-Moderation" (Salmon, 2000) oder „Tele-Tutoring" bezeichnet.

> „Tele-Tutoring ist eine Bezeichnung für die Unterstützung von Tele-Lernenden durch eine/einen TutorIn, die/der räumlich von den Lernenden getrennt ist. Da die TutorInnen in der Regel in einem telemedialen Kontakt mit den Telelernenden stehen, werden sie als Tele-TutorInnen bezeichnet. Alternativ zur Bezeichnung werden Personen, die Tele-Lernende betreuen, auch Tele-Teacher, Online-Facilitator, Tele-TrainerInnen sowie Tele-Coach genannt." (Rautenstrauch, 2001: 13).

Tele-Tutoren sind vor allem dann wichtig, wenn ein Fernstudienangebot mit kooperativen Lernformen gestaltet werden sollen. Meist wird auch versucht die Betreuung der Studierenden durch Telekommunikationsmittel, wie beispielsweise durch den Einsatz von Konferenzsystemen, und die Kommunikation unter den Lernenden zu verbessern sowie zu intensivieren (Reinmann-Rothmeier & Mandl, 1997; Salmon, 2000). Tele-Tutoring muss deshalb im Moderationsprozess auch die Besonderheiten der computervermittelten Kommunikation in Diskussionsforen, Mailinglisten, Chat und Video berücksichtigen. Denn die computervermittelte Kommunikation bzw. die Kommunikation in netzbasierten Szenarien unterscheidet sich sehr stark von der Präsenzsituation (siehe Abschnitt 8.4).

Vor allem in synchroner Kommunikation fehlen durch den reduzierten Kommunikationskanal einige para-verbale Hinweisreize, wie Lautstärke, Stimmlage, Sprechpausen und non-verbale Information wie Gestik und Mimik, die dem Adressaten der Botschaft viele Metainformationen im Hinblick auf die Interpretation der Botschaft liefern. Wenn diese Information aber fehlt, wie in der telemedial vermittelten Kommunikation, dann erschwert dies in der Regel den Sprecherwechsel und die Zuteilung von Rederechten. Außerdem besteht ein Problem im Hinblick auf die Wahrnehmung der anderen Kommunikationsteilnehmer (siehe Abschnitt 8.4.4). Denn dem Einzellerner ist nicht immer klar, wer an der Diskussion gerade beteiligt ist oder wie man selbst von den anderen Kommunikationsteilnehmern wahrgenommen wird.

Aufgrund bestimmter technischer Bedingungen der telemedialen Kommunikation kommt noch hinzu, dass die Antworten und Beiträge der Lerner oft verzögert ankommen und deshalb Referenzprobleme in Bezug auf andere Beiträge der Teilnehmer entstehen können und somit Verständnisprobleme auftreten. Der Tele-Tutor sollte diesbezüglich auftretende Probleme der mangelnden Nachrichtenverbundenheit auszugleichen versuchen, indem er den Überblick behält und die fehlenden eindeutigen Bezüge kompensiert. Dies kann auch durch Vorarbeit geschehen, wenn beispielsweise Themenbereiche gemäß den Lernzielen strukturiert werden oder die Diskussion eröffnet bzw. thematisch-inhaltlich gelenkt und vorangetrieben wird. Darüber hinaus können vom Tele-Tutor auch Hypothesen formuliert oder Verständnisfragen gestellt werden.

In asynchroner Kommunikation fehlen außerdem besonders die unmittelbaren Feedbackmöglichkeiten, so dass parallele Beiträge keine Seltenheit sind. Allerdings kann dies für bestimmte Szenarien, bei denen in Ruhe Beiträge gelesen, nachgedacht und elaborierte Stellungnahmen produziert werden sollen, von Vorteil sein.

Die genannten Besonderheiten der synchronen und asynchronen Kommunikation müssen berücksichtigt werden, wenn telemediale Kommunikationsmittel für bestimmte Aufgabenstellungen eingesetzt werden sollen. Dafür braucht der Tele-Tutor ein gewisses Maß an Medienkompetenz.

Darüber hinaus sollte der Tele-Tutor darauf achten, dass keine kognitive Überlastung der Lernenden durch organisatorische Zusatzaufwände entsteht. Dies kann leicht eintreten, wenn die Lerner beispielsweise mit den Besonderheiten der Technik oder der netzgestützten Kommunikation zurechtkommen müssen. Weiter sollte der Tele-Tutor die Gruppenidentität stärken. Denn vor allem durch die mangelnde soziale Präsenz (siehe Abschnitt 8.4.3) empfinden viele Lerner die Kommunikationssituation in einer virtuellen Lehrveranstaltung als anonymer als die face-to-face Kommunikation im Seminarraum. Die mögliche Folge ist, dass die Lerner sehr leicht ihre aktive Teilnahme am Seminar und die Eigen-Verantwortung für den Lernprozess vernachlässigen.

Der Tele-Tutor kann versuchen zu helfen, die genannten Mängel, die durch den reduzierten Kommunikationskanal bedingt sind, auszugleichen. Es können Kommunikationsregeln vereinbart werden, um die Kommunikation zu strukturieren und Missverständnisse zu verringern. Diese Regeln können für die unterschiedlichen telemedialen Kommunikationsmittel unterschiedlich sein. Beispielsweise kann für den Chat vereinbart werden, dass alle Teilnehmer beim vereinbarten Thema bleiben, das durch eine Agenda vorher festgelegt wird. Auch sollte vermieden werden, dass Lerner, die langsamer tippen, im Hinblick auf das Einbringen von Beiträgen benachteiligt werden, und deshalb nicht ganz fertige Beiträge abgeschickt werden können, die als solche gekennzeichnet werden.

7.3 Zusammenfassung

Im Zuge der Virtualisierung der Lehre sind Software-Werkzeuge entstanden, mit Hilfe derer bestimmte Funktionalitäten zur Verwaltung und Betreuung von Lernern im Rahmen des Online-Lernens, zur Verwaltung von Lernressourcen, zur Kursverwaltung usw. möglich werden.

Bei vielen dieser so genannten Lernplattformen oder Learning-Management-Systeme auf dem gängigen Markt mangelt es aber an spezifisch für den Bedarf des Lehrens und Lernens zugeschnittenen Unterstützungen. Beispielsweise ist die Erstellung und Verwaltung des Lernmaterials innerhalb der Plattform nur begrenzt möglich. Ebenso fehlt die Wiederverwendbarkeit der Lernobjekte, weil eine geeignete Modualarisierbarkeit mit der Vergabe von Metadaten weitgehend fehlt.

Daneben sind auch einige didaktische Szenarien von Lehr-Lern-Umgebungen für das netzbasierte Lernen entstanden. Dazu zählt Teleteaching als Übertragung von Lehrveranstaltungen von einem Ort zu einem anderen Ort mit Hilfe von Videokonferenzsystemen. Teleteaching macht allerdings einen hohen technischen, personellen und organisatorischen Aufwand erforderlich, der mit hohen Kosten verbunden ist.

Eine 1:1-Abbildung der Lehrveranstaltung lohnt den hohen Aufwand wider Erwarten nicht. Es ist daher nach einem Mehrwert zu suchen, der die hohen Aufwände kompensiert, z.B. Expertenkonferenzen. Auch sind die Grenzen und der Forschungsbedarf des Teleteachings offensichtlich. So werden Kommunikationsbedingungen, nicht zuletzt aufgrund der Qualitätseinbußen, von den Teilnehmern als negativ empfunden und verringern damit den Lernerfolg.

Eine andere Form, die durch die Virtualisierung der Lehre entstanden ist, sind virtuelle Seminare, die zeit- und ortsverteilt abgehalten werden. Im Gegensatz zur face-to-face Situation im Präsenzseminar steht im virtuellen Seminar das Lernmaterial im Mittelpunkt. Deshalb kommt es hier sehr stark darauf an, zusätzliches Übungsmaterial und je nach Lerngegenstand eventuell auch virtuelle Labore zur Verfügung zu stellen.

Die soziale Umgebung, der Austausch, die Diskussion und gemeinsame Reflexion, die in der face-to-face Situation der Präsenzveranstaltung vorhanden sind, treten im virtuellen Seminar zwar zurück, aber Austausch ist dennoch notwendig. Dafür bedarf es der Unterstützung durch geeignete Kommunikations- und Kooperationswerkzeuge aus dem CSCL-Bereich (siehe Kapitel 8).

Andererseits ist aber auch eine entsprechende tutorielle Unterstützung notwendig, um die angebotenen E-Learning-Maßnahmen als Kommunikations- und Handlungsoptionen für die Lerner zu unterstützen. Tele-Tutoren müssen dabei auch die Besonderheiten der computervermittelten Kommunikation in netzbasierten Szenarien kennen, um die daraus resultierenden Kommunikationsprobleme (z.B. fehlende Gestik, Mimik, Zeichen für den Sprecherwechsel, mangelnde Nachrichtenverbundenheit der Beiträge und andere Mängel, die durch den reduzierten Kommunikationskanal bedingt sind) zu kompensieren (siehe auch Abschnitt 8.4), um die Sitzungen zu gestalten und voranzutreiben.

8 Computerunterstütztes kooperatives Lernen (CSCL)

Wie im vorausgehenden Kapitel erläutert wurde, werden durch die netzbasierte computervermittelte Kommunikation eine Reihe neuer Lernszenarien ermöglicht. Denn Lernende können von unterschiedlichen Orten aus zeitgleich oder zeitversetzt miteinander kommunizieren und dabei z.B. in virtuellen Seminaren gemeinsam Wissen konstruieren. Allerdings reicht es nicht, einfach nur das Seminar aus dem Klassenzimmer im Netz zu kopieren, sondern es werden geeignete Methoden des Gruppenlernens benötigt, die tatsächlich die gemeinsame Wissenskonstruktion initiieren und fördern und die Hindernisse, die durch die computerunterstützte, netzbasierte Situation entstehen, kompensieren helfen.

Unter kooperativem Lernen ist dabei vor allem eine Form des Lernens zu verstehen, bei der die Lerner zusammen ihr Wissen konstruieren (siehe Abschnitt 8.1, Abschnitt 8.2). Zu dieser gemeinsamen Wissenskonstruktion gehört, dass Lernende in Kleingruppen zusammen Lernaufgaben mit dem Ziel bearbeiten, eine gemeinsame Lösung anzufertigen, und dabei individuell Wissen erwerben. Da dieser Prozess des gemeinsamen Wissenserwerbs suboptimal sein kann, wird zur Förderung kooperativer Interaktionen auf didaktische Methoden zurückgegriffen, um lernförderliche Interaktion zu initiieren und zu unterstützen (siehe Abschnitt 8.2.3)

Neben den Problemen gemeinsamer Wissenskonstruktion, die für kooperative Lernszenarien generell gelten, bedingt computervermittelte Kommunikation im Vergleich zur face-to-face Kommunikation durch die Verengung des Kommunikationskanals und der jeweiligen Medieneigenschaften eine Reihe weiterer Probleme (siehe Abschnitt 8.4.1). Deshalb bedarf die gemeinsame Wissenskonstruktion in computervermittelter Kommunikation zusätzlicher Unterstützung, um die spezifischen Nachteile computervermittelter Kommunikation einzuschränken und spezifische Vorteile computervermittelter Kommunikation zu fördern. Verschiedene Förderansätze basieren auf der Idee, gemeinsame Wissenskonstruktion in computervermittelter Kommunikation durch die Gestaltung der Kommunikationsschnittstelle zu unterstützen.

8.1 Methode

Der Begriff CSCL (Akronym für „computer supported collaborative learning", oft auch „computer supported cooperative learning" – deutsch: „computerunterstütztes kooperatives Lernen") wurde zu Beginn der 90er Jahre geprägt (Koschmann, 1996) (Für einen Überblick zu verschiedenen Ansätzen und Forschungsparadigmen siehe Dillenbourg, Baker, Blaye & O'Malley, 1995) und bringt hauptsächlich Forschungsströmungen und -interessen aus den Gebieten Pädagogik, Psychologie und Informatik zusammen (Dillenbourg, 1999; Wessner, 2001).

Kennzeichnend für CSCL ist, dass zwei oder mehr Lerner mittels kooperativer Lernformen an einer gemeinsamen Lernaufgabe arbeiten und gemeinsam Inhalte erarbeiten (Slavin, 1995). Die Kooperation zwischen den Gruppenmitgliedern geschieht, indem sie die Arbeitsaufgabe untereinander verteilen und ihre individuell erarbeiteten Beiträge anschließend zu einem gemeinsamen Arbeitsergebnis integrieren (zu den Methoden des kooperativen Lernens, siehe Abschnitt 8.2.3). Dabei müssen bei Kooperation und Kollaboration die Beteiligten auch miteinander kommunizieren, z.B. über ihre Vorgehensweisen oder über ihre Teilergebnisse (siehe Abschnitt 8.4).

Dabei finden sowohl intraindividuelle (Einzellerner – Aufbau interner Repräsentationen, siehe Abschnitt 2.1.3) als auch interindividuelle Lernprozesse auf der Gruppenebene durch soziale Prozesse statt (siehe Abschnitt 8.3). CSCL markierte somit eine wichtige Wende im Bereich des computerunterstützten Lernens, die den Blick vom individuellen, isolierten Lerner am Computer auf das computerunterstützte Lernen in Gruppen und damit auch auf kooperative Lehr- und Lernmethoden lenkt (Koschmann, 1996). Lernen wird als ein verteilter, sich ständig im Aufbau befindlicher Prozess betrachtet. Damit steht nicht nur das Ergebnis des Lernens, sondern der Lernprozess innerhalb der Gruppe im Mittelpunkt der Betrachtung. Koschmann (1996: 15) umschrieb dies:

> „... evidence that learning is occuring or has occured must be found in understanding the ways in which people collaboratively do learning and recognizing learning as having occurred."

Kennzeichnend für diese Situation des kooperativen Lernens ist weiter, dass die Teilnehmer räumlich und oft auch zeitlich getrennt sind. Sie kommunizieren und kooperieren auf der Grundlage digitaler und netzbasierter Medien und Lernplattformen (siehe Abschnitt 7.1). So kann CSCL im Grunde als Spezialfall des verteilten Lehrens und Lernens begriffen werden. Je nach der konkreten Ausprägung des CSCL-Szenarios wird eine synchrone oder asynchrone Unterstützung der Kooperation und Kommunikation der Lerner durch den Einsatz von geeigneten Informations- und Kommunikationsmöglichkeiten benötigt.

Die folgende Abbildung zeigt eine typische CSCL-Situation.

8.1 Methode

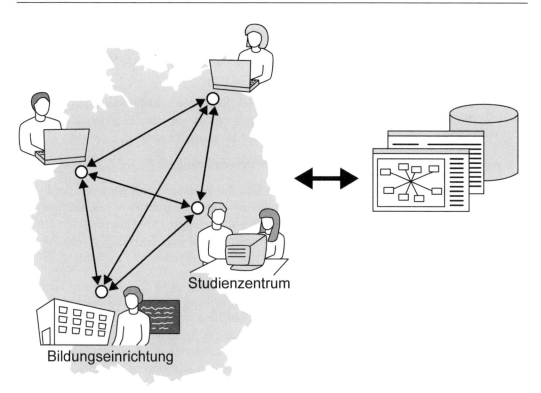

Abbildung 21: CSCL-Situation

Die asynchrone Kooperations- und Kommunikationsunterstützung ist ausschließlich textbasiert (z.B. E-Mail, Newsgroups, Foren etc.) oder dokumentenbasiert (z.B. Repository, WWW etc.). Sie wird durch Groupware-Systeme unterstützt, die eine gemeinsame Arbeit an Dokumenten und das Verwalten von Dokumenten (gemeinsame und gemeinsam geteilte Arbeitsbereiche) unterstützen und die Möglichkeit zur Nutzung von Kommunikationswerkzeugen geben (siehe Abschnitt 7.1). Ein Beispiel hierzu sind Teleseminare (siehe Abschnitt 7.2.2), für die häufig gängige Lernplattformen, wie Blackboard, WebCT, IBT Server oder vergleichbare Lernplattformen eingesetzt werden (für eine Übersicht zu Lernplattformen, siehe Schulmeister, 2001).

Die synchrone Kooperations- und Kommunikationsunterstützung basiert auf Chat, Audio- oder Videokonferenzen und gemeinsamen Arbeitsbereichen (Shared Workspaces, Shared Whiteboard), die nach dem WYSIWIS-Prinzip (What you see is what I see) allen Teilnehmern die gleiche Ansicht der Dokumente geben, die von den Teilnehmern zur gleichen Zeit bearbeitet werden können.

Der Fokus der CSCL-Forschung liegt letztlich bei der Kooperationsunterstützung kleiner bis mittlerer überschaubarer Gruppen, in die eine größere Seminargruppe dann beispielsweise wieder aufgeteilt werden kann (Dillenbourg, 1999).

Die CSCL-Lernräume lassen sich im Wesentlichen nach drei Arten klassifizieren:

- CSCL-Umgebungen, die mit Standard-Internettools arbeiten (E-Mail, Web, Newsgroups etc.) (siehe Abschnitt 7.1),

- speziell für das kooperative Lernen entwickelte Systeme: Dabei stellt sich vor allem die Frage, wie didaktische Konzepte des kooperativen Lernens unterstützt werden können und wie die geeignete Software hierfür aussehen kann.

- „betretbare" Welten (siehe Kapitel 5 – Virtuelle Realitäten).

Im Umfeld der CSCL-Forschung beschäftigen sich die Forscher somit auch mit der Frage, inwieweit sich die Kooperation und Kommunikation in computerunterstützten netzbasierten Lernszenarien (z.B. virtuellen Seminaren, virtuellen Lerngruppen) vom kooperativen Lernen in face-to-face Lernumgebungen unterscheiden. Zwar befasst sich die Pädagogische Psychologie seit langer Zeit mit kooperativen Lernformen (siehe Abschnitt 8.2), allerdings häufig nur unter den Bedingungen der face-to-face Kommunikation.

Für den Aufbau von CSCL-Szenarien wird teilweise versucht, kooperative Lehr-Lernformen der Präsenzlehre (z.B. Gruppenpuzzle, Reciprocal Teaching etc.) auf die computerunterstützte, örtlich verteilte Lehr-Lernsituation zu übertragen und dafür zu adaptieren. Darüber hinaus wird aber CSCL auch als neuer Bereich mit eigenen Qualitäten angesehen, der eine Übertragung von Lehr-Lern-Formen aus dem Präsenzunterricht nur sehr begrenzt erlaubt. Durch die Verengung des Kommunikationskanals, und durch andere besondere Bedingungen bei medienvermittelter synchroner und asynchroner Kooperation, entstehen neue Problembereiche. Gleichzeitig entstehen aber auch zusätzliche Möglichkeiten für Reflexion und Aktivitäten der Lernenden, die wiederum eine Herausforderung für die Gestaltung von CSCL-Umgebungen und damit neue Fragestellungen ergeben. Beispielsweise können Lernende ihre Lernaktivitäten, ihre Lernstrategien und ihre Kooperation mit anderen Studierenden durch das asynchrone Arbeiten stärker und andersartig reflektieren.

Durch einige Besonderheiten der Informations- und Kommunikationsmedien entstehen aber auch eine Reihe neuer Schwierigkeiten, mit denen sich die CSCL-Forschung beschäftigt. Insbesondere bei asynchroner Kommunikation werden bestimmte Informationsarten und Symbolsysteme (beispielsweise non-verbales und para-verbales Verhalten, soziale Hinweisreize) nicht übertragen. Die Möglichkeit, einander unmittelbar Feedback zu geben, ist eingeschränkt und muss durch geeignete Werkzeuge ebenso unterstützt werden (siehe Abschnitt 8.3 und Abschnitt 8.4) wie die Kooperationsprozesse innerhalb der Gruppe.

8.2 Kooperatives Lernen

Wie im vorausgehenden Abschnitt bereits angesprochen, wird unter kooperativem Lernen generell eine Form des Wissenserwerbs verstanden, bei dem zwei oder mehr Personen gemeinsam lernen (Slavin, 1995; Hesse, Garsoffsky & Hron, 1997; Dillenbourg, 1999). Dabei handelt es sich allerdings nicht um eine Art der Kleingruppenarbeit, wie sie zur Intensivierung des Frontalunterrichts eingesetzt wird, sondern um eine Art der Gruppenarbeit bzw. um eine Interaktionsform, bei der die beteiligten Personen gemeinsam und im wechselseitigen Austausch Kenntnisse und Fertigkeiten erwerben, d.h. ohne die ständige Supervision und Kontrolle durch einen Lehrer (Cohen, 1994). Im Idealfall sind alle Gruppenmitglieder gleichberechtigt am Lerngeschehen beteiligt und tragen gemeinsam Verantwortung (Konrad & Traub, 2001: 5).

Es müssen zentrale Merkmale erfüllt sein, um vom kooperativen Lernen sprechen zu können (Konrad & Traub, 2001):

- Zusammenarbeit der Gruppenmitglieder, um ein gemeinsames Ziel zu erreichen.

- Jedes Gruppenmitglied muss individuelle Verantwortung für das Erreichen der Gruppenziele und für die Erarbeitung seines eigenen Beitrages übernehmen.

- Die Gruppenmitglieder geben einander gegenseitige Rückmeldung, legen ihre Begründungen und Schlussfolgerungen offen. Sie diskutieren und handeln gemeinsame Ergebnisse aus. Dadurch kann jedes Gruppenmitglied zu neuen Einsichten gelangen.

- Die Gruppenmitglieder reflektieren ihre Zusammenarbeit hinsichtlich der gemeinsamen Zielsetzung und der Gruppenaktivitäten und entwickeln gemeinsam neue Strategien.

So umfasst kooperatives Lernen verschiedene Tätigkeiten der Lernens: Ziele spezifizieren, Vorgehensweisen planen, Alternativen generieren und wählen, Hypothesen testen und bewerten, Pläne und Annahmen modifizieren. Diese Prozesse der Wissenskonstruktion werden durch Diskussion und Interaktion unterstützt. Dabei entwickelt und verbalisiert jeder Lernende seine eigenen Gedanken und erhält von anderen Gruppenmitgliedern Rückmeldungen. Die Entscheidungen werden aufgrund von Informationsintegration gefällt (Hesse, Garsoffsky & Hron, 1997).

8.2.1 Einflussfaktoren und Bedingungen für kooperatives Lernen

Wie im vorausgehenden Abschnitt dargelegt, ist kooperatives Lernen eine besondere Lernform, die viele Aktivitäten und die Kooperationsbereitschaft jedes Gruppenmitglieds erfordert. Auch stellt sich der Lernerfolg des Einzellerners beim kooperativen Lernen nicht von selbst ein.

Vielmehr muss der Lernerfolg, den ein CSCL-Szenario verspricht, im Kontext verschiedener Einflussfaktoren und Randbedingungen personeller und situativer Art betrachtet werden (Lou, Abrami & d'Apollonia, 2001; Slavin, 1995; Johnson & Johnson, 1989; Konrad & Traub, 2001). Sie betreffen den Lerner, die Strukturierung der Interaktion, die Anreizstruktur und den organisatorischen Rahmen (Renkl & Mandl 1995), das User Interface und die Aufgabenstellung (Lernstoff). Jede dieser Randbedingungen hat einen gewissen Einfluss auf die kooperative Lernsituation, wobei es für jeden Kontext notwendige und ersetzbare Bedingungen gibt und die Bedeutung dieser Bedingungen im Zusammenspiel für unterschiedliche Lernaufgaben stark variieren kann.

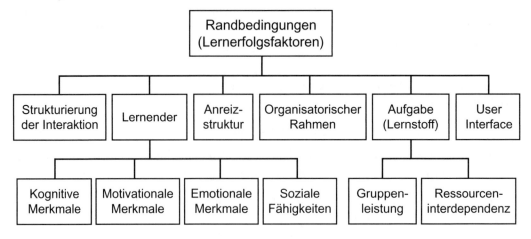

Abbildung 22: Personelle und situative Einflussfaktoren auf kooperative Lernprozesse (nach Renkl & Mandl, 1995)

Personelle Faktoren

Generell zählen zu den personellen Faktoren, die den Lernerfolg in einer CSCL-Situation mitbestimmten, kognitive, motivationale, emotionale und soziale Fähigkeiten, die der Einzelne als individuelle Lernvoraussetzungen in die Kooperation einbringt. Im Einzelnen sind wichtige personelle Faktoren:

- Inhaltliches Vorwissen: Das inhaltliche Vorwissen spielt in verschiedener Hinsicht eine wichtige Rolle. Zum einen beeinflusst das Vorwissen den Aufbau einer mentalen Repräsentation des Lerngegenstandes (siehe Abschnitt 2.1.1). Dieser Prozess kann aber gerade in netzbasierten Lernräumen, die örtlich und teilweise auch räumlich verteilt sind, erschwert werden (Boos & Cornelius, 2001; Schwan, 1997).

  Zum anderen spielt das Vorwissen des einzelnen Lerners auch im Hinblick auf die Bearbeitung der Lernaufgabe eine wichtige Rolle. Forschungsergebnisse zeigten, dass insbesondere bei unvorbereiteten Lernern das Problem besteht, dass gemeinsame Aufgaben nur oberflächlich bearbeitet werden. Um mit Gruppenmitgliedern diskutieren und gemeinsame Aufgaben oder Problemstellungen erfolgreich bearbeiten zu können, müssen die Lernenden also entsprechend motiviert sein und über die erforderlichen kognitiven Voraussetzungen (z.B. Vorwissen) sowie über Strategien der Gruppenarbeit verfügen.

- Strategien des selbstgesteuerten Lernens: Dazu gehören Elaborations- und Organisationsstrategien, metakognitive Kontrollstrategien, Ressourcenstrategien (Creß & Friedrich, 2000). Diese Strategien werden in netzbasierten kooperativen Lernumgebungen mit ihrer ausgeprägten Pull-Komponente (Hesse & Mandl, 2000) besonders wichtig für den Lernerfolg.

- Präferenzen der Lernenden: Sie können sich einerseits auf unterschiedliche Symbolsysteme (z.B. Bilder oder Texte, siehe Plass, Chun, Mayer & Leutner, 1998) beziehen. Da beim netzbasierten Lernen vor allem mit eingeschränkter Symbolvielfalt gearbeitet wird, z.B. textbasierte Zusammenarbeit, ist in Bezug auf den Lernerfolg wichtig, inwieweit bevorzugte Symbolsysteme in der Lernumgebung vorhanden sind. Andererseits können sich die Lernerpräferenzen auch darauf beziehen, inwieweit Toleranz für eine offene und unstrukturierte Lernsituation besteht. Denn Unsicherheitsorientierung ist eine wichtige Voraussetzung, die (in face-to-face Situationen) die Präferenz für kooperatives Lernen und die dabei erzielten Lernergebnisse beeinflusst.

- Sozial-kommunikative Fähigkeiten: Dazu gehört Zuhören können, Fragen stellen, Teamfähigkeit, Konflikte bewältigen, mit anderen kooperieren können usw. Wenn diese Kompetenz nicht mitgebracht wird, dann muss sie begleitend ausgebildet werden (Hesse, Garsoffsky & Hron, 2002).

- Metakognitive Fähigkeiten: wie beispielsweise die eigene Lernleistung einschätzen zu können.

- Medienkompetenz: Zur Medienkompetenz gehört nicht nur, dass die Lerner mit den netzbasierten Kooperations- und Kommunikationswerkzeugen der Plattform umgehen können. Es gehört auch dazu, dass die Lerner wissen, für welche Zwecke und Arbeitsaufgaben sie die Werkzeuge unterstützend einsetzen können.

Ob die genannten individuellen Lernvoraussetzungen im Einzelfall wirksam werden, hängt in hohem Maße auch von der intrinsischen Motivation des Lerners und seinen Selbstwirksamkeitsüberzeugungen ab. Wenn sie vorhanden sind, dann ist die Chance für eine effiziente Selbststeuerung und damit einen höheren Lernerfolg groß (Creß & Friedrich, 2000).

Der Lernerfolg beim kooperativen Lernen kann allerdings in Frage gestellt werden, wenn Lernende die genannten Eigenschaften nicht mitbringen, d.h., wenn sie Schwierigkeiten haben im Team zu arbeiten, kooperativ zu lernen, eine geringe Motivation zur Kooperation mitbringen, sich ungern auf Neues einlassen, generell wenig Interesse am Lerngegenstand oder ein geringes Vorwissen haben. In solchen Situationen tendieren die Lernenden dazu, den Lernaufwand zu minimieren und dabei auf möglichst niedrigem Niveau zu interagieren (Cohen, 1994; Renkl & Mandl, 1995).

Situative Faktoren
Die situativen Faktoren, welche den Lernerfolg beeinflussen, werden wesentlich von der Aufgabenstellung determiniert.

Im Hinblick auf die Aufgabenstellung ist vor allem wichtig, dass sie für die Gruppenarbeit geeignet sein muss. D.h. unter anderem darf es nicht möglich sein, dass die Aufgabe von einem Einzelnen allein gelöst werden kann. Damit für das Lernen günstige Interaktionsbedingungen entstehen, muss sichergestellt sein, dass die Aufgabe nur durch die Zusammenarbeit in der Gruppe gelöst werden kann, und zwar ohne dabei den Einzelnen zu über- oder zu unterfordern (Ressourceninterdependenz) (Johnson & Johnson, 1989). Deshalb muss sie vor allem ein gemeinsames Ziel oder individuelle Verantwortlichkeit der Lernenden für die Gruppenleistung beinhalten (reziproke Interdependenz) (Cohen, 1994; Renkl & Mandl, 1995).

Zudem sollten die gestellten Aufgaben mit den zur Verfügung stehenden kommunikativen Werkzeugen bearbeitet werden können (Hesse, Garsoffsky & Hron, 2002).

Darüber hinaus ist für die Bewältigung einer Aufgabe eine geeignete Gruppengröße notwendig. Da in der Gruppe verschiedene Sichtweisen aufeinander treffen, die mit der eigenen Sichtweise ausgeglichen werden müssen, scheinen größere Gruppen vielfältigere Möglichkeiten der Informationsverarbeitung zu bieten und damit geeigneter für effektives Lernen zu sein. Wird die Gruppe allerdings zu groß, ist eher mit Prozessverlusten zu rechnen, beispielsweise durch Verantwortungsdiffusion, soziales Faulenzen oder kognitive Überlastung. Auch die in größeren Gruppen mögliche Koalitionsbildung kann sich ungünstig auf Motivation und Lernleistung auswirken. Deshalb sollte auch auf eine geeignete, kleinere Gruppengröße geachtet werden.

Zu den situativen Faktoren gehört darüber hinaus auch die Strukturierung der Interaktion (Renkl & Mandl, 1995; Konrad & Traub, 2001), um den Verlauf der Bearbeitung und insbesondere für unerfahrene Gruppenlerner auch die Kooperation zu organisieren (siehe Methoden zur Organisation des kooperativen Lernens, wie scripted cooperation oder reciprocal teaching, im Abschnitt 8.2.3) Allerdings kann eine Strukturierung auf erfahrene Gruppenlerner auch einschränkend und damit negativ auf den Lernerfolg wirken (Cohen, 1994).

Außerdem ist die Zusammensetzung der Lerngruppe wichtig. Einige Ansätze vertreten die Auffassung, dass es lernförderlich ist, wenn die Gruppenmitglieder über das gleiche Vorwissen und ähnliche kognitive Fähigkeiten verfügen. Andere Ansätze dagegen vertreten die Gegenmeinung, dass heterogene Gruppen besser lernen, wenn sie sich durch ihr unterschiedliches Vorwissen und durch ihre unterschiedlichen Fähigkeiten ergänzen (Konrad & Traub, 2001) (vergleiche auch die Methoden zur Organisation des kooperativen Lernens im Abschnitt 8.2.3).

Weiter stellt die Anreizstruktur, d.h. die Motivation, die Grund oder persönlicher Nutzen für den Lernenden ist, einen wichtigen situativen Faktor für erfolgreiches kooperatives Lernen dar. Denn sie trägt dazu bei, wie Gruppenaufgaben bearbeitet werden und was jeder Einzelne dazu beiträgt (Konrad& Traub, 2001). Slavin (1995) betont bei kooperativen Lernarrangements stark die intrinsische Motivation in Form von Gruppenbelohnungen, bei denen eine Gruppe dann eine Belohnung bekommt, wenn sie eine bestimmte Aufgabe mit bestimmten Kriterien erfüllt (Kriteriumsorientiertheit). Um den Lernerfolg schwächerer Lernender zu fördern, erhält die Gruppe diese Belohnung nur dann, wenn jedes Gruppenmitglied diese Aufgabe lösen kann (individuelle Verantwortlichkeit).

Letztendlich bestimmt auch der organisatorische Rahmen, d.h. die Möglichkeit, kooperatives Lernen im institutionalisierten Kontext einzusetzen (Renkl & Mandl, 1995), den Lernerfolg mit. Denn er muss die notwendige Zeit und den erforderlichen Raum für kooperatives Lernen geben. Dies ist insbesondere für die Bearbeitung von kooperativen Aufgaben mit Groupware-Werkzeugen wichtig und weiter auch für computerunterstützte Kommunikation, die mehr Zeit in Anspruch nimmt als face-to-face Kommunikation (Rautenstrauch, 2001).

8.2.2 Lerntheoretische Grundlagen des kooperativen Lernens

Einige Forschungsergebnisse sprechen für eine hohe Lernwirksamkeit des kooperativen Lernens (Johnson & Johnson, 1989; Slavin, 1995). Sie wird durch verschiedene Lerntheorien begründet (Dillenbourg, Baker, Blaye & O'Malley, 1995), die in einigen Punkten übereinstimmen. Vor allem sehen sie den sozialen Kontext als wesentlich für die Initiierung wissensbezogener Konstruktionsprozesse an, die auch kognitive Verarbeitungsprozesse auf individueller Ebene aktivieren.

Im Zusammenhang mit dem sozialen Kontext werden vor allem die folgenden Prozesse als wesentlich angesehen: Das Auftreten kognitiver Konflikte und deren Auflösung, die Entwicklung eines gemeinsamen Verständnisses der Lerninhalte und Co-Konstruktion von Bedeutungen (situierte Perspektive) sowie das Teilen und die gemeinsame Nutzung von Informationen, Ideen und kognitiven Prozessen.

Neben dieser Wirkung auf kognitive Verarbeitungsprozesse ergaben Studien zudem auch positive Einflüsse kooperativer Lernformen auf motivationale und soziale Variablen (Johnson & Johnson, 1989). Es ist anzunehmen, dass hierbei das Erleben sozialer Eingebundenheit eine Rolle spielt.

Sozio-konstruktivistische Perspektive
Die sozio-konstruktivistische Perspektive trägt zur Erklärung der Lernwirksamkeit des kooperativen Lernens bei. Diese Perspektive knüpft an die Arbeiten von Piaget an (Doise & Mugny, 1984; De Lisi & Goldbeck, 1999; Piaget, 1985).

Die Grundannahme der sozio-konstruktivistischen Perspektive ist, dass der Mensch prinzipiell fähig ist, über seine biologische Programmierung hinauszugehen, indem er in Lernprozessen kognitive Systeme (siehe auch Abschnitt 2.1.3) konstruiert, mit Hilfe derer er die Erfahrungen mit Objekten und Personen in seiner Umwelt interpretiert und reflektiert (De Lisi & Goldbeck, 1999). Er strukturiert damit seine Umwelt und passt sich an diese an.

Nach Piaget (Piaget, 1985) bestehen Lernprozesse aus Sequenzen von Störungen des internen Gleichgewichtes und deren Auflösung. Störungen entstehen, wenn Lernende mit neuen Gedanken konfrontiert werden (Perturbation). Um diese Störungen zu integrieren und ein neues Gleichgewicht (Äquilibrum) herzustellen, erweitern Lernende schließlich ihr mentales Modell und assimilieren das neue Wissen.

Eine Möglichkeit, um eine solche Störung gezielt herbeizuführen, ist es, einen sozio-kognitiven Konflikt zu indizieren (Doise & Mugny, 1984). Wenn gegensätzliche Auffassungen zu einem Thema aufeinander treffen, dann ist die Wahrscheinlichkeit höher, dass in der Folge individuelle Wissensstrukturen verändert werden. Vor allem in sozialen Situationen, in denen Lerner gemeinsam an einem Lerngegenstand arbeiten, entstehen derartige Störungen.

Allerdings ist die Assimilation von neuem Wissen nur eine Möglichkeit, wie das Individuum mit Störungen umgehen kann, um das kognitive Gleichgewicht wiederherzustellen. So muss die soziale Situation des kooperativen Lernens nicht zwangsläufig in die erwünschte Richtung der Weiterentwicklung aller Lernenden gehen. Sie kann unter bestimmten Bedingungen ebenso zur Regression (Rückschritt) des einen oder anderen an sich weiter fortgeschrittenen Lernenden führen (Tudge, 1989). Denn alternativ zur Elaboration der Modelle kann der Lerner das mentale Gleichgewicht dadurch wieder herstellen, dass er diejenige Information, die den eigenen Annahmen und Modellen widerspricht, einfach ignoriert. Weiter kann der Lernende auch dadurch eine kognitive Restrukturierung vermeiden, indem er den anderen imitiert, d.h. dass er die Sicht des anderen vertritt, ohne die eigene Sicht zu elaborieren und die damit verbundenen kognitiven Veränderungen durchzuführen.

Es scheint also nicht der sozio-kognitive Konflikt allein den Lerner dazu zu bringen, seine mentale Struktur zu erweitern. Vielmehr kommt es auf die Art der kooperativen Konfliktlösung an. Hier können geeignete didaktische Methoden des kooperativen Lernens hilfreich sein (siehe Abschnitt 8.2.3).

Zu den Strategien, die Lernerfolg beim kooperativen Lernen versprechen, gehört die kognitive Elaboration (Cohen, 1994). Elaborative Verarbeitung besteht in der Anreicherung des gegebenen Materials um zusätzliche Informationen (Anderson, 1996). Dies kann beim kooperativen Lernen mittels transaktiver Diskussion erfolgen, indem der Lernpartner durch transaktive Diskussionsbeiträge den Gedanken des anderen weiter verarbeitet oder seine eigenen Gedanken klarer darstellt. Beispiele für transaktive Diskussionsbeiträge sind Integration, Kritik, Extension/Elaboration, Klärung/Richtigstellung, Vervollständigung, Gegenüberstellung von Positionen, Paraphrase oder Feedback-Anfrage. Untersuchungsergebnisse zeigen, dass transaktive Diskussionsbeiträge einen deutlich positiven Zusammenhang mit dem Lernerfolg in Problemlöseaufgaben aufweisen.

Solche transaktiven Diskussionen, in denen Lerner den Wissensstoff elaborieren, finden statt, wenn beispielsweise ein Lernpartner dem anderen Lernpartner etwas erklären muss (Kneser, Fehlse & Hermann, 2000). Allerdings profitiert vor allem derjenige, der die Erklärungen gibt. D.h., dass im Verlaufe des kooperativen Lernens auch derjenige, der die Erklärung erhält, während der weiteren Kooperation den Inhalt der Erklärungen selbst anwenden muss, um im Sinne eines Lernerfolges ebenfalls von der Kooperationssituation zu profitieren (Webb & Farivar, 1999).

Eine weitere Strategie, die Lernerfolg beim kooperativen Lernen verspricht, ist die Elizitation. Hier wird so vorgegangen, dass eine Sequenz aus verschiedenen Fragen (Zusammenfassungsfragen, Denkfragen, Hinweisfragen, Metakognitionsfragen) vorgegeben wird, die ein Lernender stellt und die ein anderer Lerner durch adäquate Erklärungen beantwortet (King, 1999). D.h. es handelt sich hier um Muster für lernförderliche Dialoge. Allerdings scheint es auch hier so zu sein, dass unterschiedliche Fragetypen und unterschiedliche Kontexte beachtet werden müssen (Renkl, 1997).

Diese und weitere kooperative Lernformen, die helfen kognitive Konflikte zu indizieren und aufzulösen, werden bei den Methoden des kooperativen Lernens im folgenden Abschnitt näher erläutert (siehe Abschnitt 8.2.3).

Sozio-kulturelle Perspektive (situierte Kognition)
Einen ähnlichen Ansatz im Hinblick auf die Bedeutung des kooperativen Lernens für den Wissenserwerb des individuellen Lerners vertritt die sozio-kulturelle Perspektive. So hat die sozio-kulturelle Perspektive im Zusammenhang mit den Ansätzen zum situierten Lernen (Brown, Collins & Duguid, 1989; Lave & Wenger, 1991) im Bereich des kooperativen Lernens stark an Einfluss gewonnen (Mandl, Gruber & Renkl, 2002).

Dieser Ansatz geht vor allem auf Vygotsky zurück (Resnick, Levine & Teasley, 1991; Hutchins, 1995; Vygotsky, 1978). Er geht davon aus, dass die Entwicklung höherer psychischer Funktionen, wie Gedächtnis, Problemlösen und Denken, prinzipiell ein Prozess ist, der soziokulturell vermittelt ist. D.h., dass das Individuum in der Interaktion mit anderen Personen in einer spezifischen Umgebung kulturelle Werkzeuge und Symbole erlernt (Hogan & Tudge, 1999).

Übertragen auf psychologisch-pädagogische Fragestellungen bedeutet dies natürlich auch, dass Lernende in der Interaktion mit anderen, kompetenteren Lernpartnern höhere kognitive Strukturen entwickeln. Nach Vygotsky sind dabei die individuelle Kognition und soziale Prozesse über das „genetische Entwicklungsgesetz" verknüpft. Danach treten psychische Funktionen zunächst auf der interindividuellen Ebene (z.B. als Argumentationsfigur in Diskussionen) und erst danach auf intraindividueller Ebene auf. Dabei sind Konzepte nicht richtig oder falsch, sondern lediglich mehr oder weniger funktional für die jeweiligen Kontexte. Aus dieser Funktionalität ergibt sich auch, dass Wissen aus diesem Grunde eben nur im sozialen und physikalischen Kontext konstruiert und erworben werden kann (Collins, Brown & Newman, 1989) und nicht ausschließlich in den Köpfen der Lehrenden und Lernenden repräsentiert ist, sondern auch im physikalischen und sozialen Kontext distribuiert sein kann (Salomon, 1993).

Vygotsky betrachtete die Funktion der Sprache als zentral für die gemeinsame Wissenskonstruktion in einer sozialen oder kulturellen Gruppe. Die kompetenteren Partner unterstützen die weniger kompetenten Lernpartner im Diskurs dadurch, dass sie ihnen helfen zu verstehen, wie kulturelle Werkzeuge oder Symbole angemessen verwendet werden. Dies geschieht, indem der Lernpartner mit der größeren Erfahrung die unbekannten Teile der Aufgaben übernimmt.

So wird der Erwerb von Konzepten durch die gemeinsame Anwendung dieser Konzepte im Kontext gefördert, ohne dass der unerfahrene Lernpartner die Bedeutung der Konzepte im jeweiligen Kontext bereits kennen muss. Vielmehr lernt er gerade bei der unterstützten Konzeptanwendung diese Konzepte kennen. Durch die Prozesse der Internalisierung verändert sich der unerfahrene Lernpartner und erreicht damit die Zone des nächsten Entwicklungsstadiums. Und im Endeffekt verändert sich dadurch auch die Gruppe selbst, wenn dieser Lernpartner sein neu erworbenes Wissen externalisiert (Externalisierung). Gemeinsame Wissenskonstruktion lässt sich aus dieser Perspektive somit als individuelle Aneignung sozialer Konstruktionen verstehen.

Zusammenfassend kann man also sagen, dass für die Entwicklung computerunterstützter kooperativer Lernräume die Frage zentral ist, wie Wissen in kleinen und großen Gruppen sozial geteilt und im komplexen Zusammenspiel von Werkzeugen, Konzepten, Lernenden und Experten konstruiert wird. Der wahrscheinlich elaborierteste Ansatz zum Thema gemeinsame Wissenskonstruktion ist das im Rahmen des Cognitive Apprenticeship Ansatzes (Abschnitt 1.4.1) entwickelte Modell der Knowledge Community (Learning Community) (siehe Abschnitt 8.2.3), der im Lernraum CSILE/Knowledge Forum von Scardamalia und Bereiter angewendet wird (Hewitt & Scardamalia, 1998; Scardamalia & Bereiter, 1994). Das Modell hat weite Verbreitung für die Gestaltung kooperativen Lernens in Schule und Aus- und Weiterbildung (Greeno, 1998; Scardamalia & Bereiter, 1994) und Einfluss auf die Forschung (Gerstenmaier & Mandl; 2001).

Perspektive der kollektiven Informationsverarbeitung
Ansätze der kollektiven Informationsverarbeitung betrachten die Gruppe als Ganzes als informationsverarbeitendes System (Larson & Christensen, 1993), das Merkmale der Informationsverarbeitung aufweist, wie sie die beteiligten Individuen in dieser Form nicht zeigen. Die Ansätze zur kollektiven Informationsverarbeitung grenzen sich damit besonders von den kognitiven Ansätzen ab, die ausschließlich auf die individuelle Informationsverarbeitung fokussieren (siehe Abschnitt 2.1).

Im Zentrum der Fragestellungen der kollektiven Informationsverarbeitung steht, was die Lernpartner im Verhältnis zueinander im Prozess beitragen, wie sie sich im Prozess gegenseitig beeinflussen, wie Information in Bezug auf Gruppenentscheidungen genutzt wird (Brodbeck, 1999), wie sich überindividuelle Gedächtnissysteme auswirken (Moreland, Argote & Krishnan, 1996; Wegner, 1987), inwieweit die Lernpartner einer Gruppe in ähnlichem Maße profitieren und inwieweit sie nach der Kooperation tatsächlich über geteiltes Wissen zum Lerngegenstand verfügen.

Vor allem der Diskurs wird in diesen Ansätzen der kollektiven Informationsverarbeitung als Medium für den Informationsfluss in der Gruppe verstanden. Durch den Diskurs wird es möglich, dass aus individuellen Wissensressourcen geteiltes Wissen wird. Dabei haben Forschungen vor allem gezeigt, dass der Konvergenz der Teammitglieder eine wichtige Rolle für diese Form der kollektiven Informationsverarbeitung zukommt (Klimoski & Mohammed, 1994; Mohammed & Dumville, 2001), die allerdings bei übermäßigem Streben nach Einmütigkeit das Funktionieren der Gruppe auch beeinträchtigen kann, weil die realistische Auseinandersetzung mit der Sachlage verhindert werden kann (Frey & Schulz-Hardt, 2000; Janis, 1982).

8.2.3 Methoden zur Organisation kooperativen Lernens

Wie in den vorausgehenden Abschnitten beschrieben, nehmen kooperative Lernformen in aktuellen konstruktivistisch orientierten Lerntheorien eine zentrale Stellung ein. Gemeinsam ist diesen Lerntheorien, dass sie Lernen als situativen und sozialen Prozess auffassen und deshalb die Bedeutung kooperativer Lernformen betonen (Gerstenmaier & Mandl, 1995; Resnick, 1987; Salomon & Perkins, 1998).

Allerdings findet Kooperation nicht von selbst und allein durch die Anwesenheit mehrerer Lernpartner statt. Vielmehr bedarf Kooperation einer bewussten und andauernden Anstrengung der Kooperationspartner, ihre Sprache und ihre Handlungen zu koordinieren (Roschelle & Teasley, 1995) und einander die Lerninhalte zu erklären und den Wissensstoff gemeinsam zu elaborieren (Webb, 1989).

So liegt es nahe, dass die Lehr-Lernforschung zum kooperativen Lernen nach geeigneten Methoden sucht, um die Kooperation der Lernpartner zu initiieren, zu strukturieren und zu fördern. (Johnson & Johnson, 1992). Man kann diese Strukturierungsmethoden für kooperative Lernformen (Peer Teaching Szenarien) grob in zwei Gruppen einteilen.

Der eine Typ der Kooperationsunterstützung fokussiert auf die Strukturierung der Kooperation durch das Training von Skriptvorgaben. Dadurch werden genaue Vorgaben hinsichtlich des Ablaufes der Kooperationsbeziehungen gemacht und den einzelnen Gruppenmitgliedern Kooperationsrollen zugewiesen. Zu diesen Methoden gehören Scripted Cooperation (Kooperationsskripts) und Reciprocal Teaching (siehe folgende Abschnitte).

Der andere Typ der Kooperationsunterstützung in Lerngruppen fokussiert auf die Strukturierung der Kooperation durch die Verteilung der Lernressourcen zwischen den Gruppenmitgliedern. Dabei werden die Lernmaterialien auf die Lernpartner so verteilt, dass den einzelnen Lernpartnern nur bestimmte Ressourcen zugänglich sind. Die Kooperationsaufgabe besteht dann darin, dass die Lernpartner die verschiedenen Lerninhalte einander gegenseitig vermitteln, so dass im Laufe der Kooperation alle Lernpartner den gesamten Stoff bearbeitet haben. Zu den spezifischen Methoden mit diesem Ziel gehören das Gruppenpuzzle (Jigsaw-Methode), das Cooperative Teaching (siehe folgende Abschnitte), Learning Communities und problembasiertes Lernen in Gruppen.

Für jegliche Form der Kooperation beim kooperativen Lernen ist außerdem der Diskurs wichtig. Beim sprachlichen Aushandeln in der Gruppe werden die Lernenden aufgrund der Notwendigkeit zur Kommunikation gezwungen, ihre Gedanken in Sprache zu gießen und damit klar und kohärent zu strukturieren (Reinmann-Rothmeier & Mandl, 1997; Wenger, 1998). Durch den Zwang zur Artikulation und Kohärenz werden gleichzeitig Wissenslücken und Verständnisprobleme aufgedeckt.

Beim Lernen in der Gruppe werden außerdem nahezu automatisch aufgrund der unterschiedlichen Auffassungen der Beteiligten multiple Perspektiven (Spiro & Jehng, 1990) des Lerngegenstandes betrachtet. Voraussetzung hierfür ist allerdings, dass nicht hierarchische Kommunikation (Übermittlung von Wissen von einem wissenden Lehrer an einen unwissenden Schüler), sondern transformative Kommunikation (auf gleicher Ebene) stattfindet (Pea, 1994).

Kooperative Lernformen und Methoden (Peer Teaching) sind an anderer Stelle bereits umfassend beschrieben worden (Huber 1999; Slavin 1995), so dass die folgende Darstellung nur eine Auswahl von Konzepten kurz beschreibt, die auch für CSCL von Relevanz ist.

Scripted Cooperation (Kooperationsskripts)
Zu den Ansätzen, die versuchen, die Kooperationsaufgabe durch Rollen und daran gebundene Aufgaben zu strukturieren, gehören Kooperationsskripts (Dansereau, 1988). Kooperationsskripts sind ursprünglich für das Lernen aus Texten entwickelt worden. Sie sind mittler-

weile auf das Erlernen verschiedener Gegenstandsbereiche übertragen worden (Huber, 1999).

Kooperationsskripts sollen wichtige Lernaktivitäten bei der gemeinsamen Konstruktion von Wissen fördern. Ähnlich wie in einem Film- oder Theaterdrehbuch werden in einem Kooperationsskript die Aktivitäten beschrieben und gegliedert, die von den Kooperationspartnern in einer bestimmten Folge und in bestimmten Rollen (beim Peer Teaching typischerweise in Lehrer- und Lernerrolle), mit einem bestimmten zeitlichen Aufwand und mit spezifischen Aufgaben der Rollenträger ausgeführt werden sollen. In diesem Sinne gibt ein Kooperationsskript sozusagen eine Anleitung mit genauen Anweisungen, wie ein bestimmter Lernstoff von zusammen arbeitenden Lernpartnern bearbeitet werden soll (Konrad & Traub, 2001).

Die folgende Tabelle zeigt das klassische, aus 6 Schritten bestehende MURDER-Script (Dansereau, 1988). Es ist für die Bearbeitung von Texten entwickelt worden und gliedert die dafür notwendigen Lernaktivitäten in Einzelschritte. Dabei werden die Lernaktivitäten der Schritte 2–5 für jeden zu bearbeitenden Textabschnitt mit wechselnden Rollen der Partner wiederholt. Während ein Lernpartner den Textinhalt mündlich wiedergibt, achtet der andere Lernpartner auf metakognitive Tätigkeiten wie Fehler und Auslassungen. Schließlich sollen die Lernenden im fünften Schritt den Inhalt des zuletzt gelesenen Textabschnittes durch Hinzufügen von Bildern und die Herstellung von Verknüpfungen zu ihrem Vorwissen elaborieren.

Tabelle: MURDER-Lernskript (nach Dansereau, 1988)

1	Mood	Lerner entspannen sich und konzentrieren sich auf die Lernaufgabe
2	Understand	Lerner lesen einen Textabschnitt und versuchen, die darin ausgedrückten Ideen und Fakten zu verstehen
3	Recall	Ein Lernpartner gibt den Inhalt eines Textabschnittes wieder
4	Detect	Der zuhörende Lernpartner korrigiert dabei Fehler und Auslassungen
5	Elaborate	Lerner elaborieren den Inhalt durch Hinzufügen von Bildern, Einbettung ins Vorwissen etc.
6	Review	Nach Bearbeitung gemeinsamer Textabschnitte gehen die Lerner das gesamte Lernmaterial nochmals durch

Eine zentrale Frage ist, welche Arten von Lerntätigkeiten in Kooperationsskripts für die gemeinsame Lerntätigkeit vorgegeben werden sollen. Kooperationsskripts können den Lernern vorgeben, welche Aktivitäten sie im Hinblick auf ihre Lernaktivitäten ausführen sollen. So wird häufig zwischen inhalts- und interaktionsbezogenen Kooperationsskripts unterschieden. Ein inhaltsbezogenes Kooperationsskript strukturiert die Aktivitäten in einer bestimmten Sequenz hinsichtlich inhaltlicher Aspekte der Lernaufgabe vor. Ein interaktionsbezogenes Kooperationsskript schreibt den Gruppenmitgliedern auch ihre jeweiligen Rollen und die rollenspezifische Interaktionen (z.B. Analytiker, konstruktiver Kritiker etc.) vor.

Ein Nachteil von Kooperationsskripts ist allerdings, dass für die Einübung von Kooperationsskripts üblicherweise eine Trainingszeit vorgesehen werden muss, in der Kooperationsskripts für gewöhnlich im traditionellen Präsenzunterricht vermittelt werden. Für die klassischen Kooperationsskripts, die auf ein besseres Textverstehen von Lerndyaden abzielen, wird oft eine Trainingszeit benötigt, die länger als die eigentliche kooperative Lernzeit ist.

Reciprocal Teaching

Der Reciprocal-Teaching-Ansatz (Brown & Palinscar, 1989) wurde aus der Anwendung von Verstehens- und Überwachungsstrategien beim Lesen von Texten in kooperativen Kleingruppen entwickelt. Die Lernpartner erarbeiten dabei abschnittsweise ein Verständnis des Textmaterials, wobei sie abwechselnd die Rolle des Lehrers und die Rolle des Lernenden einnehmen. Derjenige, der die Rolle des Lehrenden oder Diskussionsleiters übernimmt, formuliert textbezogene Fragen, identifiziert Unklarheiten im Text, die diskutiert werden müssen, liefert eine kurze Zusammenfassung des Textabschnittes und gibt Erklärungen. Die Lernenden beantworten die gestellten Fragen und diskutieren.

Die Vermittlung der geforderten Lernstrategien erfolgt vor allem nach Prinzipien des Cognitive-Apprenticeship-Ansatzes (Collins, Brown & Newman, 1989) (siehe Abschnitt 1.4.1). Der Lehrer, der anfangs die Rolle des Diskussionsleiters einnimmt, macht den Lernenden die geforderten Fertigkeiten und Fähigkeiten durch sein eigenes Tun modellhaft zugänglich. Langsam überträgt er die Aufgaben als Lehrender immer mehr auf seine Schüler und gibt nur noch bei Bedarf Feedback und Unterstützung.

Jigsaw-Methode (Gruppenpuzzle)

Das Gruppenpuzzle sieht die folgenden Schritte zur Strukturierung der Kooperation in Lerngruppen vor. Zunächst gibt der Lehrende einen Überblick über das zu behandelnde Thema und teilt den Lehrstoff in sinnvolle Themen auf. Danach werden aus der Seminargruppe kleinere Expertengruppen gebildet, die jeweils unterschiedliche Teilthemen erarbeiten (1. Phase). Die gebildeten Kleingruppen werden dann so umorganisiert, dass in jeder neu gebildeten Gruppe jeweils ein Experte pro Thema vorhanden ist, der das Wissen, das er in der vorhergehenden Phase erarbeitet hat, an seine jetzigen Lernpartner weiter vermittelt (2. Phase). Abschließend werden im Klassenplenum die behandelten Themen und die Kooperation reflektiert (3. Phase).

Der Grad der Lernwirksamkeit des Gruppenpuzzles ist zwar umstritten (siehe beispielsweise Johnson & Johnson, 1992), allerdings auch nicht ausreichend untersucht. Die Gefahr besteht darin, dass die Lernenden zwar versuchen, möglichst viel Wissen von den anderen Lernenden zu erlangen, jedoch wenig Interesse an der Weitergabe der eigenen Lerninhalte haben. So sind nach der Ansicht von Johnson & Johnson zusätzlich zur Ressourcenverteilung Ziel- und Belohnungsstrukturen im Hinblick auf die Gruppen- statt auf die Einzelleistung notwendig.

Die folgende Abbildung verdeutlicht die einzelnen Phasen im Gruppenpuzzle:

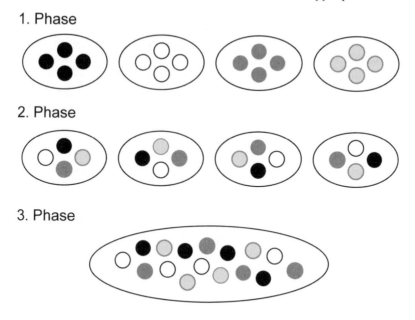

Abbildung 23: Schema des Gruppenpuzzles

Cooperative Teaching

Das Cooperative Teaching wird häufig als Variante der Scripted Cooperation betrachtet. Es wurde zur Unterstützung von Dyaden (Zweiergruppen) entwickelt. Das prototypische Vorgehen nach dem Verfahren des Cooperative Teaching ist folgendermaßen: Beide Lernpartner erarbeiten zunächst individuell einen bestimmten Lernstoff. Danach erklärt der Lernpartner A seinen Stoff dem Lernpartner B, der zu verstehen und Fragen zu stellen versucht. Danach tauschen Lernpartner A und Lernpartner B die Rollen, indem A die Lernerrolle und B die Lehrerrolle übernimmt. Danach arbeiten beide Lernpartner individuell den Lernstoff nach.

Evaluationsstudien haben gezeigt, dass die Lernpartner in signifikant höherem Maße profitieren, wenn sie die Lehrerrolle statt der Lernerrolle einnehmen. Außerdem lässt sich das Cooperative Teaching durch zusätzliche Unterstützung der Wissensübermittlung verbessern, beispielsweise durch grafische Zusammenfassung der Lerninhalte (Knowledge Maps).

Learning Communities

Eine Learning Community (LC) oder Community of Practice ist eine (Klein-)Gruppe, die sich über das Ziel definiert, das gemeinsame Wissen der Gruppe zu vermehren (gemeinsam geteiltes Verständnis – „sense making") (Dillenbourg, Baker, Blaye & O'Malley, 1995) und über diesen Weg auch die individuelle Wissensentwicklung zu fördern. Dies ist ein wichtiger Unterschied zu anderen arbeitsbezogenen Gruppen, wie beispielsweise Projektgruppen (Bielascyk & Collins, 2000).

Die kooperative Arbeitsweise der Lernenden in Learning Communities ist an dem (idealtypischen) Forschungs- und Wissenskonstruktionsprozess von Wissenschaftlern orientiert. Die Basis sind individuelle Beiträge, welche die Lernenden (Schüler) erarbeiten, zur Diskussion stellen und im Peer-Review-Verfahren wie bei wissenschaftlichen Publikationen bewerten.

In Learning Communities führt der Kommunikationsprozess zu gemeinsamen Wissensbeständen. Er verläuft folgendermaßen: Lernpartner A bringt sein aufgabenbezogenes Wissen in den Diskurs ein (Externalisierung). Danach bringt Lernpartner A den Lernpartner B dazu, dass dieser sein aufgabenbezogenes Wissen ebenfalls einbringt, insbesondere in Bezug auf die Externalisierung im vorausgehenden Schritt (Elizitation), beispielsweise indem A eine Frage in die Runde stellt oder den Lernpartner direkt anspricht.

Schließlich werden im Verlaufe des Wissensaustausches die Abweichungen in den gegenseitigen Auffassungen deutlich, d.h. es wird ein Konflikt identifiziert (siehe Abschnitt 8.2.2, sozio-kognitiver Konflikt). Er ist ein wesentlicher Anlass zum Lernen, indem ein Konsens gesucht wird, der in einer Wissenserweiterung oder Wissensumstrukturierung bestehen kann.

Im Sinne der sozio-kognitivistischen Perspektive (Doise & Mugny, 1984) gilt die konfliktorientierte Konsensbildung als lernförderlich. Allerdings wird häufig beobachtet, dass viele Gruppen die integrationsorientierte Konsensbildung (Konfliktillusion, siehe Larson & Christensen, 1993) bevorzugen und den sachlichen Konflikt nicht wirklich auflösen. Allerdings gehen der Gruppe dadurch Lerngelegenheiten verloren.

Da Learning Communities wesentlich durch dieses Merkmal der Konsensbildung bei der Bearbeitung authentischer Themen gekennzeichnet sind, wird auf didaktische Vorstrukturierung (wie beispielsweise Rollenteilung bei anderen kooperativen Lernmethoden) zugunsten der Selbststeuerung verzichtet. Dies bedeutet allerdings wiederum, dass Learning Communities besonders stark auf die soziale Koordination angewiesen sind, um Verständigung herzustellen. Dazu gehört ein gemeinsamer Bezugsrahmen (Common Ground) (siehe Abschnitt 8.3.2), der die Verteilung individueller Kenntnisse der Beteiligten ebenso enthält wie das gemeinsam in der Gruppe erarbeitete Wissen. Besonders in Lehr-Lernsituationen gibt es Personen mit großen Wissensdivergenzen, d.h. der Common Ground zwischen diesen Personen ist gering und muss erweitert werden. Zu den Grundlagen, um geteiltes Wissen und Verständigung zwischen den Gruppenmitgliedern herzustellen, gehören auch externe Repräsentationen („Artefakte"). Hier wiederum ist ein Ansatz für die Entwicklung von CSCL-Werkzeugen, die den Mitgliedern einer Gruppe ermöglichen, diese Repräsentationen allen zugänglich zu machen und in diesem Sinne zu teilen.

Ein Beispiel für eine Learning Community ist CSILE (Computer Supported Intentional Learning Environment) (Scardamalia & Bereiter, 1994). In diesem Projekt erarbeiten die Lernenden (im Sinne einer wissensbildenden Gemeinschaft – „knowledge building community") zu einem bestimmten Problem einen gemeinsamen Wissensbestand, der auch für andere relevant und informativ ist. Die Grundlage hierfür ist eine hypertextbasierte vernetzte Lernumgebung.

Ein anderes Beispiel einer Learning Community ist das „Software Design Project" (Kafai, 2000). Es handelt sich hier um einen problemorientierten Ansatz des „Lernens durch Entwerfen" (learning through design). Der Gegenstand des Projektes ist die Entwicklung multimedialer Software zu naturwissenschaftlichen Problemstellungen für jüngere Mitschüler. Die Schüler arbeiten in Teams von 3–5 Schülern aus drei Jahrgangsstufen. Die Schüler bringen verschiedene Perspektiven ein: Nutzer und Evaluatoren (die jüngsten Schüler), Software-Entwickler (mittlere Jahrgangsstufe) und Berater (älteste Jahrgangsstufe) (Kafai, 2000).

Ein drittes Beispiel für eine Learning Community ist das Projekt CoVis (Learning through Collaborative Visualization) (Pea, 1994), das ebenfalls im naturwissenschaftlichen Unterricht amerikanischer Schulen angesiedelt war. Es benutzt Daten aus Wetter- und Klimabeobachtungen, die von den Schülern mit Hilfe unterschiedlicher Visualisierungsmittel, unter Nutzung von hypermedialen Datenbanken und in videokonferenzbasierter Zusammenarbeit mit Experten ausgewertet werden.

Der Ansatz der LC hat viele Gemeinsamkeiten mit andern Unterrichtsansätzen wie entdeckendes Lernen oder projekt- und problembasiertes Lernen. Dabei wird auch deutlich, dass die CSCL-Ansätze keine sprunghaften Neuentwicklungen sind, sondern sinnvollerweise auch pädagogische Ideen und Konzepte aufgreifen, die außerhalb des computerunterstützten Lernens bereits entwickelt wurden.

Problembasiertes Lernen
Das problembasierte Lernen (PBL) (Zumbach, 2003) ist ein didaktisches Vorgehen zur gezielten Erarbeitung von Lerninhalten in Kleingruppen (mit maximal 7 Studierenden). Gearbeitet wird in Kombinationen von Kleingruppendiskussionen und Selbststudium. Dabei kommt es weniger auf den gezielten Erwerb von Wissen an als vielmehr darauf, die Studierenden zur Bearbeitung komplexer, praxisnaher Aufgaben und zu strategischem Vorgehen zu befähigen. Damit sind Reflexion und Entwicklung von Strategien im Umgang mit praktischen Problemen und die dafür notwendigen Formen sozialen Verhaltens verbunden.

Das Vorgehen beim problembasierten Lernen ist im Allgemeinen folgendermaßen: Die Kleingruppenarbeit findet unter der Anleitung einer Dozentin bzw. eines Dozenten statt. Normalerweise führt der Lehrende beim PBL das Problem durch eine Präsentation ein (in medizinischen PBL-Curricula besteht eine Problempräsentation aus einem kurzen Text von 5–20 Zeilen, der die Situation beschreibt, mit der ein Arzt konfrontiert werden kann, z.B. eine Krankengeschichte oder ein Beschwerdebild). Die Kunst besteht dabei darin, das Problem im richtigen Ausmaß („ill-structured") zu beschreiben, damit die gewünschten Lernprozesse mit möglichst hoher Wahrscheinlichkeit ausgelöst werden können.

Die Darbietung dieses Fallbeispiels entspricht dem fallbasierten Lernen (siehe Abschnitt 1.4.4). Die Problemstellung bzw. das Fallbeispiel ist der Ausgangspunkt, um den Lernstoff in ein vorgegebenes Themenfeld und damit in einen nachvollziehbaren Zusammenhang zu stellen. Der weitere Verlauf der Problemlösung durch die Lernenden ist dann in Lernschritte gegliedert, um die Fall- und Problemstrukturen gemäß den Lernzielen und notwendigen Arbeitsschritten zu organisieren (dies ist ähnlich dem Vorgehen beim Goal-Based Scenario, siehe Abschnitt 1.4.3).

PBL ist in verschiedenen Wissensbereichen erprobt worden, darunter z.B. Architektur, Ingenieurwissenschaften, Informatik, Jura, Management und vor allem in der medizinischen Ausbildung, wo sich diese Lernform als motivierende Lernstrategie erwiesen hat. Beispiele für Design-Projekte finden sich für die Anwendungsbereiche Design (Kafai, 2000), Mathematik, Naturwissenschaften, Ingenieurwissenschaften und Sozialwissenschaften. Aus den Erfahrungen heraus scheint PBL dazu geeignet zu sein, dass die Studierenden sich Fähigkeiten aneignen, die sie für den späteren lebenslangen Lernprozess brauchen, um die Anforderungen eines ständig sich wandelnden Berufsfeldes zu bewältigen.

Didaktische Parallelen zum PBL bieten zum einen die ihm strukturell ähnlichen Problemlösungsverfahren. Sie werden im Gegensatz zum PBL weniger in der Ausbildung eingesetzt, sondern haben ihre Tradition vielmehr in der beruflichen Weiterbildung und Organisationsentwicklung (z.B. Moderation, Qualitätszirkel-Moderation, Praxisberatung). Zum anderen gibt es eine Reihe von fall- und problemorientierten Ansätzen in der Didaktik. Diese Modelle sind primär auf den schulischen Unterricht ausgerichtet. Das PBL integriert bekannte Methoden wie den „sokratischen Dialog" und das vor allem in den 60er Jahren verbreitete Konzept des „discovery-based learning" (entdeckendes Lernen). Die moderne Geschichte des PBL beginnt in den frühen 70er Jahren an der Medizinischen Schule McMaster University in Kanada.

8.2.4 Schwierigkeiten beim kooperativen Lernen

Wenn wesentliche Bedingungen für kooperatives Lernen fehlen (siehe auch Abschnitt 8.2.1) oder wenn Fehler in der Gestaltung von kooperativen Lernräumen bestehen (siehe auch Abschnitt 8.2.3), dann können Schwierigkeiten beim kooperativen Lernen auftreten. Der Lernerfolg wird dadurch in Frage gestellt.

So kennt die Sozialpsychologie eine Reihe bekannter Negativeffekte im Hinblick auf die Bereitschaft, sich aktiv in der Gruppe zu engagieren:

- *Soziales Faulenzen* (social loafing) und *Trittbrettfahren* (free rider effect): Bei diesen Effekten verlassen sich die Lerner auf die Beiträge anderer Lernpartner und ziehen sich dahinter zurück.
- *Statuseffekte:* Lernende mit höherem sozialem Status beteiligen sich in der Regel häufiger am Lerndiskurs.
- *Vorschneller Konsens*: Gelegentlich kommt es im Konfliktfall zu vorschnellem Konsens, weil man Auseinandersetzungen umgehen will oder weil nur vage oder unklare Überlegungen zu dem Konflikt existieren (siehe Abschnitt 8.2.2, soziokulturelle Perspektive). Es entsteht dann häufig eine Konsensillusion, weil die Lernenden häufig nicht gut einschätzen können, ob und wieweit tatsächlich ein gemeinsam geteiltes Verständnis des Sachverhaltes vorliegt.
- *Thematisches Vagabundieren*: Thematisches Vagabundieren liegt vor, wenn die Lernenden statt über die Lerninhalte über andere Themen reden, wie beispielsweise das Wetter, die Mensa, das Wochenende etc. In solchen Fällen springen die Lernenden rasch zu einem anderen Thema, greifen ein sehr begrenztes aber unverfängli-

ches Thema auf oder vertiefen sich in ein Thema, mit dem sich zumindest ein Lernpartner gut auskennt (Fischer & Mandl, 2001). Sie tun dies vor allem, um einer anstrengenden Diskussion aus dem Wege zu gehen.
- *Fehlerhafte Konzepte:* In Lerngruppen besteht einerseits die Gefahr der Verbreitung von fehlerhaften Konzepten und Regression des Lernpartners mit mehr Vorwissen (Doise & Mugny, 1984; Tudge, 1989). Andererseits stellt sich auch die Frage, wie Lernpartner mit falschen Vorstellungen eines Sachverhalts durch die Interaktion zu adäquateren Konzepten gelangen können.
- *Ungünstige Arbeitsteilung:* Häufig kommt es beim kooperativen Lernen zu spontaner Arbeitsteilung zwischen den Lernpartnern, die sich auf den individuellen Wissenstransfer ungünstig auswirken kann. Dies ist der Fall, wenn die Rollen der Lernpartner asymmetrisch verteilt sind und der Rollenwechsel ausbleibt (Fischer & Mandl, 2001) oder wenn ein Lerner mit mehr Vorwissen sein Wissen bzw. die gewählten Handlungsweisen zur Aufgabenbearbeitung nicht preis gibt (Secret Masterplan, siehe Fischer & Mandl, 2001). Die Fähigkeit des vorwissensstärkeren Lernpartners zur Externalisierung (z.B. verständlichen, sprachlichen Dialog) zählt zu den wichtigsten positiven Einflussfaktoren beim kooperativen Lernen. Wenn sie ausbleibt, ist eine Beeinträchtigung des Lernerfolgs beim kooperativen Lernen zu erwarten.
- *Effekte der Spezialisierung:* Es kann sehr leicht in kooperativen Lerngruppen vorkommen, dass die Mitglieder einer Gruppe sich spezialisieren, damit nicht alle Aufgaben von allen gleichermaßen erledigt werden müssen. Damit entwickeln Gruppen ein verteiltes oder transaktives Gedächtnis für die Inhalte, die für die Mitglieder von Interesse sind. Allerdings sollte eine Art Metawissen über die verschiedenen Spezialisierungen bei allen Mitgliedern vorhanden sein, damit alle lernenden letztendlich die Chance haben, den vollständigen Inhalt zu erwerben (Wegner, 1987).
- *Transferdivergenz:* In Lerngruppen ist häufig zu beobachten, dass ein Lernpartner viel Wissen erwirbt, während die anderen fast nichts dazu lernen. Die Gründe hierfür sind nicht eindeutig auszumachen. In Frage kommen die Behinderungen der Lernenden durch längere Unterbrechungen, wie sie beim Austausch per E-Mail oder auch in Videokonferenzen auftreten, die von den Lernenden als extrem störend empfunden werden.

Als mögliche Erklärung für die Transferdivergenz kommt aber auch in Frage, dass die Lernenden durch einen informationellen Overload behindert werden. Ein solcher Overload kann bewirkt werden durch Textfülle, durch ein Netz von Nachrichten, durch den gleichzeitigen Kontakt mit einer Vielzahl von Nachrichten (Bruhn, 2000) oder auch durch einen erhöhten explizit-verbalen Aufwand der Koordination in CSCL-Lernräumen. So entstehen beispielsweise Kohärenzprobleme durch Beiträge, die sich nicht direkt auf vorausgehende Beiträge beziehen oder Bezüge zu anderen nicht unmittelbar vorausgehenden Aspekten aufweisen. (Hesse, Garsoffky & Hron, 1997) (siehe auch Abschnitt 7.2.2).

Analog haben die Teilnehmer in synchroner Kommunikation (z.B. Chat) häufig das Problem, den verschiedenen Gesprächsfäden zu folgen. Durch diese Probleme mit den Randbedingungen und der Nutzungsoberfläche des Lernraums treten die eigentlichen Lerninhalte häufig in den Hintergrund.

8.3 Wissenskonstruktion und Wissensrepräsentation

Wie in den vorausgehenden Abschnitten erläutert, ist ein zentraler Aspekt für den Lernerfolg in CSCL-Lernräumen, dass ein gemeinsamer Wissenskonstruktionsprozess der Lernpartner stattfindet (siehe Abschnitt 8.2). Insbesondere kommt es dabei auf die Art und Weise an, wie die Lernpartner gemeinsam Wissen konstruieren. Gemeinsame Wissenskonstruktion bedeutet, dass zwei oder mehr Lernende gemeinsam eine Lernaufgabe bearbeiten, um eine Lösung für diese Lernaufgabe zu erreichen. In der Gruppe arbeiten die Lernenden gemeinsam an Problemlösungen und erproben die Anwendung von Wissen auf bestimmte Probleme (Bruhn, 2000).

Allerdings ist diese gemeinsame Wissenskonstruktion kein Selbstläufer (siehe Abschnitt 8.2.4), sondern bedarf der adäquaten Unterstützung. So wurden im vorausgehenden Abschnitt (siehe Abschnitt 8.2.3) verschiedene didaktische Methoden vorgestellt, um kooperative Wissenskonstruktionsprozesse zu initiieren und zu strukturieren. In den folgenden Abschnitten geht es um die erweiterte Problemstellung für die gemeinsame Wissenskonstruktion unter den Bedingungen der computerunterstützten und netzvermittelten Kommunikation.

8.3.1 Einfluss der Medieneigenschaften auf den Wissenskonstruktionsprozess

Der Idealfall des CSCL ist eine Situation, in der alle Beteiligten gemeinsam an einer Lernaufgabe arbeiten (siehe Abschnitt 8.1) und unter geeigneten Bedingungen (siehe Abschnitt 8.2.1) den optimalen Wissenszuwachs erreichen.

Wie in den vorausgehenden Abschnitten (siehe Abschnitt 8.2) beschrieben, müssen alle Mitglieder einer Lerngruppe aktiv und gleichberechtigt an der Aufgabenlösung arbeiten und unter Einnahme mehrerer Perspektiven diskutieren und reflektieren, damit sich tatsächlich ein Lernerfolg in der Gruppensituation einstellt. Insbesondere ist die aktive Teilnahme an Diskussionen eine wesentliche Determinante des individuellen Lernerfolgs.

Wenn allerdings nur wenige Lernpartner am Diskurs teilnehmen, während andere kaum oder gar nichts beitragen, kann dies zu Schwierigkeiten im Hinblick auf den individuellen Wissenserwerb führen (Mandl, Garsoffky & Hron, 1997; Weinberger & Mandl, 2001). Durch diese Passivität von Gruppenmitgliedern werden bestimmte Ziele gemeinsamer Wissenskonstruktion, wie das Einnehmen verschiedener Perspektiven und der damit verbundene Wissenserwerb (v.a. durch Auflösung kognitiver Konflikte), nicht erreicht (Kuhn, Shaw & Felton, 1997; Mandl, Gruber & Renkl, 1996).

Neben den ohnehin schon vorhandenen Schwierigkeiten beim kooperativen Lernen (siehe Abschnitt 8.2.4) kommt in CSCL-Szenarien als weitere Schwierigkeit die computervermittelte Kommunikationssituation hinzu (siehe auch Abschnitt 8.4.1). Die veränderten Kommunikations- und Kooperationsbedingungen in computervermittelten, netzbasierten Situationen (insbesondere durch die Kanalreduzierung im Vergleich zur face-to-face Kommunikation) erzeugen in CSCL-Situationen zusätzliche Probleme (z.B. Weinberger & Mandl, 2001).

So partizipieren Lernende in der computervermittelten Kommunikation weniger und heterogener als in der vergleichbaren face-to-face Kommunikationssituation. Auch scheinen die Lernenden in derartigen Szenarien insbesondere komplexe Aufgaben weniger effizient gemeinsam bearbeiten zu können und ihr Wissen bei der gemeinsamen Bearbeitung von Lernaufgaben nur unzulänglich anzuwenden.

Weiter können sich durch die Bedingungen der computervermittelten Kommunikation auch diejenigen Probleme, die bereits aus der face-to-face Kommunikationssituation bekannt waren, noch zusätzlich vergrößern. So wurde festgestellt, dass sich in computervermittelter Kommunikation netzbasierter Szenarien die negativen Effekte mangelnder Strukturierung verschärfen können (Fischer & Mandl, 2001; Weinberger & Mandl, 2001). Wenn Strukturvorgaben für die Zusammenarbeit und Interaktion der Lernpartner fehlten, dann arbeiteten Gruppenmitglieder entweder gar nicht oder nicht unbedingt produktiv zusammen. Unter solchen Bedingungen einer fehlenden geeigneten didaktischen Methodik (siehe Abschnitt 8.2.3) dominieren vor allem inadäquate Kooperationsmuster, beispielsweise werden die Aufgaben und Rollen für die Lernpartner so aufgeteilt, dass lernförderliche Interaktionen nach Möglichkeit vermieden werden. Der Wissenszuwachs der Gruppenmitglieder bleibt damit gering.

Der Kommunikationskanal spielt auch insofern eine Rolle als neben der Partizipation der Lernpartner auch metakognitive Prozesse (Reflexionsprozesse) für erfolgreich verlaufende Wissenskonstruktionsprozesse wichtig sind. Beispielsweise reflektiert eine Projektgruppe über ihr Kommunikationsverhalten oder über die Art und Weise ihrer Zusammenarbeit. Reflexionsprozesse verändern Lernprozesse qualitativ und können sie beschleunigen. Da Reflexionsprozesse aber externalisiert werden müssen, damit alle Gruppenmitglieder daran teilhaben können, sind geeignete Darstellungsmittel unter den Bedingungen der computervermittelten Kommunikation der CSCL-Situation nötig. Allerdings stehen diese in den marktgängigen Lernplattformen (siehe Abschnitt 7.1) selten zur Verfügung.

8.3.2 Wissensmodellierung

Wie bereits oben erläutert, ist kooperatives Lernen ein Prozess, bei dem die Kooperation der beteiligten Lernpartner auch Kommunikation erfordert (siehe Abschnitt 8.1), um die Wissenskonstruktionsprozesse zu unterstützen.

Common Ground
Aus sprachwissenschaftlicher Forschung ist seit langem bekannt, dass Kooperation als ein Prozess des Aufbaus und Erhalts einer geteilten Konzeption eines Sachverhaltes oder eines Problems verstanden werden kann (Roschelle & Teasley, 1995). Die Kooperationspartner erreichen ein geteiltes Problemverständnis, indem sie wechselseitig und in einem iterativen Prozess ihr zunächst unterschiedliches Verständnis offen legen und sich dann durch schrittweise Veränderungen ein geteiltes, d.h. ein übereinstimmendes Verständnis erarbeiten (Roschelle, 1992). Dabei geht es weniger um die Erreichung einer vollständigen Übereinstimmung der individuellen Verständnisse, als vielmehr um einen Prozess der zunehmenden Konvergenz zwischen den individuellen Problemkonzeptionen (Roschelle & Teasley, 1995).

8.3 Wissenskonstruktion und Wissensrepräsentation

Grundlegend für eine geteilte Konzeption eines Problems ist, dass auch hier, wie immer in der Kommunikation, zwischen den Partnern ein gemeinsamer Wissenshintergrund und ein wechselseitiges Verständnis (mutual understanding) hergestellt und permanent aufrechterhalten wird. Sprachwissenschaftler gehen davon aus, dass für den Aufbau eines gemeinsam geteilten Wissens die Zugänglichkeit oder Präsentation von Information notwendig ist. Darüber hinaus gehört zum Aufbau des gemeinsam geteilten Wissens aber auch, dass die Partner einander in einem fortlaufenden Prozess der wechselseitigen Diagnose und des wechselseitigen Feedbacks signalisieren, was sie verstanden haben (Grounding).

Da eine Störung dieses Prozesses zwangsläufig auch zu Problemen im Kooperationsprozess der beteiligten Partner führt, stellen sich für die Unterstützung der CSCL-Situation wichtige Fragen: Wie kann dieser Groundingprozess unter den Bedingungen der computervermittelten Kommunikation unterstützt werden und welche Rolle spielt die externe Repräsentationen als Wissensmodell der Kooperationspartner für das Gelingen des Groundingprozesses.

Distributed Cognition

Unter der kognitionspsychologischen Perspektive waren vor allem die Funktionen von externen Repräsentationen für individuelle Problemlöseprozesse untersucht worden. So ist mittlerweile weithin bekannt, dass externe Repräsentationen wichtige Funktionen beim Problemlösen haben. Dazu gehört die Entlastung des Arbeitsgedächtnisses, die Explikation der repräsentierten Informationen und die Verkürzung von mentalen Suchprozessen (Scaife & Rogers, 1996). Beispielsweise wird durch die Nutzung von Diagrammen beim Problemlösen das Problemverständnis und gegebenenfalls auch der Problemlösungsprozess unterstützt (beispielsweise Schoenfeld, 1985). D.h. externe Repräsentationen können helfen, die kognitive Belastung (siehe Abschnitt 2.2) zu reduzieren.

Für ein Verständnis von CSCL würde die Untersuchung von individuellen Problemlösungsprozessen allein allerdings zu kurz greifen. Denn unter konstruktivistischer Perspektive (siehe Abschnitt 3, Situiertheitstheorien) muss man davon ausgehen, dass kognitive und soziale Prozesse untrennbar miteinander verbunden sind. Deshalb macht es auch wenig Sinn, sie nur auf der Ebene des Individuums zu untersuchen (Suchman, 1987; Resnick, Levine & Teasley, 1991).

Allerdings wurde bislang noch vergleichsweise wenig untersucht, welche Bedeutung externe Repräsentationen beim kooperativen Problemlösen haben. Dieser Frage ging vor allem die „Distributed Cognition" nach, die davon ausgeht, dass die Lösung von Problemen meist kooperativ und unter Nutzung verschiedener Artefakte und externer Repräsentationen geschieht (Hutchins, 1991). Sie kommt zu dem Schluss, dass die Verteilung kognitiver Prozesse über verschiedene Personen und Repräsentationsmedien schwere Fehler sehr unwahrscheinlich macht (Hutchins, 1995).

Bei diesen Ergebnissen der „Distributed Cognition"-Forschung lag der Fokus vor allem auf der Untersuchung von kooperativen Problemlöseprozessen. Für das computerunterstützte netzbasierte Lernen kommen noch zwei Aspekte hinzu, nämlich erstens die Frage nach der Funktion und dem Nutzen externer Repräsentationen zur Unterstützung gemeinsamer Wissenskonstruktionsprozesse, z.B. als gemeinsame Referenz für die Lernpartner oder als Anker für Lerndialoge. Zweitens muss auch die Wirkung der besonderen Bedingungen computervermittelter Kommunikation beachtet werden. Hier ist ebenfalls noch ein offenes Forschungsfeld für die CSCL-Forschung.

Wissensmodelle
Besonders unter den Bedingungen der computervermittelten Kommunikation müssen nicht nur die Wissenskonstruktions- und Reflexionsprozesse, sondern auch deren Externalisierung unterstützt werden, um ein gemeinsames Situationsverständnis und ein wechselseitig geteiltes Wissen herzustellen.

Die Externalisierung von Wissen in kooperativen Lernprozessen geschieht über Wissensmodellierung. Dies bezeichnet einen Prozess, in dem handelnde Akteure ihr Wissen externalisieren und potentiell ihr Wissen in Form eines Produktes (Wissensmodell) konstruieren. Wissensmodellierung stellt in kooperativen Szenarien als Externalisierung von Wissen ein Gruppengedächtnis dar und bietet für alle Beteiligten die Möglichkeit, explizit Bezug zu nehmen, zu fokussieren, zu restrukturieren, ein gemeinsames Verständnis einer Sachlage zu konstruieren. In den externen Darstellungen manifestiert sich das Produkt der Gruppenarbeit, und sie dienen der Dokumentation. Mit der externen Darstellung können Deutungen und Schlussfolgerungen erleichtert oder Schwerpunkte bei der Interpretation erzeugt werden.

Möglichkeiten zur Externalisierung können bei CSCL nur über die Gestaltung des User Interfaces geschaffen werden. Dieser Gestaltung kommt besondere Wichtigkeit zu, da das User Interface-Design unmittelbar auf Prozesse gemeinsamer Wissenskonstruktion einwirkt (Hesse, Garsoffsky & Hron, 1997).

In Form von Lernnetzen kann beispielsweise das gemeinsam geteilte Wissen (shared knowledge) selbst repräsentiert werden. Für erfahrungsbasierte Lernräume, innerhalb derer Lerner eigene Experimente durchführen, im Kontext von entdeckendem Lernen Daten erheben und Theorien testen müssen, bieten sich Lernprotokolle an. Lernprotokolle sind computerbasierte Protokollierungsmethoden, um experimentelle Daten aufzuzeichnen (was sie getan haben, warum sie es getan haben usw.) und zu analysieren.

Eine prototypische Implementierung von Lernprotokollen ist in der Lernumgebung CROCODILE zu finden. Dort werden einzelne Phasen des Lernprozesses repräsentiert, wie beispielsweise die Einführung eines neuen Konzeptes, eine detaillierte Erklärung, die Präsentation eines Beispiels, Übung, Diskussion und Zusammenfassung.

Eine andere Möglichkeit, um die stattfindenden Denk- und Problemlösungsprozesse zu explizieren, ist die Umsetzung von Kooperationsskripts (siehe Abschnitt 8.2.3). Dies kann beispielsweise in textbasierter computervermittelter Kommunikation durch Prompts geschehen, die den Diskurs der Lernenden strukturieren, gliedern und die Lernenden auf diese Weise durch eine Reihe von Lernaktivitäten führen. In diese Prompts, die in die Textnachrichten der Teilnehmer eingefügt werden, können Eingabeaufforderungen z.B. in Form von Fragen oder Halbsätzen eingefügt werden, die aufgrund ihrer Bedeutung den Lernenden zu bestimmten Reaktionen anregen sollen. Es ist jedoch bislang wenig erforscht, inwiefern Kooperationsskripts, die in eine Schnittstelle textbasierter computervermittelter Kommunikation implementiert sind, spezifische Prozesse und Ergebnisse gemeinsamer Wissenskonstruktion unterstützen können (Weinberger, 2003).

Ein weiteres Beispiel zur Realisierung von Kooperationsskripts ist der Lernraum CSILE (Scardamalia & Bereiter, 1994), innerhalb dessen eine Strukturierung durch semantische Auszeichnung der einzelnen Beiträge der Lernpartner gegeben wird. So werden zum Beispiel Auszeichnungen der Art „I need to understand" oder „My hypothesis is" verwandt und jeder Lernerbeitrag wird solchen und ähnlichen Kategorien zugeordnet. Damit wird die Aufgabenstellung für die Teilnehmer in kleine Schritte unterteilt und gleichzeitig dokumentiert. Durch die Strukturierung der individuellen Beiträge ist es außerdem auch für Außenstehende oder neue Lernpartner einfacher festzustellen, wo die Lerngruppe ist und was der Ausgangspunkt und die Entwicklung waren, um zum aktuellen Stand der Dinge zu gelangen.

Perspektiven können überall dort erklärend eingesetzt werden, wo mit problemimmanenten Inkonsistenzen und Unvollständigkeiten umgegangen werden muss. Sie strukturieren kognitive Prozesse. Jonassen schlägt einen bewussten Einsatz unterschiedlicher Repräsentationsmittel („active learning strategies") vor (Jonassen, 1993). Im System WebGuide werden Meinungen zu einem Thema in Form von Perspektiven eingesetzt, zu denen sich die Lernenden mit der eigenen Ansicht und Perspektive positionieren können.

8.4 Wissensabstimmung in computervermittelter Kommunikation

Auch in mediierten Umgebungen müssen die Änderungen in der Umgebung und ihre Ursachen, die eigenen Handlungen und deren Wirkungen sowie die Handlungsabläufe und Geschehnisse erkennbar sein, damit Kooperation möglich wird. Wenn allerdings an verschiedenen Orten gearbeitet wird, dann muss dafür eine virtuelle Handlungsumgebung geschaffen werden.

In CSCL-Umgebungen, in denen die Kooperation der Teilnehmer an verschiedenen Orten und vielleicht auch noch zeitversetzt stattfindet, sind die den Teilnehmern verfügbaren Kontextinformationen und die sozialen Hinweisreize aufgrund des veränderten Kommunikationskanals im Vergleich zur face-to-face Kommunikation reduziert oder fehlen vollständig. Aufgrund dieser Kommunikationsprobleme, die durch die Reduzierung des Kommunikationskanals bedingt sind, entstehen Problemfelder für die Gestaltung von CSCL-Szenarien, wie sie in den folgenden Abschnitten beschrieben werden.

8.4.1 Wirkung des Kommunikationskanals bei computervermittelter Kommunikation

Die Wissensabstimmung in computerunterstützten, netzbasierten Lernräumen erfordert eine Unterstützung durch geeignete Kommunikationsmittel. Allerdings ist bei computervermittelter Kommunikation im Vergleich zur face-to-face Kommunikation im Klassenzimmer der Kommunikationskanal reduziert. Unter einem Kommunikationskanal kann in einem engen, technischen Sinne das physikalische Medium, über welches ein spezifischer Satz von Zeichen im Kommunikationsprozess ausgetauscht wird, verstanden werden. Die Begriffe Kanal oder Kommunikationskanal werden aber in der Literatur auch im Zusammenhang mit menschlichen, leibgebundenen Wahrnehmungs- und Verständigungsmöglichkeiten bzw. inhaltlichen Aspekten der Übermittlung verwendet. Unter einem Kommunikationsmedium kann dementsprechend ein vermittelndes Element verstanden werden, welches die Verwendung mindestens eines Kommunikationskanals einschließt. Ein Medium kann auf diese Weise die Übertragung von Sprache, Schrift, Bild oder auch non-verbalen Elementen ermöglichen und damit die menschlichen Wahrnehmungs- und Kommunikationsmöglichkeiten (auditiv, visuell, taktil, olfaktorisch, gustatorisch) in unterschiedlichem Ausmaß erfordern. Ein Kommunikationsmittel kann also beispielsweise die Übertragung von Text- und Bildelementen ermöglichen, den Transport anderer Kommunikationsinhalte jedoch ausschließen. Face-to-face Kommunikation wird in diesem Zusammenhang nicht als mediengebunden, sondern als direkt bezeichnet. Häufig werden in der Literatur die Begriffe Kommunikationskanal und Kommunikationsmittel auch nicht unterschieden und daher synonym gebraucht.

Als Folge der Kanalreduktion werden in diesem Kontext häufig ein Mangel an sozialer Präsenz, eine fehlende oder erschwerte Abstimmung über den gemeinsamen Wissenshintergrund (Grounding) sowie erschwerte Koordination der Gruppenaktivitäten genannt. Darüber hinaus wird im Hinblick auf die ausgetauschte Information häufig ein Mangel an Nachrichtenverbundenheit beklagt (Hesse, Garsoffsky & Hron, 1997). Diese Kommunikationsprobleme tragen zu einer höheren kognitiven Belastung der Lerner bei (siehe Abschnitt 2.2) und absorbieren kognitive Ressourcen, die für die eigentlichen Lernprozesse nicht mehr zur Verfügung stehen.

In solchen mediierten Kommunikationssituationen fehlen wesentliche soziale Hinweisreize und damit viele Informationsquellen für wechselseitiges Feedback, die dazu dienen, ein gemeinsames Verständnis des Objektes oder Sachverhaltes herzustellen (Social Grounding) (siehe Abschnitt 8.3.2, Common Ground). Ein wesentlicher sozialpsychologischer Aspekt der textbasierten Kommunikation ist das Fehlen der für den emotionalen Ausdruck wesentlichen non-verbalen und paralingualen Information. Dies gilt am stärksten für CSCL-Situationen mit textbasierter, asynchroner Gruppenarbeit.

So wird beispielsweise das Turn-Taking (Sprecherwechsel) nicht realisiert, das automatisch mit Hilfe von non-verbalen Mitteln signalisiert, wer als Nächster einen Beitrag einbringt und das auch die Möglichkeit schafft, an die Beiträge anderer Gruppenmitglieder anzuschließen. Wenn die Hinweisreize des Turn-Taking nicht zur Verfügung stehen, kann die Koordination von Beiträgen mühsam werden (Boos & Cornelius, 2001).

Weiter entfallen mit der geringeren sozialen Präsenz in medial vermittelter Kommunikation auch Hinweise auf den Status der anderen Teilnehmer. Dies hat häufig zur Folge, dass es zu einem stärkeren und egalitären Austausch in einer Gruppe kommt. Dies kann zusätzlich mit einer geringeren Wirksamkeit sozialer Normen in diesen Kommunikationssituationen verbunden sein. Allerdings muss dieses Fehlen sozialer Präsenz nicht nur negativ sein. So zeigen andere Studien, dass eine geringere soziale Orientierung in der Kommunikation sich auch positiv auf eine hohe Aufgabeninvolviertheit auswirken kann. Außerdem gibt es auch Hinweise darauf, dass mit zunehmender Dauer der CSCL-Situation auch die soziale Ordnung innerhalb der Gruppe wieder zunimmt.

Solche Probleme, die durch fehlende Hinweisreize entstehen, müssen in textbasierten asynchronen Gruppen durch andere Mittel kompensiert werden. Deshalb entsteht in CSCL-Umgebungen viel Aufwand, den Gruppenmitgliedern fehlende soziale Hinweisreize in geeigneter Weise zu signalisieren, z.B. welcher Beitrag von wem eingebracht wurde. Die Entwickler von CSCL-Umgebungen versuchen, für die fehlenden Kommunikationsmittel andere geeignete Werkzeuge anzubieten. So werden zur erleichterten Wissensabstimmung Informationsarchive und „Lernnetze" (siehe Abschnitt 8.3.2) vorgeschlagen, die den gemeinsamen Wissenshintergrund in einer Art kognitiver Landkarte visualisieren. Auch für das Problem der Informationsüberflutung und der fehlenden Nachrichtenverbundenheit gibt es mittlerweile Lösungsansätze innerhalb des User Interface-Designs wie Annotationsmöglichkeiten, Filterfunktionen, grafische Darstellungen von Nachrichtenthreads etc. (für Details siehe Hesse, Garsoffsky & Hron, 1997).

Neben den sozialen Hinweisreizen mangelt es in diesen asynchronen, häufig weitgehend textbasierten Kommunikationssituationen auch an geeigneten Verweismitteln, um sich auf frühere Beiträge zu beziehen (Kohärenz). Außerdem sind Textdokumente nicht kopierbar und aneinanderfügbar, so dass die gemeinsam zugängliche Informationsmenge in aktiven Gruppen oft sehr rasch anwächst. Das Auffinden relevanter Informationen wird daher mit der Kommunikationsdauer und -menge immer schwieriger.

Die genannten Probleme, die aus der computer- und netzbasierten Kommunikationssituation entstehen, erschweren die Gruppenwahrnehmung (siehe Abschnitt 8.4.3). Die Bedeutung der Gruppenwahrnehmung (Social Awareness, Group Awareness) in CSCL-Situationen wird generell betont. Denn eine geringere Gruppenwahrnehmung bewirkt gleichzeitig, dass auch der Grad der wahrgenommenen sozialen Präsenz kleiner wird.

Der Begriff der Gruppenwahrnehmung kann noch weiter differenziert werden nach sozialer Wahrnehmung, Konzeptwahrnehmung und Arbeitsraumwahrnehmung und diskutiert die Vor- und Nachteile von strengen und gelockerten WYSIWIS (What you see is what I see) in CSCL-Lernräumen vor diesem Hintergrund. Zum Ausgleich des reduzierten Kommunikationskanals und der damit verbundenen reduzierten Gruppenwahrnehmung werden u.a. vorgeschlagen: Verzeichnisse der Teilnehmer mit deren persönlichen Steckbriefen und Homepages, auf denen sich die Gruppenmitglieder vorstellen können, und auch die Anzeige der sich online befindlichen Teilnehmer zur gegenseitigen Information. Außerdem soll auch die Trennung von aufgabenbezogener und sonstiger informeller Kommunikation dazu beitragen, die Informationsflut zu sortieren (Hesse, Garsoffsky & Hron, 1997: 226).

Als weiteres Problemfeld wird der erhöhte Koordinationsaufwand für örtlich und zeitlich verteilte kooperative Lerngruppen genannt (Hesse, Garsoffsky & Hron, 1997). Lösungsansätze können Verfahren sein, die die Koordinationsprozesse strukturieren helfen sollen. Zu diesen Strukturierungshilfen gehören beispielsweise Lernprotokolle (etwa die Lernplattform VITAL) oder das Prinzip der gestaffelten Hilfestellung („Scaffolding", Brown, Collins & Duguid, 1989), die mit zunehmendem Wissens- und Fertigkeitszuwachs des Lernenden geringer wird.

Umstritten bleibt allerdings für nicht-computerunterstützte Lerngruppen ebenso wie für computerunterstützte Lerngruppen die Frage, wie stark die Kooperation vorstrukturiert und angeleitet werden soll. Denn zu viel Vorstrukturierung kann sich auch hinderlich auswirken. So wurde beispielsweise für synchrone kooperative Lerngruppen, die per Videokonferenz arbeiten, die Bedeutung von inhaltsunspezifischen Strukturierungen hervorgehoben.

8.4.2 Kommunikationstheorien

Derzeit lösen sich vorzugsweise unter dem Einfluss des Internets fest gefügte Lehr-Lern-Arrangements, wie sie von der Didaktik lange Zeit angenommen wurden, weitgehend auf. Damit gewinnt auch das Problem der Medienwahl bei der Gestaltung von Lernräumen an Bedeutung. Dieses bedarf allerdings eines Verständnisses sowohl der Wissenserwerbsprozesse, die in Gruppen stattfinden, (siehe Abschnitt 8.2) als auch eines Verständnisses in Bezug darauf, welche Rolle Medien bei diesen Wissenserwerbsprozessen spielen, wie sie eingesetzt werden und wie sie den Wissenserwerbsprozess eventuell verändern.

Für computerunterstütztes, netzbasiertes kooperatives Lernen werden Medien eingesetzt, die auch die Kommunikationssituation verändern. Wie im vorausgehenden Abschnitt bereits erwähnt, unterscheidet sich die Kommunikationsbeziehung der Teilnehmer in der computervermittelten Kommunikation von face-to-face Kommunikation dadurch, dass in der computervermittelten Kommunikation der Kommunikationskanal reduziert ist.

Eine Erweiterung des Kommunikationskanals in der computervermittelten Kommunikation wäre nur gegeben durch Medien, welche die im Kapitel zur Telepräsenz (siehe Abschnitt 8.4.3) dargestellten Eigenschaften Wirklichkeitstreue und Interaktivität in hohem Grade bieten. Solche Medien sind allerdings bislang entweder gar nicht oder nur in Forschungslabors verfügbar. Es gibt kaum kollaborative Systeme, die mehreren Nutzern erlauben, miteinander auf natürlichen Wegen innerhalb einer virtuellen Umgebung miteinander zu interagieren. Natürlich bedeutet dabei, die Wahrnehmungsgegebenheiten und sozialen Hinweisreize der face-to-face Kommunikation zu erhalten.

Verschiedene Theorien versuchen, die Unterschiede, die sich für die computervermittelte Kommunikation ergeben, zu systematisieren und teilweise auch Hinweise für einen geeigneten Medieneinsatz zu geben. Zu diesen Theorien gehören die Social Presence Theorie (Short, Williams & Christie, 1976), die Media-Richness Theorie (Daft & Lengel, 1986) und die Theorie der Mediensynchronizität (Dennis & Valacich 1999). Da diese Theorien auch versuchen, Aussagen über eine geeignete Medienwahl zu treffen, werden sie deshalb auch als Rational-Choice-Ansätze bezeichnet.

Die Rational-Choice-Ansätze zur Medienwahl und -bewertung teilen die folgenden Überzeugungen:

- Jede Aufgabe kann auch in Bezug auf Medienanforderungen gekennzeichnet werden.
- Jedes Medium hat bestimmte, typische und unveränderliche Medieneigenschaften.
- Die Entscheidung für oder gegen ein Medium hängt von den wahrgenommenen Medieneigenschaften ab.
- Die Medienwahl soll effiziente Kommunikation ermöglichen.

Aufgaben werden danach unterschieden, wie viel Informationsaustausch zu ihrer Bewältigung notwendig ist. Hoher Informationsaustausch ist vor allem bei solchen Aufgaben gegeben, die ein Aushandeln von Positionen in Konfliktsituationen erfordern. Dies ist beispielsweise bei verschiedenen didaktischen Methoden des kooperativen Lernens der Fall (siehe Abschnitt 8.2.3). Die Rational-Choice-Ansätze sehen die Medienwahl jeweils als die optimale Passung zwischen Aufgabencharakteristika und Mediencharakteristika. Im Folgenden werden die wichtigsten dieser Rational-Choice-Ansätze kurz vorgestellt.

Social Presence Theorie
Die Social Presence Theorie (Short, Williams & Christie, 1976) geht davon aus, dass jedes Kommunikationsmedium sich innerhalb eines Kontinuums von „sozialer Präsenz" einordnen lässt. Unter der „sozialen Präsenz" eines Kommunikationsmediums ist zu verstehen, inwieweit es den Kommunikationspartner ermöglicht, soziale Hinweisreize, wie Blickrichtung, Körperhaltung, non-verbale Zeichen, Kleidung usw., zu übermitteln.

Kommunikationsmedien unterschieden sich demnach im Grad ihrer sozialen Präsenz. Je weniger ein Medium die menschlichen Wahrnehmungs- und Kommunikationsmöglichkeiten abdecken kann, desto geringer können die Kommunikationspartner einander wahrnehmen. Am stärksten ist dies in der face-to-face Kommunikation möglich. Sie hat den höchsten Grad an sozialer Präsenz. Dann folgen Audio kombiniert mit Video (auch Videokonferenz), danach kommt die reine Audio-Übertragung (Telefon). Am untersten Ende des Kontinuums steht die schriftliche Kommunikation.

Der Kommunikationsprozess ist gemäß der Social Presence Theorie dann optimal, wenn das gewählte Medium aufgrund seines Grades an sozialer Präsenz den für eine bestimmte Aufgabe erforderlichen Grad an persönlicher Wahrnehmung der Kommunikationspartner erlaubt. Aufgaben mit hohem interpersonellen Charakter (z.B. Verhandlungen führen) bedürfen daher eines Mediums mit hoher sozialer Präsenz.

Media Richness Theorie
Zu den verbreitetsten Ansätzen der Theorie rationaler Medienwahl gehört die Media Richness Theorie (Daft & Lengel, 1986). Sie hat ihre Wurzeln im Ansatz der Social Presence Theorie und macht darauf aufbauend weitere Aussagen über die Passung von Medieneigenschaften und Aufgabentyp.

Die Media Richness Theorie unterscheidet Medien danach, inwieweit sie Unsicherheit (uncertainty) und Mehrdeutigkeit (equivocality) in Bezug auf die übermittelten Inhalte transportieren können. Reiche Medien sind solche, die unmittelbares Feedback zulassen und viele semantische Hinweisreize geben, wofür unterschiedliche Kommunikationskanäle zur Verfügung stehen. Zu den „reichen" Kommunikationssituationen gehören beispielsweise die face-to-face Kommunikation, Dialog und Sitzung. Im unteren Bereich, also arme Medien, sind es beispielsweise E-Mail, Briefpost oder schriftliche Berichte. Arme Medien ermöglichen dafür aber einen hohen Grad an Informationsübermittlung.

Für unsichere Aufgaben empfiehlt die Media Richness Theorie arme Medien (z.B. schriftliche Berichte) zu verwenden, weil sie viel Information ohne störendes Feedback und soziale Hinweisreize vermitteln können. Für mehrdeutige Aufgaben werden hingegen reiche Medien (z.B. Videokonferenz) empfohlen, die der „reichen" face-to-face Kommunikationssituation möglichst nahe kommen, weil sie vor allem Feedback ermöglichen. Sie erleichtern damit beispielsweise die wichtige Herstellung des Common Ground (siehe Abschnitt 8.3.2) und die Übermittlung von nicht explizit verbalisierten sprachlichen Signalen.

Allerdings gibt es nicht per se eine bessere Eignung reicherer oder ärmerer Medien. Vielmehr gibt es einen Bereich effektiver Kommunikation. Die Wahl zu reicher Medien führt zur Überkomplizierung (Overcomplication) der Kommunikation, weil die Kommunikationspartner durch zu viele verfügbare Signale, die sie interpretieren müssen, abgelenkt werden. Die Wahl zu armer Medien führt zu einer starken Vereinfachung (Oversimplification) der Kommunikation, wenn von den Kommunikationspartnern nach Feedback und entsprechenden Signalen zur Interpretation gesucht wird, die von dem Sender der Information aber nicht gegeben werden können.

Rice (Rice, 1992) entwickelte die Media Richness Theorie für die neuen Medien fort und Reichwald et al. (Reichwald, Möslein, Sachenbacher, Englberger & Oldenburg, 1998) erweiterten sie für die Telekooperation.

Media Synchronicity Theorie
Dennis und Valacich (Dennis & Valacich, 1999) kritisieren an der Media Richness Theorie, dass sie lediglich von der Eignung bestimmter Medien für bestimmte Aufgaben ausgeht, nicht aber die tatsächliche Nutzung einbezieht. D.h. sie berücksichtigt vor allem die Aufgabe und den Kontextreichtum, um zur optimalen Medienwahl zu kommen.

Im Unterschied zur Media Richness Theorie geht die Media Synchronicity Theorie von der Art des Kommunikationsprozesses und der daraus resultierenden Anforderung an die Informationsverarbeitungskapazität eines Mediums aus. Es werden zwei generische Kommunikationsprozesse unterschieden: divergente (Informationsübermittlung) und konvergente Prozesse (Konvergenz).

Informationsübermittlungsprozesse sorgen dafür, dass möglichst viele Informationen möglichst vielen Gruppenmitgliedern zur Verfügung stehen, um auf dieser Basis Entscheidungen fällen und Probleme lösen zu können. Das Sammeln und erzeugen von Informationen durch die einzelnen Gruppenmitglieder ist insofern ein divergenter Prozess als die der Gruppe zur

Verfügung stehende Information ausgeweitet und damit Unsicherheit reduziert wird. Allerdings bedeutet ein großer Informationsumfang andererseits auch, dass die Gruppe weniger handlungsfähig wird. Deshalb bedarf es auch konvergenter Prozesse, um ein gemeinsames Verständnis innerhalb der Gruppe zu erzielen und zur Reduktion von Mehrdeutigkeiten beizutragen (Schwabe, 2001: 111–134).

Aufgrund dieser Voraussetzungen nimmt die Theorie der Mediensynchronizität fünf wichtige Faktoren an, die das Potenzial der jeweiligen Medien bestimmten. Zu diesen Faktoren gehören die Geschwindigkeit des Feedbacks (Antwortgeschwindigkeit), Symbolvielfalt (Weisen der Informationsübermittlung), Parallelität (auf wie vielen Kanälen können wie viele Personen gleichzeitig kommunizieren und kooperieren), Überarbeitbarkeit (der Nachricht durch den Sender) und Wiederverwendbarkeit (Persistenz einer Nachricht oder eines Beitrages eines anderen Gruppenmitglieds).

Damit ist für die Theorie der Mediensynchronizität nicht der Reichtum eines Mediums, wie für die Media Richness Theorie entscheidend, sondern der Grad ihrer Synchronizität. Mediensynchronizität meint das Ausmaß, in dem Personen zur gleichen Zeit an der gleichen Aufgabe arbeiten können, um einen gemeinsamen Fokus zu haben. Der Synchronizitätsgrad gibt das Ausmaß des Zeitversatzes an (Sekunden, Minuten, Stunden, Tage). Es handelt sich hier also nicht um eine Dichotomie zwischen synchron oder asynchron, sondern um ein Kontinuum. Dieses wird sehr stark auch durch Kommunikationsgewohnheiten der beteiligten Gruppenmitglieder mitbestimmt (Schwabe 2001).

Die Theorie der Mediensynchronizität hat auch für CSCL seine Bedeutung. In Lernplattformen (siehe Abschnitt 7.1) wird in der Regel eine Vielzahl von Kommunikationswerkzeugen angeboten, die in Lerngruppen verwendet werden können, die in einem zeitlichen Kontinuum örtlich verteilt an der gleichen Aufgabe arbeiten sollen. Die Fragestellungen in Bezug auf die gemeinsame Bearbeitung einer Lernaufgabe sind also ähnlich.

Es ist allerdings im Vergleich zu Arbeitsgruppen zu überlegen, inwieweit in Bezug auf Lerngruppen das Verständnis von Konvergenz weiter gestärkt werden muss (Schwabe, 2001: 127). Denn wie beispielsweise bei den Methoden zur Organisation des kooperativen Lernens (siehe Abschnitt 8.2.3) bereits ausgeführt wurde, ist es didaktisch wichtig, dass die Lerngruppen zu einem gemeinsamen Konsens gelangen, beispielsweise um einen induzierten kognitiven Konflikt zu verhandeln und durch die Lösung des Konflikts zu einem gemeinsamen Verständnis und dadurch zu einer Schemaerweiterung zu kommen.

8.4.3 Präsenz und Telepräsenz

Mit Präsenz ist die subjektive, durch kognitive und mentale Prozesse vermittelte Erfahrung der eigenen physischen Umwelt gemeint. Das Bewusstsein der Präsenz wird gewöhnlich durch viele oder alle sensorischen Kanäle hergestellt, deren Signale durch Aufmerksamkeit, Wahrnehmung und andere mentale Faktoren gesteuert werden und mit aktuellen Anliegen und früheren Erfahrungen assimiliert werden (Gibson, 1979).

Unter sozialer Präsenz versteht man das Ausmaß, in dem ein Gesprächspartner als natürliche Person wahrgenommen wird. Non-verbale und para-verbale Anteile wie Gestik, Mimik und Betonung, aber auch Kleidung und das Auftreten von Personen spielen für die soziale Präsenz im Allgemeinen eine große Rolle.

Zur sozialen Präsenz gehört, dass zwei oder mehr Individuen sich gegenseitig im Sinne der Kopräsenz (gemeinsame Präsenz) wahrnehmen und das Gefühl haben, dass sie einander nahe genug sind, um sich gegenseitig wahrzunehmen bei allem was sie tun (Goffman, 1971: 28). D.h., durch das subjektive Gefühl der Präsenz entwickelt sich ein Handlungs- und Wahrnehmungsraum des Individuums, um Beziehungen aufzubauen und zu kooperieren.

Zur physischen Umwelt gehören auch Zusammenkünfte im Rahmen der sozialen Veranstaltung (soziale Präsenz). Goffman (Goffman, 1971) sieht diese Zusammenkünfte als Aneinanderreihung von Einzelsituationen, die dann endet, wenn die vorletzte Person die Gruppe verlässt.

Goffman entwickelte in diesem Zusammenhang mit dem Präsenzbegriff systematisch Grenzen zwischen dem, was noch gemeinsamer Raum ist, und dem, wo nicht mehr von gemeinsamem Raum ausgegangen werden kann. Er bestimmt dies für natürliche soziale Situationen, also etwa in Gebäuden und im Straßenverkehr (Goffman, 1971), wobei er auch auf die Verhaltensweisen wie z.B. Situationen, Höflichkeitsformen oder die Struktur von Blickkontakten in ihrem Verhältnis zu bestimmten Umwelten eingeht. Dabei führt er als wichtigste und heute noch vielfach verwendete Begriffe und Forschungsinhalte die zentrierte versus nichtzentrierte Interaktion, situierte Engagements, offenes Schneiden, exponierte Position, Eröffnungspositionen, Kommunikationsgrenzen, die Regelung wechselseitiger Engagements und die Lenkung von Aufmerksamkeit ein. Giddens hat später den Situationsbegriff nach Goffman zu dem Konstrukt des Kontextes weiterentwickelt. Mit dem Begriff des Kontextes bezeichnet Giddens einen Raum-Zeit-Ausschnitt, in dem Individuen zusammentreffen und sich der Interaktion bereitstellen oder sie aktiv gestalten.

Bei Wahrnehmungen, die nicht durch Informations- und Kommunikationsmedien mediiert werden (also bei der face-to-face Kommunikation), gehen wir selbstverständlich von einer Präsenz in unserer unmittelbaren physischen Umgebung aus.

Bei einer Erfahrung von Präsenz in einer durch Kommunikationsmedien vermittelten Umwelt sprechen wir von Telepräsenz (Steuer, 1995). Als Telepräsenz wird innerhalb der CSCW- und CSCL-Forschung allgemein der Einsatz von Kommunikationstechnik betrachtet, der zwischen örtlich verteilen Personen ein Gefühl der Kolokation (gemeinsam am gleichen Ort zu sein) hervorruft (Buxton, 1992; Buxton, 1997; Buxton, Sellen & Sheasby, 1997).

Buxton unterscheidet dabei zwischen „person space" und „task space" (Buxton, 1992). Der „person space" bezieht sich auf das Gefühl im physischen Sinne anwesend zu sein. Dies manifestiert sich insbesondere darin, dass körperliche Äußerungen der Anwesenden wie Gestik, Mimik, Stimme unmittelbar wechselseitig beobachtet und wahrgenommen werden können und kommunikative Signale übermittelt werden. Der „task space" dagegen bedeutet, das Gefühl zu haben, in einer gemeinsamen Arbeitsumgebung zu sein. Dort können gemeinsam Dokumente bearbeitet, Elemente erzeugt und ähnliche Tätigkeiten ausgeführt werden,

8.4 Wissensabstimmung in computervermittelter Kommunikation

wobei die Partner wechselseitig die Tätigkeiten und Arbeitsergebnisse unmittelbar wahrnehmen können.

„Media space"-Technologien (Buxton, 1992) können eingesetzt werden, um für eine gemeinsame Umwelt zu sorgen, in der direkte und indirekte non-verbale Kommunikation zwischen den Personen stattfinden und eine gemeinsame Arbeitsumgebung wahrgenommen werden kann:

> „Media space technology provides the shared space of the people and the computers [provide] the shared space of electronic documents. Both types of shared space are required to establish a proper sense of shared presence or telepresence. When used together a sense of awareness of the social periphery is afforded – sense that would otherwise only be possible in a shared corridor or open concept office." (Buxton, 1997: 375)

Der Begriff der Telepräsenz kann also als eine durch ein beliebiges Medium vermittelte Präsenz verstanden werden. Hier spielt allerdings nicht nur die individuelle Erfahrung eine Rolle, sondern auch die Art und Weise, wie die verschiedenen Stimuli in der mediierten Umgebung kombiniert werden und wie natürlich sie wirken (z.B. visuelle, akustische, taktile Eigenschaften) in Bezug auf die Wahrnehmung durch die Sinne. D.h. Telepräsenz kann als eine Funktion des benutzten Mediums zusammen mit der Wahrnehmung der Person verstanden werden. Diese Transportfunktion im Sinne von „you are there" ist insbesondere im Zusammenhang mit VR-Räumen (siehe Abschnitt 5.2) ein wichtiger Aspekt, der den Eindruck der Telepräsenz entstehen lässt.

Bei Telepräsenzerfahrung spielt aber nicht nur die Wirklichkeitstreue (realness) der erfahrbaren Präsenzeigenschaften eine Rolle, sondern auch deren Lebhaftigkeit oder Lebendigkeit (vividness) (Steuer, 1995). Nicht zuletzt gehört zur Telepräsenzerfahrung einer Person auch Interaktivität, d.h. die Fähigkeit, die mediierte Umgebung in Inhalt oder Form beeinflussen zu können.

Die Effekte der Telepräsenz sind bislang nicht ausreichend erforscht. Allerdings sollte die Frage gestellt werden, inwieweit auch negative Folgen wie Störung und Ablenkung von der Aufgabenerledigung durch Präsenzeigenschaften der Arbeits- oder Lernumgebung auftreten können. Dies scheint mit Verweis auf Forschungsergebnisse aus CSCW (computer-supported cooperative work) und der HCI (Human-Computer Interaction) wahrscheinlich. Sie kennen das Phänomen, dass zu viele Kommunikationskanäle auch Verwirrung und eine hohe kognitive Belastung (im Sinne des overload, siehe Abschnitt 2.2) auslösen können. Dies tritt insbesondere dann ein, wenn die angebotenen Kommunikationskanäle zu viel Information transportieren (Rudman, Hertz, Marshall & Dykstra-Erickson, 1997). Denn dann muss der Nutzer in jedem Moment entscheiden, welchem Medium er gerade seine Aufmerksamkeit widmen soll. Auf diese Effekte wurde bereits im Zusammenhang mit Teleteaching hingewiesen (siehe Abschnitt 7.2.1).

Es wird angenommen, dass das Gefühl der Präsenz und gegenseitigen Awareness (siehe Abschnitt 8.4.4) eine wichtige, wenn nicht vielleicht sogar essentielle Bedingung für das Lernen in virtuellen Seminaren darstellt. Die Akteure in einem Teleseminar (siehe Abschnitt

7.2.2), so wird angenommen, müssen ein Gefühl und eine Einschätzung für das Wissen, die Wahrnehmung und Einstellungen der anderen Akteure entwickeln können, um diese mit den von ihnen benötigten Informationen und Hinweisen versorgen zu können. Die gegenseitige visuelle Wahrnehmung und Präsenz, so die weitere Annahme – fördert ein Gefühl des Gruppenzusammenhalts und der engen Gruppenzusammengehörigkeit. Diese Annahmen werden häufig von CSCL- und Telelearning-Forschern geteilt, wurden aber trotz des zunehmenden Einsatzes von synchroner Kommunikationsunterstützung und Videokommunikation in den vorliegenden Studien zu Teleseminaren noch nicht systematisch untersucht.

8.4.4 Awareness

Die Zusammenarbeit der Lernenden wird in CSCL-Umgebungen durch Groupware-Systeme unterstützt, die eine gemeinsame Arbeit an Dokumenten und das Verwalten von Dokumenten (gemeinsame und gemeinsam geteilte Arbeitsbereiche) unterstützen und die Möglichkeit zur Nutzung von Kommunikationswerkzeugen geben.

Eine Kooperation zwischen zwei oder mehr Partnern setzt situationsbezogenes Handeln voraus und erfordert daher die gegenseitige Wahrnehmbarkeit der Kooperationspartner und ihrer gemeinsamen Handlungsumgebung. Dies ist insofern notwendig als die Partner ihre Handlungen und die gemeinsam genutzten Objekte koordinieren müssen. Dazu müssen sie aber wiederum zu jedem Zeitpunkt den Gesamtzustand des Kooperationsprozesses verstehen (Sohlenkamp, Prinz & Fuchs, 1998). Im Kontext der CSCW-Forschung (computer-supported kooperative work) hat sich für diesen „Überblick" in Bezug auf die Objekte und Zustände des Kooperationsprozesses der Begriff Awareness herausgebildet.

Awareness meint das Verstehen (im Sinne von „gewahr sein") von Aktivitäten von anderen Personen, die einen Kontext für die eigene Aktivität erzeugen. Erst die Awareness-Information macht es möglich, den Prozess des gemeinsamen Arbeitens und der Gruppenarbeit zu koordinieren (Dourish & Bellotti, 1992). Deshalb wurde vor allem in den 90er Jahren viel Aktivität und Hoffnung in die Entwicklung von Groupware mit Awareness-Funktion gelegt, um Arbeitsgruppen als Alternative zu den bis dato relativ starren Workflowsystemen ein Instrument der Eigenkoordination in die Hand zu geben.

Je nachdem, worauf sich die Awareness-Information richtet, kann zwischen „Personal Awareness" (persönliche Daten, emotionale Situation, Beziehung zu anderen Gruppenmitgliedern, Rolle in Konferenz), „Tool Awareness" (Beziehung zwischen Werkzeug und Datenobjekt, Beziehung zwischen Werkzeug und Bearbeiter, Arbeitsstatus der mit dem Werkzeug bearbeiteten Aufgaben) und „Data Awareness" (Zuordnung von Datenobjekten und Personen) unterschieden werden.

Volle Awareness ist normalerweise gegeben, wenn zur gleichen Zeit am gleichen Ort zusammengearbeitet wird. Ein virtueller (Lern-)Raum stellt einen gemeinsamen Arbeitsbereich zur Verfügung, in dem die Benutzer mit verschiedenen Werkzeugen gemeinsam (oder auch parallel) an gemeinsamen Lernmaterialien arbeiten können. In derartigen computerunterstützten Umgebungen ist die Handlungsumgebung allerdings eingeschränkt, da meist nur ein PC-Bildschirm zur Verfügung steht, auf dem in der Regel nur der aktuelle Handlungsgegenstand erkennbar ist. Dies hat vor allem den Nachteil, dass Handlungsverläufe nicht mehr erkennbar sind, sondern nur die letzte Wirkung von Handlungsfolgen.

Ein dominierender Designansatz zur Awarenessunterstützung ist die Gestaltung von Räumen (spaces) oder Plätzen (places) in Form einer Interface-Metapher (siehe Abschnitt 6.1). Die Raummetapher kann für CSCL-Lernräume auf verschiedene Weise angewandt werden. So kann der Lernraum aus einer Menge von abgeschlossenen Räumen bestehen, die durch Türen verbunden sind. Oder der Lernraum kann aus offenen Räumen bestehen, in denen innerhalb bestimmter Wahrnehmungsradien verschiedene Möglichkeiten der Group Awareness, Kommunikation und Kooperation bestehen. Es kann auch versucht werden, in einem solchen Arbeitsbereich die natürlichen Raumeigenschaften (Nähe und Ferne, vorne und hinten, rechts und links) zu verwenden, um Materialien anzuordnen und die soziale Situation der an der Kooperation beteiligten Personen durch Personensymbole zu repräsentieren, um dem Nutzer auf diese Weise eine Orientierung zu geben.

Weiter wird versucht, in virtuellen Lernräumen die Gruppenwahrnehmung (Group Awareness) durch das Anzeigen der gerade verfügbaren Mitlerner sowie ihrer Aktivitäten im gemeinsamen Arbeitsbereich (Lernmaterial) anzuzeigen. Durch die Anzeige der Personen, ihrer Aufgaben und der Objekte, welche die Personen im Rahmen ihrer Aufgabe erzeugen und bearbeiten, liefern virtuelle Räume einen sozialen Kontext und stellen eine gemeinsame Sicht der Lernpartner auf das Lernmaterial dar.

Hinsichtlich der Kommunikation kann Öffentlichkeit (jeder Raum erhält alle Information aller Lerner im selben Raum) oder Privatheit (Kommunikation nur zwischen einzelnen Nutzern) bestehen. Virtuelle Räume bieten darüber hinaus auch Kommunikationsmedien (Audiokonferenzen, Chat oder gemeinsame Dokumente und Annotationen), mit denen die Lernenden kommunizieren können.

Mit der Raummetapher sind auch Ereignisdienste verbunden. Sie setzen den Nutzer darüber in Kenntnis, wenn andere Personen etwas Relevantes in ihrer Arbeitsumgebung verändert haben.

Ein Beispiel für die Nutzung der Raummetapher und der Group Awareness durch die Anzeige der aktiven Personen ist die virtuelle Lernumgebung VITAL (Virtual Teaching and Learning). VITAL (GMD – jetzt Fraunhofer Gesellschaft) bietet verteilten kleinen bis mittleren, örtlich verteilten und überwiegend synchron lernenden Lerngruppen einen gemeinsamen Arbeitsbereich, um Material zur Verfügung zu stellen und zu bearbeiten.

Die VITAL-Lernumgebung nutzt dabei die Raummetapher, um das Konzept des gemeinsamen sozialen Raumes zu transportieren. Die in dieser Lernwelt angelegten (virtuellen) Räume werden in einer Liste aufgeführt. Zusätzlich zum Namen eines Raumes sind in dieser Auflistung auch die gerade dort „anwesenden" Benutzer mit ihrem Namen aufgeführt. Gruppenräume und Auditoren bieten mehreren Lernern einen Raum zum gemeinsamen Erarbeiten von Lerninhalten. Mit Hilfe von Telepointern, einem Werkzeug zum Chatten oder einer Audiokonferenz können die Gruppenmitglieder kommunizieren.

Es ist allerdings umstritten, inwieweit die Raummetapher oder die Platzmetapher (Harrison & Dourish, 1996) für die Systementwicklung angemessen ist. Auch liegt in Ereignisdiensten immer auch die Gefahr der quasi automatisch eingestellten Informationsüberflutung der Nutzer und auch die Frage, inwieweit im Einzelfall die Privatheit verletzt wird, bleibt offen (Hudson & Smith, 1996).

8.5 Zusammenfassung

CSCL ist eine kooperative Lernform, bei der zwei oder mehr Lerner mittels gemeinsamer Arbeit an einer Lernaufgabe ein gemeinsames Ziel erarbeiten. Die Verteilung der Lernaufgabe auf einzelne Gruppenmitglieder erfordert Kooperation und Kommunikation der Beteiligten. Damit rückt für die CSCL-Forschung insbesondere der Lernprozess in den Vordergrund.

Für jede Situation des kooperativen Lernens gibt es sowohl personelle Einflussfaktoren (inhaltliches Vorwissen, Präferenzen, sozial-kommunikative Fähigkeiten, Strategien für das selbstgesteuerte Lernen, Medienkompetenz und intrinsische Motivation der Lerner) als auch situative Einflussfaktoren (Eignung der Aufgabenstellung für eine kooperative Bearbeitung, geeignete Gruppengröße, Strukturierung der Interaktion durch eine geeignete didaktische Methode).

Lerntheorien (aus sozio-konstruktivistischer Perspektive, situierte Kognition, Perspektive der kollektiven Informationsverarbeitung im sozialen Kontext) sehen die Lernwirksamkeit des kooperativen Lernens vor allem darin, dass kognitive Konflikte auftreten (oder speziell gefördert werden können), die durch die Erarbeitung eines gemeinsamen Verständnisses des Lerngegenstandes und durch Co-Konstruktion von Bedeutungen gemeinsam gelöst werden müssen. Dabei geht es vor allem um die Art und Weise, wie die Lösung des Konfliktes erarbeitet wird. Wenn wesentliche Bedingungen des kooperativen Lernens fehlen, dann treten Schwierigkeiten auf, wie soziales Faulenzen, vorschneller Konsens (Konfliktillusion), Statuseffekte, thematisches Vagabundieren, fehlerhafte Konzepte, ungünstige Arbeitsteilung und Spezialisierung.

Didaktische Methoden sollen dabei helfen, förderliche Bedingungen für das kooperative Lernen zu schaffen. Zu diesen didaktischen Methoden gehören Kooperationsunterstützungen, die versuchen, die Kooperation durch Skriptvorgaben zu strukturieren. Sie geben den Ablauf und die Rollen der Kooperationspartner für den Verlauf der Kooperation vor. Zu diesen Methoden gehören Scripted Cooperation und Reciprocal Teaching. Ein anderer Typ der Kooperationsunterstützung fokussiert auf die Verteilung der Lernressourcen zwischen den Gruppenmitgliedern, die die gelernten Inhalte dann einander gegenseitig vermitteln. Zu diesen Methoden gehören das Gruppenpuzzle, Cooperative Teaching, Learning Communities und problembasiertes Lernen.

Kooperation bedarf immer eines begleitenden Diskurses. Beim sprachlichen Aushandeln in der Gruppe werden Lerner aufgrund der Notwendigkeit zur Kommunikation gezwungen, ihre Gedanken zu äußern und damit kohärent zu strukturieren. Auf diese Weise werden auch

8.5 Zusammenfassung

Wissenslücken deutlich. Weiter sind Lerngruppen stark auf soziale Koordination angewiesen, um Verständigung herzustellen. Die Voraussetzung dafür ist ein gemeinsamer Bezugsrahmen (Common Ground), der die Verteilung individueller Kenntnisse der Beteiligten ebenso widerspiegelt wie das gemeinsam erarbeitete Wissen und ein geteiltes Problemverständnis der Kooperationspartner ermöglicht. Dieser gemeinsame Bezugsrahmen wird von den Beteiligten in einem interaktiven Prozess aufgebaut, in dem sie ihr unterschiedliches Verständnis offen legen und durch eine schrittweise Veränderung ein gemeinsam geteiltes Verständnis und eine zunehmende Konvergenz der individuellen Plankonzeptionen erarbeiten. Zu diesem Prozess gehören wechselseitige Diagnose und wechselseitiges Feedback.

Zu den Grundlagen, um dieses geteilte Wissen zwischen den Kooperationspartnern herzustellen, gehören auch externe Repräsentationen („Artefakte"). Hier ist wiederum ein Ansatz für die Entwicklung von CSCL-Werkzeugen, die den Gruppenmitgliedern ermöglichen, diese Repräsentationen allen zugänglich zu machen und sie in diesem Sinne zu teilen. Externe Repräsentationen, die Verteilung kognitiver Prozesse auf verschiedene Personen und Repräsentationsmedien entlasten das Arbeitsgedächtnis. Es erfordert aber auch die Externalisierung von Wissen, beispielsweise in Form von Gruppengedächtnis oder Lernnetzen. Wichtig ist in jedem Fall, dass dies bei der Gestaltung des User Interfaces und bei der Bereitstellung von Werkzeugen berücksichtigt wird.

Die Bedeutung von Artefakten für die oben genannten Tätigkeiten wird umso wichtiger, wenn man bedenkt, dass bei CSCL-Situationen die Teilnehmer räumlich und oft auch zeitlich getrennt sind und auf der Grundlage digitaler und netzbasierter Medien arbeiten. Dies wird durch asynchrone (E-Mail, Newsgroup, Foren etc.) und synchrone Kooperations- und Kommunikationswerkzeuge unterstützt (shared Workspaces, shared Whiteboard, Chat, Audio- und Videokonferenz).

Hinzu kommt, dass bei CSCL im Vergleich zur zwischenmenschlichen Kommunikation der Kommunikationskanal reduziert ist, was zu weiteren Kommunikationsschwierigkeiten führt. Als Folge der Kanalreduktion fehlen wichtige soziale Hinweisreize und viele Quellen für ein wechselseitiges Feedback der Kommunikationspartner. In der Folge entsteht in diesem Kontext häufig ein Mangel an sozialer Präsenz, eine fehlende oder erschwerte Abstimmung über den gemeinsamen Wissenshintergrund (Grounding) sowie erschwerte Koordination der Gruppenaktivitäten. Darüber hinaus wird im Hinblick auf die ausgetauschte Information häufig ein Mangel an Nachrichtenverbundenheit beklagt. Diese Kommunikationsprobleme tragen zu einer höheren kognitiven Belastung der Lerner bei und absorbieren kognitive Ressourcen, die für die eigentlichen Lernprozesse nicht mehr zur Verfügung stehen.

Die Kooperation von zwei oder mehreren Lernpartnern setzt außerdem situationsbezogenes Handeln voraus und erfordert eine gegenseitige Wahrnehmung der Kooperationspartner und ihrer gemeinsamen Handlungsumgebung. Dies wird als Awareness bezeichnet. Awareness ist wichtig, um Handlungen zu koordinieren, Kooperationsprozesse zu verstehen und den Überblick über die bearbeiteten Objekte und Zustände im Kooperationsprozess zu behalten.

Das Fehlen sozialer Präsenz und mangelnde Awareness in CSCL-Situationen muss durch andere Mittel kompensiert werden. Deshalb entsteht in CSCL-Umgebungen viel Aufwand, den Gruppenmitgliedern fehlende soziale Hinweisreize in geeigneter Weise zu signalisieren, z.B. welcher Beitrag von wem eingebracht wurde. Die Entwickler von CSCL-Umgebungen versuchen, die fehlenden Kommunikationsmittel durch geeigneten Ersatz in der CSCL-Umgebung zu kompensieren.

Aus den genannten Gründen bedarf kooperatives Lernen eines Verständnisses sowohl in Bezug auf den Wissenserwerbsprozess in Gruppen als auch in Bezug auf die Funktion von Medien für diesen Prozess, wie sie eingesetzt werden und wie sie eventuell den Wissenserwerbsprozess verändern. Hierzu sind auch verschiedene Theorien (Social Presence Theorie, Media Richness Theorie, Media Synchronicity Theorie) entstanden, die versuchen, die Unterschiede für die computervermittelte Kommunikation zu systematisieren. Sie werden Rational-Choice-Ansätze zur Medienwahl genannt, weil sie eine Verbindung herzustellen versuchen zwischen den Eigenschaften eines Mediums und Merkmalen der Aufgabe sowie die Anforderungen, die der Kommunikationsprozess selbst stellt.

Abbildungsverzeichnis

Abbildung 1: Faktoren für die Beschreibung eines Lernraumes (nach Herczeg, 2002) 2

Abbildung 2: Lernräume aus historischer Perspektive (nach Herczeg, 2002) 4

Abbildung 3: Black-Box-Modell des Behaviorismus 7

Abbildung 4: Lineare Programmstruktur des programmierten Unterrichts 10

Abbildung 5: Verzweigte Programmstruktur als Modell des Tutors 11

Abbildung 6: Informationsverarbeitungsparadigma des Kognitivismus 12

Abbildung 7: Struktur eines Goal-Based Scenarios (GBS) 20

Abbildung 8: kognitive Architektur als Grundlage für die Organisation von Lernprozessen – SOI-Modell nach Mayer, 2001) 27

Abbildung 9: Theorie der dualen Kodierung (nach Paivio, 1986) zur Erklärung des „Bildüberlegenheitseffektes" und Begründung des „Modalitätsprinzips" 30

Abbildung 10: Belastung (Cognitive Load) des Kurzzeitgedächtnisses 34

Abbildung 11: Grundprinzip eines Hypertextes aus Inhaltsknoten und Relationen 40

Abbildung 12: Hypermedia als Verknüpfung von Hypertext mit multimedialen Inhalten ... 41

Abbildung 13: Architektur eines intelligenten tutoriellen Systems (nach Leutner, 1992: 61) ... 45

Abbildung 14: Möglichkeit zur Realisierung eines Wissensmoduls 47

Abbildung 15: RDF-Graph 54

Abbildung 16: Kooperationsnetzwerk zur Entwicklung von E-Learning-Standards 56

Abbildung 17: Schema zur Einordnung von Medien (nach Weidenmann, 1988; Niegemann, 2001) 62

Abbildung 18: Verarbeitungswege nach dem SOI-Modell (nach Mayer, 2001) 70

Abbildung 19: verteilte Vorlesung als synchrones Szenario des verteilten Lehrens und Lernens (Teleteaching) 134

Abbildung 20: Telekooperation in einer Vorlesung 137

Abbildung 21: CSCL-Situation 145

Abbildung 22: Personelle und situative Einflussfaktoren auf kooperative Lernprozesse (nach Renkl & Mandl, 1995) 148

Abbildung 23: Schema des Gruppenpuzzles 158

Literaturverzeichnis

Anderson, J.R. (1996): *Kognitive Psychology* (2. Auflage). Heidelberg: Spektrum Akademischer Verlag

André, E.; Rist, T. & Müller, J. (1999): Employing AI methods to control the behavior of animated interface agents. *Applied Artificial Intelligence* 13, pp. 415–448

Arnold, P. (2003): *Kooperatives Lernen im Internet. Qualitative Analyse einer Community of Practice im Fernstudium.* Münster: Waxmann

Baddeley, A.D. (1992): Working Memory. *Science* 255, pp. 556–559

Ballstaedt, S.-P. (1997): *Wissensvermittlung. Die Gestaltung von Lernmaterial.* Weinheim: Psychologische Verlagsunion

Baxter, J.H. & Preece, P.F.W. (1999): Interactive multimedia and concrete three-dimensional modelling. *Journal of Computer Assisted Learning* 15 (4), pp. 323–331

Bente, G. & Krämer, N. (2001): Virtuelle Gesprächspartner: Psychologische Beiträge zur Entwicklung und Evaluation anthropomorpher Schnittstellen. In Gärtner, K.P. (Hrsg.): *Multimodale Interaktion im Bereich der Prozessführung. 42. Fachausschusssitzung Anthropotechnik, DGLR-Bericht 2000-02.* Bonn: DGLR, S. 29–50

Beaumont, I. (1994): User modelling in the interactive anatomy tutoring system ANATOM-TUTOR. *User Models and User Adapted Interaction* 4, pp. 21–45

Bielasczyk, K. & Collins, A.M. (2000): Learning communities in classrooms: A reconceptualization of educational practice. In Reigeluth, C.M. (Ed.): *Instructional design theories and models.* Mahwah, NJ: Erlbaum, S. 269–292

Boos, M. & Cornelius, C. (2001): Bedeutung und Erfassung konversationaler Kohärenz in direkter und computervermittelter Kommunikation. In Hesse, F.W. & Friedrich, F. (Hrsg.): *Partizipation und Interaktion im virtuellen Seminar.* Münster: Waxmann, S. 55–80

Bower, G.H. & Hilgard, E.R. (1983): *Theorien des Lernens.* Band 1. Stuttgart: Klett-Cotta

Bowman, D.; Wineman, J.; Hodges, L. & Allison, D. (1998): Designing animal habitats within an immersive VE. *IEEE Computer Graphics and Applications* 18 (5), pp. 9–13

Brinkerhoff, J.D.; Klein, J.D. & Koroghlanian, C.M. (2001): Effects of overviews and computer experience on learning from hypertext. *Journal of Educational Computing Research* 25 (4), pp. 427–440

Brodbeck, F.C. (1999): *„Synergie is not for free"*: *Theoretische Modelle und experimentelle Untersuchungen über Leistungen und Leistungsveränderung in aufgabenorientierten Kleingruppen.* Unveröffentlichte Habilitationsschrift, Ludwig-Maximilians-Universität München

Brown, J. S.; Collins, A.; Duguid, P. (1989): Situated Cognition and the Culture of Learning. *Educational Researcher*, pp. 33–42

Brown, A.L. & Palinscar, A.S. (1989): Guided, cooperative learning and individual knowledge acquisition. In Resnick, L.B. (Ed.): *Knowing, Learning, and Instruction.* Hillsdale, NJ: Erlbaum, S. 393–451

Brünken, R.; Plass, J.L. & Leutner, D. (2003): Direct measurement of cognitive load in multimedia learning. *Educational Psychologist* 38 (1), pp. 53–62

Bruhn, J. (2000): *Förderung des kooperativen Lernens über Computernetze.* Frankfurt am Main: Lang

Brusilowsky, P. (2001): Adaptive hypermedia. *User Modelling and User-Adapted Interaction* 11, pp. 87–110

Brusilovsky, P. & Pesin, L. (1994): ISIS-Tutor. An adaptive hypertext learning environment. In Ueno, H.; Stefanak, V. (Eds.): *Proceedings of JCKBSE '94. Japanese-CIS Symposium on knowledge-based software engineering.* Tokyo: EIC, pp. 83–87

Buxton, W. (1992): Telepresence: Integrating Shared Task and Person Space. In: *Proceedings of Graphic Interface '92.* Morgan Kaufman Publishers, pp. 123–129

Buxton, W. (1997): Living in Augmented Reality: Ubiquitous Media and Reactive Environments. In Finn, K. Sellen, A. & Wilbur, S. (Eds.): *Video-mediated Communication.* Mahwah, NJ: Lawrence Erlbaum Associates, pp. 374–375

Buxton, W.; Sellen, A.J. & Sheasby, M. (1997): Interfaces for multiparty videoconferences. In Finn, K.; Sellen, A. & Wilbur, S. (Eds.): *Video-mediated Communication.* Mahwah, NJ: Lawrence Erlbaum Associates

Carello, C.; Rosenblum, L.D. & Grosofsky, A. (1986): Static depiction of movement. *Perception* 15, pp. 41–58

Carroll, J.M.; Mack, R.L. & Kellogg, W.A. (1988): Interface metaphors and user interface design. In Helander, M. (Ed.): *Handbook of human-computer interaction.* Elsevier Science Publishers B.V. (North-Holland), 67–85

Cassell, J. & Thorisson, K. R. (1999): The power of a nod and a glace: Envelope versus emotional feedback in animated conversational agents. *Applied Artificial Intelligence* 13, pp. 519–538

Chan, T. & Ahern, T. C. (1999): Targeting motivation: adapting Flow Theory to instructional design. *Journal of Educational Computing Research* 21, pp. 151–163

Chandler, P. & Sweller, J. (1991): Cognitive Load Theory and the Format of Instruction. *Cognition and Instruction* 8 (4), pp. 293–332

Chandler, P. & Sweller, J. (1996): Cognitive load while learning to use a computer program. *Applied Cognitive Psychology* 10, pp.151–170

Chapman, B. & Hall, B.I. (2001): *Learning management systems and learning content management systems demystified.* URL: http://www.bandonhall.com/public/resources/lms_lcms (Stand: 15.04.2004)

Christel, M.G. (1994): The role of visual fidelity in computer-based instruction. *Human-Computer Interaction* 2 (9), pp. 183–223

Clark, J.M. & Paivio, A. (1991): Dual coding theory and education. *Educational Psychology Review* 3, pp. 149–210

Cohen, E.G. (1994): Restructuring the Classroom: Conditions for Productive Small Groups. *Review of Educational Research* 64, S. 1–35

Cognition and Technology Group at Vanderbilt (1997): *The Jasper Project. Lessons in curriculum, instruction, assessment, and professional development.* Mahwah, NJ: Erlbaum

Collins, A.; Brown, J.S. & Newman, S.E. (1989): Cognitive apprenticeship: Teaching the crafts of reading, writing and mathematics. In Resnick, L.B. (Ed.): *Knowing, learning, and instruction: Essays in honor of Robert Glaser.* Hillsdale, NJ: Erlbaum, pp. 453–494

Craig, S.D.; Gholson, B. & Driscoll, D.M. (2002): Animated pedagogic agents in multimedia educational environments: Effects of agent properties, picture features, and redundancy. *Journal of Educational Psychology* 94, pp. 428–434

Creß, U. & Friedrich, H.F. (2000): Selbstgesteuertes Lernen Erwachsener: Eine Lernertypologie auf der Basis von Lernstrategien, Lernmotivation und Selbstkonzept. *Zeitschrift für Pädagogische Psychologie* 14 (4), S. 193–204

Daft, R.L. & Lengel, R.H. (1986): Organizational information requirements, media richness and structural design. *Management Science* 32, pp. 554–571

Dansereau, D.F. (1988): Cooperative Learning Strategies. In Weinstein, C.E.; Goetz, E.T. & Alexander, P.A. (Eds*.): Learning and Study Strategies: Issues in Assessment, Instruction, and Evaluation.* New York: Academic Press, pp. 103–120

Davies, D.R.; Shackelton, V.J. & Parasuraman, R. (1983): Monotony and boredom. In Hockey, R. (Ed.): *Stress and fatigue in human performance.* Chichester: Wiley, pp. 1–32

Dede, C.; Salzman, M. & Loftin, R.B. (1996a): Science Space: Virtual realities for learning complex and abstract scientific concepts. In *Proceedings of IEEE Virtual Reality Annual International Symposium.* New York: IEEE Press, pp. 246–253

Dede, C.; Salzman, M. & Loftin, R.B. (1996b): The development of a virtual world for learning Newtonian mechanics. In Brusilovsky, P. & Streitz, N. (Eds.): *Multimedia, Hypermedia and Virtual Reality.* Berlin: Springer Verlag

Dehn, D. M. & van Mulken, S. (2000): The impact of animated interface agents: a review of empirical research. *International Journal of Human-Computer Studies* 52, pp. 1–22

De Kerckhove, D. (2001): *The Architecture of Intelligence.* Birkhäuser: Basel

Dennis, A.R. & Valacich, J.S. (1999): Rethinking Media Richness: Towards a Theory of Media Synchronicity. In Sprague, R. (Ed.): *Proceedings of the 32nd Hawaii International Conference on System Sciences. (HICSS-32).* January 5–8, 1999, IEEE Computer Society. Los Alamitos, California

De Lisi, R. & Goldbeck, S.L. (1999): Implications of piagetian theory for peer learning. In O'Donnell, A.M. & King, A. (Eds.): *Cognitive perspectives on peer learning.* Mahwah, NJ: Lawrence Erlbaum Associates, pp. 3–37

Dillon, A. & Gabbard, R. (1998): Hypermedia as an educational technology: a review of quantitative research literature on learner comprehension, control and style. *Review of Educational Research* 68, pp. 322–349

Dillenbourg, P. (Ed.) (1999): *Collaborative Learning: Cognitive and computational approaches.* Amsterdam et al.: Pergamon

Dillenbourg, P.; Baker, M.; Blaye, A. & O'Malley, C. (1995): The evolution of research on collaborative learning. In Reimann, P. & Spada, H. (Eds.): *Learning in humans and machines. Towards an interdisciplinary learning science.* Oxford: Pergamon Press, pp. 189–211

Doise, W. & Mugny, G. (1984): *The Social Development of the Intellect.* Oxford Pergamon Press

Dourish, P. & Bellotti, V. (1992): Awareness and Coordination in Shared Workspaces. In *Proceedings of the Conference on Computer-Supported Cooperative Work – CSCW '92 – Sharing Perspectives.* New York: ACM Press, pp. 107–114

Drewniak, U. (1992): *Lernen mit Bildern in Texten.* Münster: Waxmann

Dubois, M. & Vial, I. (2000): Multimedia design: the effects of relating multimodal information. *Journal of Computer Assisted Learning* 16 (2), 157–165

Dwyer, F.M. (1976): *Strategies for improving visual learning.* Pennsylvania: Learning Services

Engelkamp, J. (1990): *Das menschliche Gedächtnis.* Göttingen: Hogrefe

Engelkamp, J. (1991): Bild und Ton aus der Sicht der kognitiven Psychologie. *Medienpsychologie* 3, S. 278–299

Euler, D. (2001): Computer und Multimedia. In Bonz, B. (Hrsg.): *Didaktik der beruflichen Bildung.* Baltmannsweiler, S. 152–168

Evers, M. & Nijholt, A. (2000): Jacob an animated instruction agent in virtual reality. Paper presented at the 3rd *International Conference on Multimodal Interaction.* Beijing, China

Faber, J.; Meiers, T.; Ruschin, D. & Seyferth, A. (1991): The motion picture in interactive information systems: A necessary of facilitating component. In Bullinger, H.-J. (Hrsg.): *Human aspects in computing: Design and use of interactive Systems and work with terminals.* Amsterdam: Elsevier, pp. 485–490

Fischer, F. & Mandl, H. (2001): Facilitating the construction of shared knowledge with graphical represenation tools in face-to-face and computer-mediated scenarios. In Dillenbourg, P.; Eurelings, A. & Hakkarainen, K. (Hrsg.): *European perspectives on computer-supported collaborative learning.* Maastricht, NL: University of Maastricht, S. 230–236

Fleming, M.L. (1987): Displays and communication. In Gagné, R.M. (Ed.): *Instructional Technology: Foundations.* Hillsdale, N.J.: LEA, pp. 233–260

Flender, J. (2002): *Didaktisches Audio-Design. Musik als instruktionales Gestaltungsmittel in hypermedial basierten Lehr-Lern-Prozessen.* Lengerich: Pabst

Frey, D. & Schulz-Hardt, S. (2000): Entscheidungen und Fehlentscheidungen in der Politik: Die Gruppe als Problem. In Mandl, H. & Gerstenmaier, J. (Hrsg.): *Die Kluft zwischen Wissen und Handeln. Empirische und theoretische Lösungsansätze.* Göttingen: Hogrefe, pp. 73–93

Gagné, R.M.; Briggs, L.J. & Wagner, W.W. (1987): *Principles of instructional design.* 3rd ed. New York: Holt, Rinehart & Winston

Gerdes, H. (1997): *Lernen mit Text und Hypertext.* (Aktuelle Psychologische Forschung; 18). Berlin: Pabst

Gerstenmaier, J. & Mandl, H. (1995): Wissenserwerb unter konstruktivistischer Perspektive. *Zeitschrift für Pädagogik* 41, S. 867–888

Gerstenmaier, J. & Mandl, H. (2001): *Methodologie und Empirie zum Situierten Lernen* (Forschungsbericht Nr. 138). Ludwig-Maximilians-Universität München, Institut für Pädagogische Psychologie und Empirische Pädagogik

Gibson, J.J. (1979): *The ecological approach to visual perception*. Boston: Houghton Mifflin

Gick, M.L. & Holyoak, K.J. (1980): Analogical problem solving. *Cognitive psychology* 12, pp. 306–355

Goffman, E. (1971): *Verhalten in sozialen Situationen. Strukturen und Regeln der Interaktion im öffentlichen Raum*. Gütersloh

Graesser, A.C.; Wiemer-Hastings, K.; Wiemer-Hastings, P. & Kreuz, R. (1999): AutoTutor: A simulation of a human tutor. *Journal of Cognitive Systems Research* 1, pp. 35–51

Greeno, J.G. (1998): The situativity of knowing, learning, and research. *American Psychologist* 53, pp. 5–26

Gustafson, K.L. & Branch, R.M. (2002): What is instructional design? In Dempsey, J.V. (Ed.): *Trends and issues in instructional design and technology*. Upper Saddle River, NJ/Columbus, OH: Merrill/Prentice Hall, pp. 16–25

Hapeshi, K. & Jones, D. (1992): Interactive multimedia for instruction: A cognitive analysis of the role of audition and vision. *International Journal of Human-Computer Interaction* 4 (1), pp. 79–99

Hartwig, R.; Herczeg, M. & Kritzenberger, H. (2002): Aufgaben- und benutzerzentrierte Entwicklungsprozesse für web-basierte Lernumgebungen. *i-com. Zeitschrift für interaktive und kooperative Medien* 1, pp. 18–24

Harrison, B. & Dourish, P. (1996): Replacing Spaces: The Roles of Place and Space in Collaborative Systems. In: *CSCW '96*. New York: ACM, pp. 67–76

Hayes, D.S.; Kelly, S.B. & Mandel, M. (1986): Incidental Processing of Speaker Characteristics: Voices as Connotative Information. *Journal of Verbal Learning* 8, pp. 28–45

Herczeg, M. (1994): *Software-Ergonomie*. Bonn et al.: Oldenbourg & Addison Wesley

Herczeg, M. (2002). *„Lehren und Lernen mit den neuen digitalen Medien: die stille Revolution der geistigen Mobilität"*, Keynote auf dem Internationalen Symposium für Informationswissenschaften, ISI 2002 am 9.10.2002, Regensburg, Download unter http://www.imis.uni-luebeck.de/de/forschung/publikationen.html

Herczeg, M. (2004, im Druck): *Software-Ergonomie. Benutzer- und anwendungsgerechte Gestaltung interaktiver und multimedialer Computersysteme*. München: Oldenbourg

Hesse, F.W.; Garsoffsky, B. & Hron, A. (1997): Interface-Design für computerunterstütztes kooperatives Lernen. In Issing, L.J. & Klimsa, P. (Hrsg.): *Information und Lernen mit Multimedia*. Weinheim: Psychologie Verlags Union, S. 253–267

Hesse, F.; Garsoffsky, B. & Hron, A. (2002): Netzbasiertes kooperatives Lernen. In Issing, L. & Klimsa, P. (Hrsg.): *Information und Lernen mit neuen Medien und dem Internet.* 3. vollständig überarb. Auflage, Weinheim: Beltz, Psychologie Verlags Union, S. 283–298

Hesse, F.W. & Mandl, H. (2000): Neue Technik verlangt neue pädagogische Konzepte. Empfehlungen zur Gestaltung und Nutzung von multimedialen Lehr- und Lernumgebungen. In Bertelsmann Stiftung, Heinz Nixdorf Stiftung (Hrsg.): *Studium Online. Hochschulentwicklung durch Neue Medien.* Gütersloh: Verlag Bertelsmann Stiftung, S. 298–348

Hewitt, J. & Scardamalia, M. (1998): Design principles for distributed knowledge building processes. *Educational Psychology Review* 10 (1), pp. 75–96

Hoffmann, P. & Herczeg, M. (2003): Distributed Storytelling for Narrative in Spacious Areas. In *Proceedings of TIDSE, 1st International Conference on Technologies for Interactive Digital Storytelling and Entertainment.* Darmstadt, Germany, pp. 346–350

Hogan, D.M. & Tudge, J.R.H. (1999): Implications of Vygotsky's theory for peer learning. In O'Donnell, A. M. & King, A. (Eds.): *Cognitive Perspectives on Peer Learning.* Mahwah, NJ: Lawrence Erlbaum Associates, pp. 39–65

Huber, A. (1999): Ein Rahmenmodell zum kooperativen Lernen. In: *Gruppendynamik,* 30 (3), pp. 261–269

Hudson, S. & Smith, I. (1996): Techniques for Addressing Fundamental Privacy and Disruption Tradeoffs in Awareness Support Systems. In *CSCW '96.* New York: ACM, pp. 248–257

Hutchins, E. (1991): The Social Organization of Distributed Cognition. In Resnick, L.B.; Levine, J.M. & Teasley, S. D. (Eds.): *Perspectives on Socially Shared Cognition.* Washington, DC: APA, pp. 283–307

Hutchins, E. (1995): *Cognition in the Wild.* Cambridge, Mass: MIT Press

Hutchins, E.L.; Hollan, J.D. & Norman, D.A. (1986): Direct Manipulation Interfaces. In: Norman, D.A. & Draper S.W. (Eds*.): User Centered System Design.* Hillsdale: Lawrence Erlbaum Associates, pp. 87–124

Isen, A.M. (1993): Positive affect and decision making. In Lewis, M. & Haviland, J.M. (Eds.): *Handbook of emotions.* New York: Guilford Press, pp. 261–277

Issing, L.J. (1995): Instruktionsdesign für Multimedia. In Issing, L.J. & Klimsa, P. (Hrsg.): *Information und Lernen mit Multimedia.* Weinheim: Psychologische Verlags Union, S. 195–220

Jacobson, M.J.; Maouri, C.; Mishra, P. & Kolar, C. (1996): Learning with hypertext learning environments: Theory, design and research. *Journal of Educational Multimedia and Hypermedia* 5, pp. 239–281

Janis, I. (1982): *Groupthink* (2. Auflage). Boston: Houghton-Mifflin

Jerusalem, M. & Pekrun, R. (Hrsg.) (1999): *Emotion, Motivation und Leistung.* Göttingen; Bern; Toronto, Seattle: Hogrefe.

Jeung, H.; Chandler, P. & Sweller, J. (1997): The role of visual indicators in dual sensory mode instruction. *Educational Psychology* 17 (3), 329–343

Johnson, D. & Johnson, R. (1989): *Cooperation and Competition: Theory and Research.* Edina, MN: Interaction Book

Johnson, D. & Johnson, R. (1992): Encouraging Thinking through Constructive Controversy. In Davidson, N. & Worshan, T. (Hrsg.): *Enhancing Thinking through Cooperative Learning.* New York, London: Teachers College Press, pp. 213–240

Johnsen, A.; Moher, T.; Ohlsson, S. & Gillingham, M. (1999): The Round Earth Project: Collaborative VR for Conceptual Learning. *IEEE Computer Graphics and Applications* 19 (6), pp. 60–69

Johnson, W.L.; Rickel, J.W. & Lester, J.C. (2000): Animated pedagogical agents: face-to-face interaction in interactive learning environments. *International Journal of Artificial Intelligence in Education* 11, pp. 47–78

Jonassen, D.H. (1993): Thinking technology: The trouble with learning environments. *Educational Technology* 33 (1), pp. 35–37

Jonassen, D.H. (1993): Effects of semantically structured hypertext knowledge bases on users' knowledge structures. In McKnight, C.; Dillon, A. & Richardson, J. (Eds.): *Hypertext: A psychological perspective.* New York: Ellis Horwood, pp. 153–168

Jonassen, D.H. & Grabinger, R. S. (1990): Problems and Issues in Designing Hypertext/Hypermedia for Learning. In Jonassen, D.H. & Mandl, H. (Eds.): *Designing Hypermedia for Learning.* NATO ASI Series, Series F: Computer and System Services, vol. 67, Heidelberg, New York, London: Springer Verlag, pp. 3–26

Kafai, Y. (2000): Different Perspectives of Computer-Supported Collaborative Learning: The Case of the Software Design Project. In Uellner, S. & Wulf, V. (Hrsg.): *Vernetztes Lernen mit digitalen Medien. Proceedings der ersten Tagung „Computerunterstütztes Kooperatives Lernen (D-CSCL 2000)".* Heidelberg: Physica, S. 3–17

Kaiser, F.-J. (1983): *Die Fallstudie: Theorie und Praxis der Fallstudiendidaktik.* Bad Heilbrunn: Obb. Klinkhardt

Kalyuga, S.; Chandler, P. & Sweller, J. (1999): Managing split-attention and redundancy in multimedia instruction. *Applied Cognitive Psychology* 13 (4), pp. 351–372

Kalyuga, S.; Chandler, P. & Sweller, J. (2000): Incorporating learner experience into the design of multimedia instruction. *Journal of Educational Psychology* 92(1), pp. 126–136

Keller, J.M. (1983): Motivational design of instruction. In Reigeluth, C.M. (Ed.): *Instructional design theories and models: An overview of their current studies.* Hillsdale, NJ: Erlbaum

Kerres, M. (1999): *Multimediale und telemediale Lernumgebungen: Konzeption und Entwicklung.* München, Wien: Oldenbourg

King, A. (1999): Discourse patterns for mediating peer learning. In O'Donnell, A.M. & King, A. (Eds.): *Cognitive perspectives on peer learning.* Mahwah, NJ: Lawrence Erlbaum Associates, pp. 87–115

Klimoski, R. & Mohammed, S. (1994): Team mental model: construct or metaphor. *Journal of Management* 20 (2), 403–437

Kneser, C.; Fehse, E.; & Hermann, E. (2000): Kooperatives Problemlösen auf der Grundlage komplementären Vorwissens – eine empirische Studie und ein Simulationsmodell. *Kognitionswissenschaft* 9, S. 17–31

Kobsa, A.; Miller, D. & Nill, A. (1994): KN-AHS: An adaptive hypermedia client of the user modeling system BGP-MS. In *Proceedings of the 4th International Conference on User Modeling.* Hyannis, MA: MITRE, pp. 31–36

Konrad, K. & Traub, S. (2001*): Kooperatives Lernen in Schule und Hochschule.* Baltmannsweiler: Schneider-Verlag

Konradt, U.; Filip, R. & Hoffmann, S. (2003): Flow experience and positive affect during hypermedia learning. *British Journal of Educatinal Technology* 34 (1)

Konradt, U. & Sulz, K. (2001): The experience of flow in interacting with a hypermedia learning environment. *Journal of Educational Multimedia and Hypermedia* 10, pp. 69–84

Koschmann, T. (1996): *CSCL: Theory and Practice of an Emerging Paradigm.* Mawhaw, New Jersey: Lawrence Erlbaum Associates

Krapp, A. & Weidenmann, B. (Hrsg.) (2001): *Pädagogische Psychologie.* Band 4. München: Beltz

Kritzenberger, H. & Herczeg, M. (2001): Knowledge and Media Engineering for Distance Education. In Stephanidis, C. (Ed.): *Universal Access in HCI. Towards an Information Society for All. Proceedings of HCI International 2001.* 9th International Conference on Human-Computer-Interaction. Vol. 3. New Orleans, Louisiana, USA. Mahwah, New Jersey: Lawrence Erlbaum Associates, pp. 827–831

Kritzenberger, H. & Herczeg, M. (2002): Aufgaben- und benutzerzentrierte Entwicklungsprozesse für web-basierte Lernumgebungen. In: *i-com. Zeitschrift für interaktive und kooperative Medien*. Heft 1, S. 18–24

Kritzenberger, H.; Winkler, T. & Herczeg, M. (2002): Collaborative and Constructive Learning of Elementary School Children in Experimental Learning Spaces along the Virtuality Continuum. In Herczeg, M.; Prinz, W. & Oberquelle, H. (Eds.): *Bericht des German Chapters of the ACM, Mensch & Computer 2002: Vom interaktiven Werkzeug zu kooperativen Arbeits- und Lernwelten*. Stuttgart: Teubner, S. 115–124

Kuhn, D.; Shaw, V. & Felton, M. (1997): Effects of dyadic interaction on argumentative reasoning. *Cognition and Instruction* 15 (3), pp. 287–315

Kuhlen, R. (1991): *Hypertext. Ein nicht-lineares Medium zwischen Buch und Wissenschaft*. Heidelberg: Springer

Laurel, B. (1993): *Computers as Theatre*. Boston et al.: AddisonWesley

Larkin, J.H. & Simon, H. (1987): Why a diagram is (sometimes) worth a ten thousand words. *Cognitive Science* 11, pp. 65–99

Larson, J.R. & Christensen, C. (1993): Groups as problem-solving units: Toward a new meaning of social cognition. *British Journal of Social Psychology* 32, pp. 5–30

Lave, J. (1988): *Cognition in Practice*. Cambridge: Cambridge University Press

Lave, J. & Wenger, E. (1991): *Situated Cognition: Legitimate Peripheral Participation*. London: Cambridge University Press

Lester, J.C.; Converse, S.A.; Kahler, S.E.; Barlow, S.T.; Stone, B.A. & Bhogal, R.S. (1997): The persona effect: affective impact of animated pedagogical agents. In Pemberton, S. (Ed.): *Human Factors in Computing Systems: CHI' 97 Conference Proceedings*. New York: ACM Press, pp. 359–366

Lester, J.; Stone, B. & Stelling, G. (1999): Lifelike pedagogical agents for mixed-initiative problem-solving in constructive learning environments. *User modelling and user-adapted interaction* 9 (1–2), pp. 1–44

Lester, T.; Towns, S.G. & FitzGerald, P.J. (1999): Achieving affective impact: Visual emotive communication in lifelike pedagogical agents. *International Journal of Artificial Intelligence in Education* 10 (3–4), pp. 278–291

Leutner, D. (1992): *Adaptive Lehrsysteme. Instruktionspsychologische Grundlagen und experimentelle Analysen*. Weinheim: Psychologische Verlags-Union (Fortschritte der psychologischen Forschung; 13)

Leutner, D. (2002): Adaptivität und Adaptierbarkeit multimedialer Lehr- und Informationssysteme. In Issing, L.J. & Klimsa, P. (Hrsg): *Information und Lernen mit Multimedia und Internet* (3. Auflage). Weinheim: Beltz, S. 115–125

Levin, J.R.; Anglin, G.J. & Carney, R.N. (1987): On empirical validating functions of pictures in prose. In Willows, D.M. & Houghton, H.A. (Eds.): *The psychology of illustration*. Vol. 1. New York: Springer, pp. 51–86

Lou, Y.; Abrami, P.C. & d'Apollonia, S. (2001): Small Group and Individual Learning with Technolgogy: A Meta-Analysis. *Review of Educational Research* 71, pp. 449–521

Lukesch, H. (2001): *Psychologie des Lernens und Lehrens.* Regensburg: Roderer

Lusti, M. (1992): *Intelligente Tutorielle Systeme. Einführung in wissensbasierte Lernsysteme.* München: Oldenbourg (Handbuch der Informatik; Band 15)

Maier, W. (1998): *Grundkurs Medienpädagogik und Mediendidaktik.* Weinheim: Beltz

Mallon, B. & Webb, B. (2000): Structure, causality, visibility and interaction: Propositions for evaluating engagement in narrative multimedia. *International Journal of Human-Computer Studies* 53(2), pp. 269–287

Mandl, H.; Gruber, H. & Renkl, A. (1996): Communities of practice toward expertise: Social foundation of university instruction. In Baltes, P.B. & Staudinger, U. (Eds.): *Interactive minds. Life-span perspectives on the social foundation of cognition.* Cambridge: Cambridge University Press, pp. 394–411

Mandl, H.; Gruber, H. & Renkl, A. (2002): Situiertes Lernen in multimedialen Lernumgebungen. In Issing, L. & Klimsa, P. (Hrsg.): *Information und Lernen mit Multimedia und Internet.* 3. vollständig überarbeitet Auflage. Weinheim: Beltz Psychologische Verlagsunion, S. 139–148

Mandl, H. & Reinmann-Rothmeier, G. (1995): *Unterrichten und Lernumgebungen gestalten.* Ludwig-Maximilians-Universität, Inst. für Päd. Psychologie, Forschungsberichte Nr. 60)

Marmolin, H. (1991): Multimedia from the Perspective of Psychology. In Kjelldahl, L. (Hrsg.): *Multimedia Systems, Interaction and Application.* Berlin, pp. 39–54

Mayer, R.E. (1989): Systematic thinking fostered by illustrations in scientific text. *Journal of Educational Psychology* 81, pp. 240–246

Mayer, R.E. (1997): Multimedia Learning: Are we Asking the Right Questions? *Educational Psychologist* 32, pp. 1–19

Mayer, R.E. (1999): Multimedia aids to problem-solving transfer. *International Journal of Educational Research* 31, pp. 611–624

Mayer, R.E. (2001): *Multimedia Learning.* New York: Cambridge University Press

Mayer, R.E. & Gallini, J.K. (1990): When is an illustration worth ten thousand words? *Journal of Educational Psychology* 82, pp. 715–726

Mayer, R.E. & Moreno, R. (1998): A split attention effect in multimedia learning: Evidence for dual processing systems in working memory. *Journal of Educational Psychology* 90 (2), pp. 312–320

Mayer, R.E.; Moreno, R.; Boire, M. & Vagge, S. (1999): Maximizing constructivist learning from multimedia communications by minimizing cognitive load. *Journal of Educational Psychology* 91 (4), pp. 638–643

Mayer, R.E. & Sims, V.K. (1994): For whom is a picture worth a thousand words? Extensions of dual-coding theory of multimedia learning. *Journal of Educational Psychology* 86 (3), 389–401

Mayer, R. E.; Steinhoff, K.; Bower, G. & Mars, R. (1995): A generative theory of textbook design: Using annotated illustrations to foster meaningful learning of science text. *Educational technology: Research & Development* 43 (1), pp. 31–44

Metz, Ch. (1973): *Semiologie des Films.* Frankfurt am Main

Mikunda, Ch. (2002): *Kino spüren. Strategien der emotionalen Filmgestaltung.* Wien: WUV-Universitätsverlag

Miller, G.A. (1956): The magical number seven, plus or minus two: Some limits on our capacity to process information. *Psychological Review* 63, pp. 81–97

Miller, E. (1998): An Introduction to the Resource Description Framework. In *D-Lib Magazine*, 4 (5). Also available from:
URL: http://www.dlib.org/dlib/may98/miller/05miller.html (Last visited 24.04.2004)

Mohammed, S. & Dumville, B.C. (2001): Team mental models in team knowledge framework: Expanding theory and measurement across disciplinary boundaries. *Journal of Organizational Behavior* 22, pp. 89–106

Monaco, J. (1980): *Film verstehen. Kunst, Technik, Sprache, Geschichte und Theorie des Films.* Reinbek bei Hamburg

Montali, J. & Lewandowski, L. (1996): Bimodal reading: Benefits of a talking computer for average and less skilled readers. *Journal of Learning Disabilities* 29, pp. 271–279

Moreland, R.L.; Argote, L. & Krishnan, R. (1996): Socially shared cognition at work: Transactive memory and group performance. In Nye, J.L.; Brower, A.M. (Eds.): *What's social about social cognition? Research on socially shared cognition in small groups.* Thousand Oaks: Sage, pp. 57–84

Moreno, R. & Mayer, R.E. (1999): Cognitive Principles of Multimedia Learning: The Role of Modality and Contiguity Effects. *Journal of Educational Psychology* 91, pp. 358–368

Moreno, R. & Mayer, R.E. (2002): Verbal Redundancy in Multimedia Learning: When Reading Helps Listening. *Journal of Educational Psychology* 94 (1), pp. 156–163

Moreno, R.; Mayer, R.E.; Spires, H.A. & Lester, J.C. (2001): The Case for Social Agency in Computer-based Teaching: Do students learn more deeply when they interact with animated pedagogic agents? *Cognition and Instruction* 19 (2), pp. 177–213

Mousavi, S.Y.; Low, R. & Sweller, J. (1995): Reducing Cognitive Load by Mixing Auditory and Visual Presentation Modes. *Journal of Educational Psychology* 87, pp. 319–334

Murray, W.R. (1997): Knowledge-based guidance in the CAETI center associate. In Proceedings of the 8th World Conference on Artificial Intelligence in Education. IOS Press, pp. 331–339

Nestor, N. (2000): *Problemorientierte virtuelle Seminare. Gestaltung und Evalution des KOALAH-Seminars.* München: Herbert Utz Verlag

Niegemann, H.M. (2001): *Neue Lernmedien – Konzipieren, entwickeln, einsetzen.* Bern, Göttingen: Hans Huber

Oppermann, R. (1994): Adaptively Supported Adaptability. *International Journal of Human-Computer-Studies* 40, pp. 544–572

Paas, F.G.W.C. & van Merrienboer, J.J.G. (1994): Variability of worked examples and transfer of geometrical problem solving skills: A cognitive load approach. *Journal of Educational Psychology* 86, pp. 122–133

Paas, F.; Renkl, A. & Sweller, J. (2003): Cognitive load theory and instructional design: Recent developments. *Educational Psychologist* 38 (1), pp. 1–4

Paechter, M. (1996): *Auditive und visuelle Texte in Lernsoftware. Herleitung und empirische Prüfung eines didaktischen Konzepts zum Einsatz auditiver und visueller Texte in Lernsoftware.* Münster: Waxmann

Paivio, A. (1971): *Imagery and Verbal Processes.* New York

Paivio, A. (1986): *Mental representations: a dual coding approach.* New York: Oxford University Press

Patel, V.L.; Kaufmann, D.R. & Arocha, J.F. (1995): Steering through the Murky Waters of a Scientific Conflict: Situated and Symbolic Models of Clinical Conditions. *Artificial Intelligence in Medicine* 7, S. 413–438

Pea, R. (1994): Seeing what we build together: distributed multimedia learning environments for transformative communications. *The Journal of the Learning Sciences* 7, pp. 429–450

Peeck, J. (1994): Wissenserwerb mit darstellenden Bildern. In Weidenmann, B. (Hrsg.): *Wissenserwerb mit Bildern.* Bern: Huber, S. 59–94

Penney, C.G. (1989): Modality effects and the structure of short-term verbal memory. *Memory and Cognition* 17, pp. 398–422

Piaget, J. (1985): The equilibrium of cognitive structures: The central problem of intellectual development. Chicago: University of Chicago Press

Plass, J.L.; Chun, D.M.; Mayer, R.E. & Leutner, D. (1998): Supporting visual and verbal learning preferences in a second-language multimedia learning environment. *Journal of Educational psychology* 90 (1), pp. 25–36

Rada, H. (2002): *Design digitaler Medien.* Tübingen: Niemeyer

Rasmussen, K.L. & Davidson-Shivers, G.V. (1998): Hypermedia and learning styles: can performances be influenced? *Journal of Educational Multimedia and Hypermedia* 7, pp. 291–302

Rautenstrauch, Ch. (2001): *Tele-Tutoren. Qualifizierungsmerkmal einer neu entstehenden Profession.* Reihe: Wissen und Bildung im Internet, Band 1. Bielefeld: Bertelsmann

Reeves, B. & Nass, C. (1996): *The media equation. How people treat computers, televisions, and new media like real people and places.* New York: Cambridge University Press

Reichwald, R.; Möslein, K.; Sachenbacher, H.; Englberger, H. & Oldenburg, S. (1998): *Telekooperation – Verteilte Arbeits- und Organisationsformen.* Heidelberg: Springer

Reif, F. (1987): Insructional design, cognition and technology: applications to the teaching of scientific concepts. *Journal of Research in Science Teaching* 24, pp. 309–324

Reigeluth, C.M. (Ed.) (1983): *Instructional design theories and models: An overview of their current status.* Hillsdale, NJ: Erlbaum

Reigeluth, C.M. (Ed.) (1987): *Instructional theories in action.* Hillsdale, NJ: Erlbaum

Reinmann-Rothmeier, G. & Mandl, H. (1997): *Lernen mit Multimedia.* Forschungsbericht Nr. 77. München: Ludwigs-Maximilians-Universität. Lehrstuhl für Empirische Pädagogik und Pädagogische Psychologie

Reyner, K.; Rotello, C. M.; Stewart, A. J.; Keir, J. & Duffy, S.A. (2001): Integrating text and pictorial information: eye movements when looking at print advertisements. *Journal of experimental Psychology* 7 (3), pp. 219–226

Renkl, A. (1997): Lernen durch Erklären: Was, wenn Rückfragen gestellt werden? *Zeitschrift für Pädagogische Psychologie* 11, pp. 41–51

Renkl, A. & Mandl, H. (1995): Kooperatives Lernen: Die Frage nach dem Notwendigen und dem Ersetzbaren. *Unterrichtswissenschaft 23*, S. 292–300

Resnick, L.B. (1987): Task analysis in instructional design: some cases from mathematics. In Klahr, D. (Ed.): *Cognition and Instruction.* Hillsdale, NJ: Erlbaum, pp. 51–80

Resnick, L.B.; Levine, J.M. & Teasley, S. D. (1991) (Eds.): *Perspectives on Socially Shared Cognition.* Washington, DC: American Psychological Association

Rice, R. (1992): Task analysability, use of new media and effectiveness – a multisite exploration of media richness. *Organization Science 3 (3)*, pp. 475–500

Rich, E. (1979): User Modeling via Stereotypes. *Cognitive Science* 3, pp. 329–354

Rickenberg, R. & Reeves, B. (2000): The effects of animated characters on anxiety, task performance, and evaluations of user interfaces. *Letters of CHI 2000*, pp. 49–56

Rieber, L.P. (1989): The effects of computer animated elaboration strategies and practice on factual and application learning in an elementary science lesson. *Journal of Educational Computing Research* 5, pp. 431–444

Rieber, L.P. (1990): Animation in computer-based instruction. *Educational Technology Research and Development* 38, pp. 77–86

Rinck, M. & Glowalla, U. (1996): Die multimediale Darstellung quantitativer Daten. *Zeitschrift für Psychologie* 204, pp. 383–399

Roschelle, J. (1992): Learning by Collaborating: Convergent Conceptual Change. *Journal of the Learning Sciences* 2, pp. 235–276

Roschelle, J. & Teasley, S. (1995): The Construction of Shared Knowledge in Collaborative Problem Solving. In O'Malley, C.E. (Ed.): *Computer Supported Collaborative Learning.* Heidelberg: Springer, pp. 169–197

Rose, P.; Attree, E.; Brooks, E.; Parslow, D.; Penn, P. & Ambihaipahan, N. (2000): Training in virtual environments: Transfer to real world tasks and equivalence to real world training. *Ergonomics* 43 (4), pp. 494–511

Rouet, J.-F. & Levonen, J.J. (1996): Studying and Learning with hypertext: empirical studies and their implications. In Rouet, J.-F.; Levonen, J.J.; Dillon, A. & Spiro, R.J. (Eds.): *Hypertext and Cognition.* Mahwah, NJ: Lawrence Erlbaum Associates, pp. 9–23

Roussos, M.; Johnson, A.; Moher, T.; Leigh, J.; Vasilakis, C. & Barnes, C. (1999): Learning and building together in an immersive virtual world. *Presence – teleoperators and virtual environments* 8 (3), pp. 247–263

Rudman, C.; Hertz, R.; Marshall, C. & Dykstra-Erickson, E. (1997): Channel Overload as a Driver for the Adoption of Desktop Video for Distributed Group Work. In Finn, K.; Sellen, A. & Wilbur, S. (Eds.): *Video-mediated Communication.* New Jersey: Erlbaum, pp. 199–223

Salmon, G. (2000): *E-moderating: the key to teaching and learning online.* London: Kogan Page

Salomon, G. (1979): *Interaction of media, cognition, and learning.* San Francisco: Jossey-Brass

Salomon, G. (1993): No Distribution without Individual's Cognition: A Dynamic Interactional View. In Salomon, G. (Ed.): *Distributed Cognitions: Psychological and Educational Considerations.* New York: Cambridge University Press, S. 111–138

Salomon, G. (1998): Novel constructivist learning environments and novel technologies: Some issues to be concerned with. *Research Dialogue in Learning and Instruction* 1 (1), pp. 3–12

Salomon, G. & Perkins, D.N. (1998): Individual and social aspects of learning. *Review of Research in Education 23*, pp. 1–24

Salzman, M.; Dede, C. & Loftin, R. (1999): VR's frames of reference: A visualization technique for mastering abstract information spaces. *Proceedings of CHI '99*, pp. 489–495

Salzman, M.; Dede, C.; Loftin, R. & Chen, J. (1999): A model for understanding how virtual reality aids complex conceptual learning. *Presence* 8 (3), S. 293–316

Scaife, M. & Rogers, Y. (1996): External Cognition: How do Graphical Representations work? *International Journal of Human-Computer Studies* 45, pp. 185–213

Scardamalia, M. & Bereiter, C. (1994): Computer support for knowledge building communities. *Journal of the Learning Sciences* 3 (3), pp. 265–283

Schank, R.C. (1998): *Tell me a story. Narrative and intelligence.* (2nd printing (1st edition 1990)). Evanston, Illinois: Northwestern University Press

Schank, R.C. (2002): *Designing world-class e-learning.* New York, Chicago: McGraw-Hill

Schank, R.C.; Berman, T.R. & Macpherson, K.A. (1999): Learning by Doing. In Reigeluth, C.M. (Ed.): *Instructional Design. Theories and Models.* Mahwah, N. J.: LEA, pp. 160–181

Schank, R.C.; Fano, A.; Bell, B. & Jona, M. (1994): The Design of Goal-Based Scenarios. *The Journal of the Learning Sciences* 3 (4), pp. 305–345

Schnotz, W. (2001): Sign systems, technologies, and the acquisition of knowledge. In Rouet, J.-F.; Levon, J. & Biardeau, A. (Hrsg.): *Multimedia learning – Cognitive and Instructional Issues.* Amsterdam: Elsevier Science Ltd., pp. 9–29

Schnotz, W. & Bannert, M. (1999): Einflüsse der Visualisierungsform auf die Konstruktion mentaler Modelle beim Text- und Bildverstehen. *Zeitschrift für Experimentelle Psychologie* 46 (3), S. 217–236

Schnotz, W. & Zink, T. (1997): Informationssuche und Kohärenzbildung beim Wissenserwerb mit Hypertext. *Zeitschrift für Pädagogische Psychologie* 2, S. 95–108

Schoenfeld, A.H. (1985): *Mathematical Problem Solving.* New York: Academic Press

Schulmeister, R. (2001): *Virtuelle Universität – Virtuelles Lernen.* München, Wien: Oldenbourg

Schulmeister, R. (2003): *Lernplattformen für das virtuelle Lernen. Evaluation und Didaktik.* München: Oldenbourg

Schürer-Necker, E. (1994): *Gedächtnis und Emotion. Zum Einfluss von Emotionen auf das Behalten von Texten.* Weinheim: Beltz, Psychologie-Verlags-Union.

Schwabe, G. (2001): Mediensynchronizität – Theorie und Anwendung bei Gruppenarbeit und Lernen. In: Hesse, W. & Friedrich, H.F. (Hrsg.): *Partizipation und Interaktion im virtuellen Seminar.* Münster: Waxmann, S. 111–134

Schwan, S. (1997): Media characteristics and knowledge acquisition in computer conferencing. *European Psychologist* 2 (3), pp. 277–286

Schwan, S. (2000): Video in Multimedia-Anwendungen: Gestaltungsanforderungen aus kognitionspsychologischer Sicht. In Krampen, G. & Zayer, H. (Hrsg.): *Psychologiedidaktik und Evaluation II.* Bonn: Deutscher Psychologen Verlag, S. 55–76

Schwan, S. & Buder, J. (2002): Lernen und Wissenserwerb in virtuellen Realitäten. In Bente, G.; Krämer, N. & Petersen, A. (Hrsg.): *Virtuelle Realitäten.* Göttingen et al.: Hogrefe, S. 109–132

Severing, E.; Keller, C.; Reglin, T. & Spies, J. (2001): B*etriebliche Bildung via Internet. Konzeption, Umsetzung und Bewertung.* Bern

Shneiderman, B. (1987): *Designing the User Interface.* Reading, MA: Addison-Wesley

Short, J.A.; Williams, E. & Christie, B. (1976): *The social psychology of telecommunications.* London: Wiley

Shute, V. & Towle, B. (2003): Adaptive E-Learning. *Educational Psychologist* 38 (2), pp. 105–114

Skinner, B.F. (1961): Teaching Machines. *Scientific American* 205, pp. 90–102

Slavin, R. (1995): *Cooperative learning: theory, research, practice.* 2. Auflage. Boston: Allyn & Bacon

Sohlenkamp, M.; Prinz, W. & Fuchs, L. (1998): Poliawac – Design und Evaluation des Poli-Team client. In Hermann, T. & Just-Hahn, K. (Hrsg.): *Groupware und organisatorische Innovation. D-CSCW '98.* Stuttgart: Teubner, pp. 181–194

Spiro, R.J.; Feltovich, P.J.; Jacobsen, M.J. & Coulson, R.L. (1993): Cognitive flexibility, constructivism, and hypertext. In Duffy, T.M. & Jonassen, D.H. (Ed.): *Constructivism and the technology of instruction.* Hillsdale, NJ: Erlbaum, pp. 57–77

Spiro, R.J. & Jehng, J. (1990): Cognitive flexibility, random access instruction, and hypertext: Theory and technology for non-linear and multidimensional traversal of complex subject matter. In Nix, D. & Spiro, R.J. (Eds.): *Cognition, education, and multimedia: Exploring ideas in high technology.* Hillsdale, NJ: Erlbaum, pp. 163–205

Steinacker, A.; Seeberg, C.; Reichenberger, K.; Fischer, S. & Steinmetz, R. (1999): Dynamically generated tables of contents as guided tours in adaptive hypermedia systems. In

Proceedings of ED-Media '99. World Conference on Educational Multimedia, Hypermedia and Telecommunications. AACE, pp. 167–175

Steuer, J. (1995): Defining Virtual Reality: Dimensions Determining Telepresence. In Biocca, F. & Levy, M. (Eds.): *Communication in the Age of Virtual Reality.* Hillsdale, NJ: Lawrence Erlbaum, pp. 33–56

Stiller, K. (2001): Navigation über Bilder und bimodale Textdarbietung beim computerbasierten Lernen. *Zeitschrift für Medienpsychologie* 13 (4), S. 177–187

Strittmatter, P. (1994): Wissenserwerb mit Bildern bei Film und Fernsehen. In Weidenmann, B. (Hrsg.): *Wissenserwerb mit Bildern.* Bern: Verlag Hans Huber, S. 177–194

Suchman, L.A. (1987): *Plans and Situated Action: The Problem of Human-Machine Communication.* New York: Cambridge University Press

Sweller, J. (1988): Cognitive load during problem solving. Effects on Learning. *Cognitive Science* 12, pp. 257–285

Sweller, J. (1994): Cognitive load theory, learning difficulty, and instructional design. *Learning and Instruction* 4, pp. 295–312

Sweller, J. (1999): Instructional Design in Technical Areas. *Australian Education Review* 43. Camberwell, Australia: ACER Press

Sweller, J.; van Merrienboer, J.J.G. & Paas, F.G.W.C. (1998): Cognitive architecture and instructional design. *Educational Psychology Review* 10 (3), pp. 251ff

Tergan, S.-O. (1997): Hypertext und Hypermedia. In Issing, L.J. & Klimsa, P. (Hrsg.): *Information und Lernen mit Multimedia.* Weinheim: Psychologische Verlags-Union, S. 123–138

Tudge, J. (1989): When collaboration leads to regression: Some negative consequences of socio-cognitive conflict. *European Journal of Social Psychology* 19, S. 123–138

Tufte, E.R. (1990): *Envisioning information.* Cheshire, CT: Graphics Press

Tufte, E.R. (1997): *Visual explanation: images and quantities, evidence and narrative.* Cheshire, CT: Graphics Press

Unz, D. (1998): *Didaktisches Design für Lernprogramme in der wissenschaftlichen Weiterbildung.* Nürnberg: BW Bildung und Wissen

Unz, D.C. & Hesse, F.W. (1999): The use of hypertext for learning. *Journal of Educational Computing Research* 20, pp. 279–295

Van Merrienboer, J.J.G. (1997): *Training complex cognitive skills: A four-component instructional design model for technical training.* Englewood Cliffs, NJ: Educational Technology Publications

Van Mulken, S.; André, E. & Müller, J. (1998): The persona effect: how substantial is it? In Johnson, H.; Nigay, L. & Roast, C. (Eds.): *People and Computers XIII: Proceedings of HCI'98*. Berlin: Springer, pp. 53–66

Vygotsky, L. (1978): *Mind in society: The development of highter psychological processes.* Cambridge: Cambridge University Press

Webb, N.M. (1989): Peer Interaction and Learning in Small Groups. *International Journal of Educational Research* 13, pp. 21–39

Webb, N.M. & Farivar, S. (1999): Developing productive group interaciton in middle school. In O'Donnell, A. M. & King, A. (Eds.): *Cognitive perspectives in peer learning.* Mahwah, NJ: Lawrence Erlbaum Associates, pp. 117–149

Wedekind, J. (1997): Gestaltung hypermedialer Lernumgebungen. In Beck, U. & Sommer, W. (Hrsg.): *Learntec 97: Europäischer Kongreß für Bildungstechnolgie und betriebliche Bildung, Tagungsband.* Karlsruhe: Schriftenreihe der KKA, S. 437–446

Wegner, D.M. (1987): Transactive Memory: A Contemporary Analysis of the Group Mind. In Mullen, B. & Goethals, G.R. (Eds.): *Theories of Group Behavior.* New York: Springer, S. 185–208

Weidenmann, B. (1988): *Psychische Prozesse beim Verstehen von Bildern.* Bern: Huber

Weidenmann, B. (1989): Der mentale Aufwand beim Fernsehen. In Grobel, J. & Winterhoff-Spurk, P. (Hrsg.): *Empirische Medienpsychologie.* München: Psychologische Verlags Union, S. 134–150

Weidenmann, B. (1994): *Wissenserwerb mit Bildern.* Bern: Huber

Weidenmann, B. (1997): Multicodierung und Multimodalität im Lernprozess. In Issing, L. J. & Klimsa, P. (Hrsg.): *Information und Lernen mit Multimedia.* Weinheim Psychologie Verlags Union, S. 65–84

Weinberger, A. (2003): *Scripts for Computer-Supported Collaborative Learning. Effects of social and epistemic cooperation scripts on collaborative knowledge construction.* Dissertation, LMU München (Fakultät für Psychologie und Pädagogik)

Weinberger, A. & Mandl, H. (2001): Wandel des Lernens durch Neue Medien – das virtuelle Seminar „Empirische Erhebungs- und Auswertungsverfahren". In Friedrich, H.F. & Hesse, F. (Hrsg.): *Partizipation und Interaktion im virtuellen Seminar.* Münster: Waxmann, pp. 243–268

Wenger, E. (1998): *Communities of Practice. Learning, Meaning, and Identity.* Cambridge: Cambridge University Press (Learning in doing: social, cognitive and computational perspectives)

Wessner, M. (2001): Software für e-Learning: Kooperative Umgebungen. In Schulmeister, R. (Hrsg.): *Virtuelle Universität – Virtuelles Lernen.* München: Oldenbourg, S. 195–219

Winn, W. & Jackson, R. (1999): Fourteen propositions about educational uses of virtual reality. *Educational Technology* 4, pp. 5–14

Witmer, B.G. & Singer, M.J. (1998): Measuring Presence in Virtual Environments: A Presence Questionnaire. *Presence* 7 (3), pp. 225–240

W3C (1999): *Resource Description Framework (RDF) Model and Syntax Specification* (W3C Proposed Recommendation 05 January 1999). URL: http://www.w3.org/TR/PR-rdf-syntax (Last visited: 24.05.2004)

Zillmann, D. (1989): Erregungsarrangements in der Wissensvermittlung durch das Fernsehen. In Klett, M. (Hrsg.): *Wissensvermittlung, Medien und Gesellschaft*. Gütersloh: Bertelsmannstiftung, S. 77–90

Zimbardo, P.G. (1995): *Psychologie*. 6. neu bearbeitete und erweiterte Auflage. Berlin, Heidelberg: Springer

Zumbach, J. (2003): *Problembasiertes Lernen*. Münster et al.: Waxmann

Index

A
Adaptive tutorielle Systeme
 Adaption 50, 77
 Adaptivität V, 44
Analogiemodell 105, 106, 112, 113
Anchored Instruction 18, 19, 23, 91
 Jasper Woodbury 18, 19, 91
Animierte pädagogische Agenten 115, 118, 127
Application Sharing 131, 132, 139
Aufmerksamkeitslenkung 74, 79, 87, 95, 119, 121, 127
Awareness 169, 175, 176, 177, 179

B
Belastung
 extrinsische 35
 intrinsische 34
Benutzermodell 45, 48
Bildüberlegenheitseffekt 29, 68, 69
Bildwahrnehmung
 attentive Prozesse 77
 prä-attentive Prozesse 76
Blended Learning 91, 109, 130, 138

C
Chunks 28
Cognitive Apprenticeship 16, 23, 109, 121, 154
Common Ground 159, 164, 165, 168, 172, 179
Computerunterstütztes kooperatives Lernen 143

CSCL 139, 142, 143, 144, 145, 146, 147, 148, 155, 159, 160, 162, 163, 164, 165, 166, 167, 168, 169, 173, 174, 176, 177, 178, 179

D
Digital Libraries 52, 131
Doppelkodierungstheorie 29, 38, 64, 67, 69, 73
Duale Kodierung 84, 92

E
Emotion 124, 125
Exploration 17, 19, 102

F
Fallbasiertes Lernen 21, 22

G
Gemeinsam geteiltes Wissen
 Common Ground 159, 164, 168, 172, 179
 Grounding 165, 168, 179
Goal-Based Scenario 19, 20, 21, 23, 123, 160
Gruppengedächtnis 166, 179
Gruppenwahrnehmung 169, 177

H
Hypermedia 35, 39, 40, 41, 43, 49, 59, 134, 136
Hypertext 3, 39, 40, 41, 42, 43, 44, 59
 serendipity effect 41

I
Immersion 63, 97, 98, 99, 101, 104
Informationsverarbeitung
 elaborative 152

Interface-Metapher 112, 113, 114, 177

Interoperabilität V, 39, 52, 53, 54, 55

K

Kommunikationsproblem 137, 142, 167, 168, 179

Kommunikationsprozess 172

Kooperationsprozesse 145, 149, 179

Kooperationsskript 155, 156, 166, 167

Kooperationsunterstützung 145, 155, 178

Kooperative Lernformen 155
   Gruppenpuzzle 146, 155, 157, 158, 178
   Kooperationsskript 156

Kooperatives Lernen 146

Kurzzeitgedächtnis 26, 27, 34, 35, 36, 38, 67, 71, 88, 179

L

Langzeitgedächtnis 26, 27, 28, 31, 33, 35, 38, 66, 67, 76, 80, 84, 122

Learning-Management-System 58, 130, 131, 133, 141

Lernbedingungen V, 1, 2, 22

Lernnetze 169

Lernplattform 130, 131, 132, 138, 139, 170

Lernressourcen 52, 53, 55, 57, 58, 59, 131, 132, 141, 155, 178

M

Media Richness Theorie 171, 172, 173, 180

Media Synchronicity 172, 180

Metadaten 39, 46, 52, 53, 54, 55, 56, 57, 58, 59, 60, 131, 141
   Dublin Core 57, 58
   LOM 55, 56, 57, 58, 60
   LTSC 53, 55
   SCORM 55, 58, 60, 131

Metapher
   Dialog-Partner-Metapher 113, 118
   Raummetapher 113, 177, 178

Mixed-Reality-Umgebungen 111, 124

Modalitätsunterschiede 66, 94

Moderation 139, 140, 161

Motivation 15, 75, 79, 89, 120, 124, 125, 127, 149, 150, 178
   ARCS-Modell 125

Multimediaprinzipien 35, 38, 61, 63, 64, 94
   Kohärenzprinzip 64, 69, 75, 94, 95
   Kontiguitätsprinzip 63, 72, 91, 92, 95
   Modalitätsprinzip 64, 94
   Multimediaprinzip 63, 94, 95
   Personalisierung 64, 94
   räumliche Nähe 63, 94, 95
   Redundanzprinzip 64, 94, 95

N

Navigationsunterstützung 49, 50

O

Online-Lernen 130, 131, 136, 141

Ontologie 58, 59

Overload 42, 162

P

Paradigma 6, 7, 8, 9, 114

Persona-Effekt 120, 121, 126
   Split-Persona-Effekt 121

Problembasiertes Lernen 160

Programme
   verzweigte 3, 10

Programmierter Unterricht 9, 10

Propositionale Netzwerkmodelle 32

R

Raumdarstellung 86, 95

S

Schemata 31, 32, 33, 35, 36, 38, 54, 62, 66, 77, 108, 158

Schematheorie 77

Selbstgesteuertes Lernen 107

Selbstwirksamkeitserwartung 82, 83, 85, 89, 95

Semantische Netzwerkmodelle 32

Simulation 87

Situierte Kognition
   Externalisierung 153, 159, 162, 166, 179
   Internalisierung 153
   situiertes Lernen 106

Index

Situiertes Lernen 13, 14, 15, 106

Skripts 31, 32, 38

SOI-Modell 26, 27, 29, 38, 69, 70, 84, 92, 95

Sozio-konstruktivistische Perspektive 151
    Elaboration 33, 36, 37, 109, 152
    Elizitation 152, 159
    Konfliktillusion 159, 178
    Konsensbildung 159
    Perturbation 151

Split-Attention-Effekt 35, 70, 72, 120

Storytelling VI, 112, 122, 123, 126, 127
    Dramaturgie 122, 124, 127
    Narrativität 18, 122

Strukturierungshilfe 72, 74, 95, 170

Supplantation 72, 73, 86, 88, 90, 95, 104, 110, 116

T

Teaching Machines 3

Telepräsenz 98, 99, 173, 174, 175

Teleseminar 133, 138, 145, 175

Teleteaching VI, 5, 133, 134, 135, 136, 137, 138, 142, 175

Tele-Tutor VI, 139, 140, 141, 142

V

Videokonferenz 139, 170, 171, 172, 179

Vorwissen 2, 16, 18, 35, 37, 41, 42, 43, 50, 65, 66, 74, 75, 77, 78, 79, 80, 81, 85, 89, 90, 94, 95, 148, 149, 150, 156, 162, 178

W

Wahrnehmungsgesetze 76

Web-Based Training 133

Whiteboard
    electronic 131, 135, 136
    shared 145

Wiederverwendbarkeit V, 52, 55, 59, 133, 141, 173

Wissenserwerbsprozesse 170, 180

Wissensgesellschaft 130